U0138724

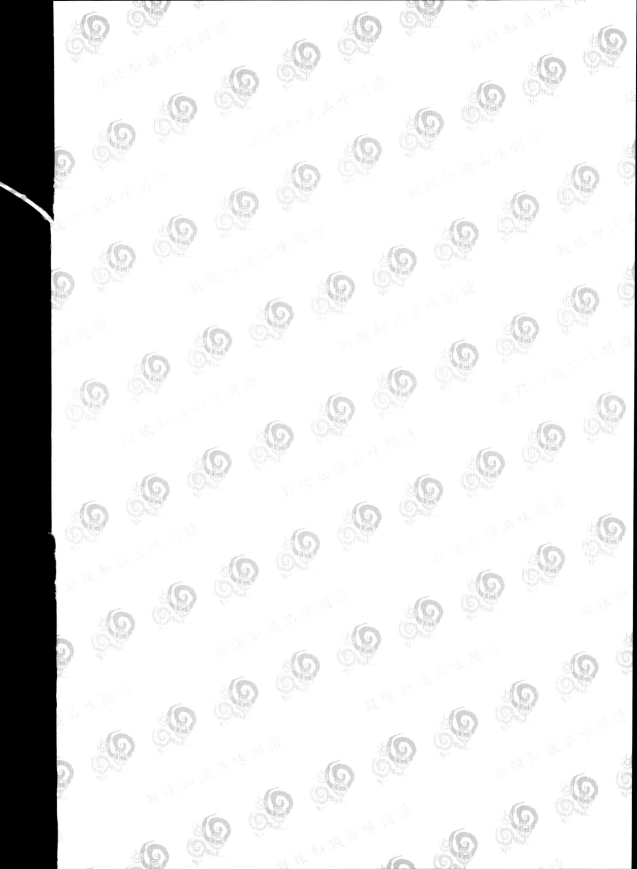

教師心理學

張清濱　著

五南圖書出版公司 印行

自　序

孟子說：「人之患在好爲人師。」許多人想當教師是件好事。但是，他們適合當教師嗎？教師必須具備哪些條件？他們應該具有哪些人格特質？怎樣才能成爲優良教師？這些都是值得深思與探究的問題。

教師心理學（Psychology for Teachers）是專門研究教師行爲的一門學問。它是把心理學應用於教師的行爲研究。換言之，教師心理學是一門應用心理學（Applied Psychology）。雖然心理學界定爲「人、心靈、與行爲的科學研究」，行爲的研究仍然有許多不同的觀點。因此，教師的行爲是什麼？教學行爲能否受到影響或受到控制？如何塑造教師的優良行爲？這些問題可從心理學的觀點找到答案。

心理學與教學息息相關，如影隨形，不能須臾相離。譬如，教師想要提升教學效果，必須先瞭解學生的學習行爲，再採取有效的教學策略。教師心理學涉及教師的教學行爲與學生的學習行爲。質言之，教師心理學實即包含教學心理學與學習心理學。

心理學的觀點是動態的，隨時空改變。教師的信念、態度、與意見也會接受挑戰而改變。有些人會質疑並挑戰普遍接受的理念與智慧。十五世紀以前，人們相信地球是扁的，但是麥哲倫（Ferdinand Magellan, 1480-1521）航行美洲，發現新大陸後，證明地球是圓的。於是，地球是扁的信念是荒謬的，這種信念也就從此消失不見。

從年代序列的觀點來看，在不同的年代，心理學各有不同的派典（paradigm）或主張。派典是一種使用特殊焦點的取向，是當代普遍接受的智慧。它隨學術思想潮流的改變而改變。因此，心理學就衍生各種不同的學說與派別。

本書《教師心理學》兼顧理論與實務探討。第一篇從發展心

理學的觀點，分別闡述頭腦發展、認知發展、人格發展、社會發展、道德發展、與情緒發展。第二篇從學習心理學的領域，探究各種學派包括行為學派、認知學派、人文學派、與其他學派的學習理論。第三篇以教學心理學的角度研討如何成為高品質、有效能、及優良的教師，進而論述教學、訓導（學務）、與輔導三合一的教學策略，包括創造力教學、班級經營、與輔導諮商等策略。最後第四篇教學評鑑包括教學評量、教學績效評估、與教師專業發展評鑑。有志於從事教學工作的師資生、教師、學校行政主管、教學視導人員、教育領導人員、甚至家長，可以更進一步瞭解教師心理學。本書或許能夠協助他（她）們解決教學上的疑惑與問題。本書每章末節列出若干實務問題以供討論，並有練習題目以增強學習效果，實為本書最大特色。惟作者才疏學淺，思慮不周，舛誤之處難免，尚請方家不吝指正。

張清濱　謹誌

2015年8月

目　錄

第二篇　學習心理學篇

第三篇　教學心理學篇

第四篇　教學評鑑篇

表　次

圖　次

第一篇

發展心理學篇

第一章

頭腦發展與神經科學

　　長久以來，教育家們對於頭腦的研究愈來愈感興趣。最近數年，此種研究已經達到沸騰的地步。這些研究題目琳瑯滿目，簡直汗牛充棟，包括頭腦本位的課程與認知科學的研究。但是事實上，在教育文獻方面，神經科學的研究卻是鳳毛麟角（Bruer, 2000: 186）。

　　教育家們必須體認到認知科學——心理的行為科學——並不等同於神經科學（neuroscience）——頭腦的生物科學。大部分的認知理論不論述有關頭腦如何執行心理的歷程。他們的研究著重在認知的研究，而非在頭腦的研究。有些論點模糊、落伍，甚至觀念錯誤（Bruer, 1997）。頭腦的研究仍存在一些似是而非的說法，Woolfolk（2013）指出常見的迷思如表1.1：

表1.1　頭腦的迷思

常見的迷思	事　實
1. 你僅使用頭腦的10%而已。	1. 人都有使用到頭腦。此所以中風造成癱瘓的原因。
2. 傾聽Mozart曲子，可使兒童更聰明。	2. 只有傾聽不會變得更聰明，但學習彈奏樂器會增進頭腦的發展。
3. 有些人右腦較行，另有些人左腦較行。	3. 左右腦都用來處理大部分的事情。
4. 幼童的頭腦一時僅能學習一種語言。	4. 全世界的兒童都能夠立刻學習兩種語言。
5. 你無法改變你的頭腦。	5. 頭腦常在改變之中。
6. 頭腦損壞是永久性的。	6. 大部分的人，腦部受傷恢復得很好。
7. 玩遊戲可避免頭腦老化。	7. 玩遊戲使你更善於玩遊戲及類似比賽。身體運動才是預防退化更好的辦法。
8. 人腦是最大的腦。	8. 抹香鯨的頭腦比人類的頭腦重5倍。
9. 酒精會殺死腦細胞。	9. 酗酒不會殺死腦細胞，但會傷害末梢神經，並引起腦部語言溝通障礙。此種傷害大部分是可逆轉的。
10. 青少年的頭腦和成人的頭腦一樣。	10. 青少年的頭腦和成人的頭腦有一個重大的差異：青少年的頭腦「馬力十足」，但不擅於駕馭。

資料來源：Woolfolk (2013), p.38.

第一節　人體到底有多少個「腦」？

　　人體到底有多少個「腦」？我們可以從兩個觀點來說明：進化的觀點與構造的觀點（Kolb & Whishaw, 2011）。就進化的觀點言之，頭腦包括三個「腦」。最古老的部分是「爬蟲類的腦」（reptilian brain），它是人體頭腦最裡面的部分，位在脊柱的上方，掌管生存的命脈，例如呼吸的功能。其次是「舊石器時代哺乳類的腦」（palaeo- mammalian brain），位在爬蟲類的腦上方，掌管情緒及四肢的運動，包含35個分離的構造與53個器官系統交互聯結。第三個是外圍部分，稱為「新石器時代哺乳類的腦」（neo- mammalian brain），或稱為腦髓的皮質。這是人體頭腦最新的部分，掌管認知、記憶、語言、做決定與許多日常事務的處理。

　　再從頭腦構造的觀點言之，頭腦有許多神經系統包括中樞神經系統（central nervous system）與邊緣神經系統（peripheral nervous system）。邊緣神經系統又包含軀幹神經系統（somatic nervous system）與自主神經系統（autonomic nervous system）；自主神經系統又區分為交感神經系統（sympathetic nervous system）與副交感神經系統（parasympathetic nervous system），如圖1.1。

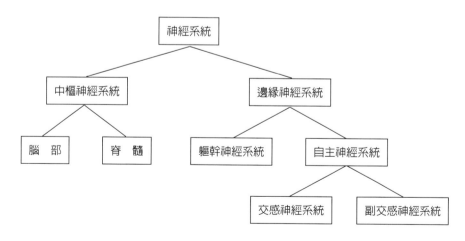

圖1.1　人體神經系統

資料來源：Buckler & Castle (2014), p. 89.

　　中樞神經系統包含腦與脊髓（spinal cord），處理、解析、並儲存資訊，發出命令到肌肉、腺體、及器官，控制人類的行為。脊髓作為腦與邊緣神經的橋梁。邊緣神經傳輸資訊到中樞神經。軀幹神經控制骨骼與肌肉。自主神經調節腺體、血管及內部器官。交感神經動員人體行動，副交感神經儲存精力並保持靜態。中樞神經系統如果受到傷害，人們有時會喪失重要的功能。它如果發展良好，頭腦的功能就會快速增加，尤其在兒童時期（Buckler & Castle, 2014: 87）。頭腦的發展有兩個主要的成分：營養素（nutrition）與刺激素（stimulation）。沒有適當的營養素，頭腦就無法發展。與營養素息息相關的是水分的供給，它有助於學習。人體短暫缺水，不會立即影響活動，但如果持續缺乏水分，將會全面影響各部門組織的功能。研究顯示人體缺水2%，生理機能損傷20%；如果脫水狀態持續發生，肌肉力就會減低，產生疲勞現象。此外，脫水會影響做決定的歷程，反應遲鈍、精神不集中（Pokin, D'Anci, & Rosenberg, 2010）。

　　人腦構造依部位可分為前腦（forebrain）、中腦（midbrain）、與後腦（hindbrain）。前腦掌管語言與分辨感官，中腦掌管視覺與聽覺的處理，後腦掌管運動的協調，如表1.2、表1.3。

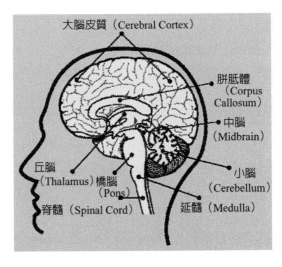

圖1.2　人腦構造

資料來源：http://life.nthu.edu.tw/~g864264/Neuroscience/neuron/brain.htm

表1.2 人腦的部位

主要部位	構 造	行為示例
前腦	大腦皮質	語言缺陷
	視丘（丘腦、或間腦）	感官過濾
	下視丘	攻擊性
中腦	頂蓋	聽覺、視覺處理
	被蓋	情緒處理
後腦	小腦	運動協調
	延腦	重要的生存機能處理

資料來源：改編自Buckler & Castle (2014), p.93.

表1.3 人腦細部構造

名 稱	說 明
大腦皮質（Cerebral cortex） 思考、自主性運動、語言、推理、知覺	「cortex」這個字在拉丁文中所代表的意思是「樹皮」，這是因為大腦皮質是由神經細胞所組成厚約僅2-6公釐的組織，左右半球的皮質區是靠胼胝體互相連接。
小腦（Cerebellum） 運動、平衡、姿勢調整	「cerebellum」這個字在中文所代表的意思是「小腦」，位於腦幹的後方。小腦和大腦皮質區一樣，也有所謂的半球結構。
腦幹（Brain Stem） 呼吸、心跳、血壓	腦幹指的是位於丘腦與脊髓之間的區域，其中包含了medulla, pons, tectum, reticular formation及tegmentum等部分。
丘腦（Thalamus） 感覺、運動	丘腦負責接收來自感覺器官的訊號，並將之傳達至大腦皮質區。
丘腦下部（Hypothalamus） 體溫、情緒、飢餓、口渴、心跳節奏	丘腦下部是人體內的溫度調節中心，可以感應體溫變化並適時給予調整。
邊緣系統（Limbic System） 情緒反應	邊緣系統包括了扁桃腺（amygdala）、海馬迴（hippocampus）、乳頭狀體（mammillary bodies）以及cingulate gyrus等區，此系統在情緒反應的控制上非常重要。
海馬迴（Hippocampus） 學習、記憶	海馬迴屬於邊緣系統的一部分，在記憶和學習的腦部功能上扮演了極為重要的角色。

（續上表）

名　稱	說　明
基底神經結（Basal ganglia） 運動	基底神經結實際上是globus pallidus, caudate nucleus, subthalamic nucleus, putamen和substantia nigra等區域的總稱，在運動協調上有著重要的角色。帕金森氏症的產生原因即是此區域發生病變所造成的。
中腦（midbrain） 視覺、聽覺	中腦包含了superior colliculi, inferior colliculi及red nucleus等區域。

資料來源：http://life.nthu.edu.tw/~g864264/Neuroscience/neuron/brain.htm

　　人腦有四對腦葉（lobe）：包括額葉（前頭葉）（frontal lobe）、頂葉（頭頂葉）（occipital lobe）、枕葉（後頭葉）（parietal lobe）、顳葉（側頭葉）（temporal lobe）。額葉掌管思想、計畫、問題解決等；頂葉掌管視覺的處理，把感官的訊息統整為統一的概念；枕葉掌管聽覺的處理、記憶、及嗅覺的處理；顳葉掌管語言。

　　從人腦的構造與腦葉的功能，教師可以判斷兒童語言缺陷可能與顳葉的缺陷有關。如果兒童說話有困難，可能布洛卡式區（Broca's area）出現問題。然而教育心理學家認為兒童患有失語症。失語症是部分或完全喪失語言的能力。兒童的失語症也有可能無法聽懂教師所說的話，例如兒童的聽力受損，或是中腦有缺陷，導致無法處理聽覺所接收的訊息。此類兒童可能患有另類的失語症，稱為「魏尼克氏失語症」（Wernick's aphasia）。它是神經性的理解缺陷，係因顳葉左側的魏尼克氏區損傷所致（Martin, 2006）。在課堂上，教師可能發現兒童一直玩弄鉛筆或小東西，這可能是兒童發展運動協調的技巧，也有可能是一種運動神經協調缺陷的徵候，要不然患有發展性協調失常症（dyspraxia）（Carslaw, 2011）。

　　人體頭腦有數十億神經原（neuron），但神經原之間不會互相碰觸，訊息無法從一個神經原傳到另一個神經原。神經原之間的溝通是跨過一種能釋放的化學物質到神經原末梢的突觸（synapse），刺激另一個神經原；實際上，傳達訊息不是由神經原一對一產生，而是數千個神經原互相運作，才能傳達訊息。

如果我們想要說明兒童的行為，可能有一個無法觀察的基本要素，但我們可以從生物學的觀點去瞭解兒童的行為。譬如患有過動症（Attention Deficit/Hyperactivity Disorder, ADHD）的兒童，神經原傳達訊息的理論可以協助我們瞭解過動症的行為是因為多巴胺（dopamine）留在神經原末梢的突觸過久，使它繼續刺激另一個神經原（Agay, et al., 2010，引自Buckler & Castle, 2014: 99）。

第二節 注意力、專注力、與記憶力

許多人抱怨記憶力不好，究竟是頭腦有問題？或是個人習性的問題？抑或是使用方法的問題？研究顯示：注意力（attention）、專注力（concentration）與記憶力（memory）有密切關係。沒有注意力與專注力，記憶痕跡（memory traces）不太可能儲存，也就無法記憶。事實上，記憶涉及三個公認的重要元素：編碼（encoding）、儲存（storage）、與復原（retrieval），也就是記憶必須經過這些過程，如圖1.3（Buckler & Castle, 2014: 124）：

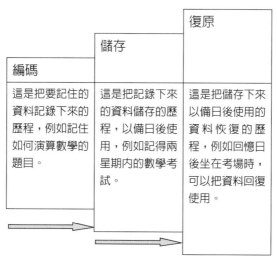

圖1.3 記憶的元素

資料來源：Buckler & Castle (2014), p.124.

　　分辨記憶的元素之後，我們再來看看兩種相反的記憶模式：直線型的資訊處理模式（linear information processing model）與聯結型的平行分散處理模式（connectionist parallel distributed processing, PDP model）。

一、直線型的資訊處理模式

　　它是來自一個或一個以上感官的刺激，譬如課堂上聽到教師的聲音。在一個完美的世界裡，多重刺激停留在感官記憶裡約0.5至3-4秒。在頭腦進行處理資料之前，記憶痕跡（memory trace）即進入感官記憶（sensory memory）片刻。資訊隨即轉成短暫記憶（short-term memory），停留約30秒。資訊成功地演練，就會進入長久記憶（long-term memory），儲存知識。記憶痕跡隨時準備就緒，如有需要，即轉至短暫記憶，如圖1.4。

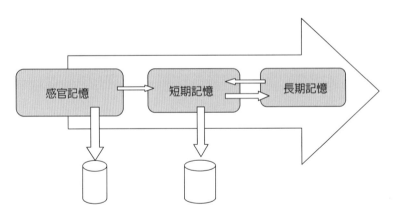

圖1.4　記憶的資訊處理模式

資料來源：Buckler & Castle (2014), p.125.

二、聯結型的平行分散處理模式

　　相對地，平行分散處理模式（McClelland & Rummelhart, 1981）視記憶為一種歷程，在此歷程中，感官資訊與記憶中的現有知識以聯結網路的形式合併在一起。所以記憶是分散在網路，並且當其中一個要素或結（nodes）啟動時，記憶就產生。譬如，看到、聞到、或嚐到冰淇淋，就

會啓動夏日在海濱的記憶。這種刺激無可避免地啓動腦網路上有關的聯結。

　　當然，有些在不合時宜的情況下，記憶錯誤，產生失誤的現象。這可能是在編碼處理的階段「不注意」所致。注意力的處理分爲兩種類型：主動型（automatic）與努力型（effortful）。主動型的處理是主動的，甚少涉及知覺的動用；而努力型的處理是有意識的，涉及知覺的動用。這是教師期待學生在任何學習環境都會發生的處理類型。努力型的注意力要求學生在無數的感官刺激中，注意特定的部分，重點在何者是重要的，何者應該學習或記住，把注意力與記憶力結合起來（Buckler & Castle, 2014: 127）。

　　就以努力型的注意力處理來說，亦有兩種類型需要區別：選擇性與分離性。選擇性的注意力是有意識的舉動，選擇那些來自於感官需要處理的刺激（Treisman, 1960）。它是活動性的決定，也是專注力的前導。分離性的注意力是沒有重點的，學生在課堂上舉頭望著教師，臉上卻一片茫然，心裡想著今天晚上將有豐盛的晚餐。我們可以預期這樣的注意力對於學習是無濟於事的。

第三節　神經科學的研究

　　神經科學的研究指出頭腦裡面沒有特定的記憶中心（memory centre）。記憶似乎分散於頭腦中的各式各樣區域（Kolb & Whishaw, 2011）。神經科學與教育的爭論來自於三項重要的發現：第一，從嬰兒期開始到兒童期，有一個旺盛的神經鍵成長期（synapse growth），隨後接著頭腦神經鍵的「修剪」期（synaptic "pruning"）。第二，在某些感官及肢體動覺系統的發展中，有賴於經驗的關鍵期（critical periods）。第三，複雜或充實的環境造成新的神經鍵。此種爭論無法提供教育人員的任何幫助，因爲它依賴這三項錯誤的觀念及過度概念化（Bruer, 1997）。

一、神經科學實驗

　　大部分神經科學家們同意這種看法，頭腦出生時並不成熟，而且在

出生後顯著的發展。在嬰兒期，神經鍵快速形成。在1970年代中，神經科學家們首先發現這個事實，在取自貓及猴子的大腦視覺皮質組織的樣本中，計算神經鍵的數目（Cragg, 1975）。其後在印度恆河猴子的大腦中，科學家們發現猴子頭腦的視覺、動覺、感覺、記憶，也都在此發展期發生（Rakic, 1994）。

在猴子的實驗中，猴子在出生前2個月，神經鍵即開始快速形成。出生時，大腦組織每單位密度的神經鍵數目與長大的猴子，約略相同。頭腦發展期在出生後繼續2、3個月一直到猴子的頭腦神經鍵密度超過長大猴子的神經鍵密度。從3個月到3歲，猴子性成熟的年齡，神經鍵密度有一個高原期。在青春期，神經鍵密度在5歲前就穩定下來，其後開始消退。因此，猴子的神經鍵密度成長呈現一個倒U字型，出生時低密度、成熟期高密度、其後密度下降（Bruer, 2000: 187）。

雖然人類頭腦的研究資料不多，我們可以推測人類頭腦的發展是否也像一個倒U字型。自從1979年，美國芝加哥大學的Peter Huttenlocher曾經從53個病人解剖屍體中，計算大腦的組織。病人死亡的年齡從胎兒預產期前到超過70歲都有。Huttenlocher（1979, 1990）計算頭腦三個區域——視覺區、聽覺區、及前額區。在人類的視覺皮質方面，大約2個月時，胎兒神經鍵聯結的數目快速增加，8到10個月達到高峰。然後神經鍵密度穩定的下降，直到約10歲，達到成人的水準。聽覺皮質方面，嬰兒出生後幾個月快速增加，3個月時，達到高峰密度，接著高原期，在青春期呈現穩定狀態。人類的前額皮質，大約2歲已達高峰密度並且維持高水準直到8歲，慢慢地遞減到16歲成人的水準（Huttenlocher, 1979）。

人類頭腦的發展也有間接的證據。許多教育研究提到頭腦掃描技術，如陽電子排放斷層攝影術（positron emission tomography, PET），允許科學家測量正常活體受試者的頭腦活動。PET使用放射標示的物質如頭腦所需的養分，氧氣或葡萄糖。當這些物質打入受試者體內時，它們經由血液流入需要養分的頭腦區塊，最後排放陽電子。偵察人員收拾這些排放物、排放路徑的資料，使科學家得以建構影像，以確認在頭腦中，氧氣或葡萄糖消耗的地方（Huttenlocher, 1979）。

在教育文獻中，最常引用的PET研究是一篇29位癲癇症兒童的研究（Chungani, Phelps, & Mazziota, 1987）。這項研究顯示在1歲開始，葡萄糖吸入大腦快速上升，3歲達到高峰，然後在此階段停留直到9或10歲，過了這些階段，葡萄糖吸入大腦的水準退至成人的水準。如果我們假設頭腦增加的能量需求是由於需要燃料並維持過剩的神經鍵所造成的結果，那麼本項研究提供了人類頭腦發展成倒U字型的間接證據（Bruer, 2000: 187-188）。

二、常見的錯誤觀念

雖然神經科學家們對於人類神經鍵的增長情形有所瞭解，神經鍵對於兒童行為、智慧、及學習能力的改變究竟有何意義，他們並沒有多大把握。通常他們探求神經鍵密度的改變與兒童行為改變之間的相關。一些最常見的錯誤觀念，今列述如下（Bruer, 2000: 189-190）：

㈠ 充實的早期兒童環境會引起神經鍵快速增長

我們少有直接的證據──一切都根據猴子的研究──顯示這種主張是不正確的。經驗、環境、及感官刺激，似乎對於早期兒童的頭腦神經鍵快速增長沒有影響。

㈡ 神經鍵愈多，腦力愈強

這種說法的假設是頭腦神經鍵的數目與腦力或智力有直接的關係。神經科學的證據並不支持此種論點。證據顯示神經鍵的數目與密度一生的變化依循倒U字型──先低、再高、後低。然而，人類的行為、認知能力、和智力，明顯地一生中不是照著倒U字型而變化。

㈢ 神經鍵高密度及大腦新陳代謝的高原期是學習最佳時期

神經科學對這些主張的證據極為薄弱。計算人類及猴子神經鍵數目的神經科學家們僅指出在高原期間，猴子與人類發展各式各樣的技能和行為。他們從嬰兒發展至青少年。在青春期，當快速的神經鍵開始消失時，年輕動物的能力大都像成人一樣。他們能運動、感覺、溝通、行動、並且像成人一樣繁殖。

三、神經科學的研究趨向

　　神經科學的研究趨向於整合。認知神經科學家們（cognitive neuroscientists）開始研究頭腦如何認知。他（她）們把心理學及神經科學研究的重點加以整合，發現心理學家著重於心理功能及能力的研究——如何學習、記憶及思考；神經科學家著重於頭腦如何發展及發揮功能。前者似乎對於心理軟體（mental software）感到興趣，而後者似乎對於神經硬體（neural hardware）感到興趣（Bruer, 1999）。認知神經科學家們即在研究神經硬體如何操作心理軟體，頭腦的結構如何支持心理功能，神經系統如何使人類思考及學習等。

　　右腦對左腦（right brain versus left brain）是一個熱門的理論。右腦與左腦在教育上的重大意義，30多年來一直在教育文獻上流傳。Sousa（1995）在其《頭腦如何學習》（*How the Brain Learns*）一書中，專章闡述頭腦的雙側理論（brain literality），並提出教師可用來確信左右腦涉及學習的教學策略。按照標準的說法，左腦掌管邏輯、分析方面，涉及說話、閱讀及寫字。它是一部序列的處理機，可以追蹤時間及序列，而能辨認單字、字母及數字。右腦掌管直覺及創意。它從意像所蒐集的資訊多於文字。它是一部平行的處理機，適用於類型的認定及空間的推理。它能認人、認地、及認物。

　　根據傳統的說法，慣於左腦的人較擅長於語言、分析及問題解決，而且女性多於男性。慣於右腦的人，男性多於女性，較擅長於繪畫、數學，處理視覺世界優於語言。Sousa（1995）指出：學校泰半適合慣用左腦的人，因此，慣用左腦的女生多於慣用右腦的男生。左右腦理論說明為何女生的算術優於男生，蓋因算術是線形、邏輯，只有一個答案。男生則擅長掌管的代數、幾何，乃因這些學科不像算術，著重整體、關係及空間的能力，而且答案不只一個。

　　近數十年來的研究顯示：空間推理可區別為兩種類型——分類型（categorical）及協調型（coordinate），各由頭腦不同的次級系統掌管（Chabris & Kosslyn, 1998）。左腦的次級系統掌管分類的空間推理，而右

腦的次級系統掌管協調型的空間推理。閱讀也不單純是左腦的功能。語音辨認、文字解碼、字義瞭解、文章精髓的建構及推敲，均有賴於左、右腦的次級系統（Beeman & Chiarello, 1998）。

　　依據傳統的說法，左腦處理部分（parts），而右腦處理整體（wholes）。但頭腦的研究顯示：部分與整體是互動的，頭腦同時處理部分與整體。譬如思考一首詩、一齣戲、一本小說或一本哲學巨著，它們都涉及整體，也觸及個別的型式風格。換言之，左腦的歷程因右腦的歷程而更加充實並獲得支持（Caine & Caine, 1994）。

四、神經科學對教育的啓示

　　雖然科學家們已經有許多的研究發現，有些發現已被教育家們採信，另有些發現尚待進一步觀察及實證。Driscoll（2005）、Murphy與Benton（2010）、Sprenger（2010）、Wolfe與Brandt（1998）等人指出下列各項發現，可供教師們參考：

　　1. 頭腦的構造會隨環境而改變，但需要時間。腦細胞之間的聯結組織（dendrites）在任何年齡都會成長。因此，教師要有耐性與熱忱，使用各種方法教導學生。

　　2. 智商並非出生時就固定。它隨環境與教育而成長。

　　3. 某些能力在關鍵期更容易學習。尤其是在幼年期與兒童期更容易學習。

　　4. 學習受到情緒強烈的影響。受到強烈刺激的學習，不論正面或負面的情緒，都會終生難忘。

　　5. 頭腦對於學習少有限制，但學習可以透過腦部各種通路發生。因此，教與學有多種方式，端視學生的個別差異以爲定。

　　6. 許多的認知功能是有區別的——它們是與頭腦的各種不同部位相互聯結。因此，學習者可能有偏好的處理模式與能力。譬如教師可使用地圖與歌曲教地理，教學評量也可以個別化。

　　7. 頭腦具有相當的可塑性。因此，充實而活潑的環境與彈性的教學策略，可以協助幼兒認知發展與成人的學習。

8. 有些學習錯亂失序，可能神經組織有問題。神經組織功能的測試可協助診斷並治療這些錯亂的問題，也可用來評估治療的效果。

9. 從實際生活問題與具體經驗的學習，可協助學生建構知識，也可以給予他（她）們多元的學習管道。

10.頭腦尋求有意義的類型與聯結。教師應該把新的訊息與學生已知的訊息聯結在一起，以協助他（她）們形成新的聯結。否則，所學習的新訊息容易遺忘。

第四節　頭腦本位的教學策略

教學會改變頭腦的組織與構造。譬如，失聰而使用手語的人，比失聰而不使用手語的人，就有不同類型的腦部電流活動（Varma, McCandliss, & Schwartz, 2008; Woolfolk, 2013: 37）。一些研究顯示出腦部活動與教學聯結產生的差異。中風病患施以密集教導與練習，腦部細胞形成新的聯結並且使用新的區域，可幫助他（她）們恢復功能（Bransford, Brown, & Cocking, 2000; Woolfolk, 2013: 37）。

Shaywitz與同僚（2004）研究28位善於閱讀的兒童與49位不善於閱讀的兒童，年齡在6至9歲之間，使用功能性磁振造影技術（functioning magnetic resonance imaging, fMRI），發現兩組兒童的腦部活動有很大的差異。不善於閱讀的兒童左腦不常使用，而右腦過度使用。在100小時以上的字母及發音合併的密集教學之後，閱讀能力獲得改善。不善於閱讀的兒童腦部功能如同善於閱讀的兒童腦部功能，1年後，也繼續有此功能。不善於閱讀的兒童接受標準的補救教學之後，並沒有顯示頭腦功能改變。

教師不能再忽視頭腦在教育環境的研究發現及其涵義。自從1960年代以來，頭腦的研究更令人信服地支持頭腦活動在學習方面增強角色的概念。研究發現顯示遺傳占了30%-60%的神經腺，而40%-70%則是由於環境的因素（Wilmes, Harrington, Kohler- Evans, & Sumpter, 2008）。

但是在教師開始融入學習環境中的積極改變之前，消極的影響必須予以改變或移除。如果不當的壓力存在，則腦部的實際運作將較少成功。教

師常常訴之於責備與威脅以引起學生的動機。例如「完成你的功課！」等類似的勸說，往往無濟於事。

　　實質的證據顯示負面的壓力會阻礙學習。一旦壓力或恐懼形成，身體往往要花很長的時間去修復。然而人們在生命受到威脅的情境中使用防衛機制，此種機制在課堂上會產生反效果。

　　一旦環境取得平衡，教師就可以開始操弄環境。下面是一些頭腦本位的教學策略，可以產生有效的學習（Wilmes, Harrington, Kohler-Evans, & Sumpter, 2008）。

一、視覺環境

　　頭腦的研究顯示大腦接收的資訊80%以上來自視覺。因此，教師應該思考視覺因素在學習方面所扮演的重要角色。有些大腦的學習原理在創造及深化視覺環境如運動、對比、及顏色等特別有用。有些方式與生俱有地接近這些屬性。這些方式包括這些策略如：當教師向一群人講話，就需要在課堂走動，增加或減少群眾的距離；利用視覺的展示呈現教材；利用實物讓學生覺得身歷其境；顏色讓教材編碼；及關燈片刻以便反躬自省。

㈠顏色

　　顏色在視覺環境中特別重要，因為它對於大腦有極大的影響。顏色會供應電磁輻射能（electromagnetic radiations）。每一種顏色都有它的波長並且對於人體及大腦各有不同的影響。

　　一項研究試圖瞭解顏色在環境中對於兒童的學習能量有否影響。研究者在一些天花板較低的教室漆上不同的顏色。學生在尚未漆上不同顏色的教室之前施以智力測驗，然後再放到不同顏色的教室上課。研究顯示放在淺藍色、黃色、綠黃色、及橘黃色環境中的學生智力測驗分數，平均增加12分。放在白色、黑色、或褐色教室中的學生，再施以智力測驗時，分數則下降。

　　顏色也會影響情緒。紅色有血壓增高、心跳及呼吸加速、排汗增加、及腦波興奮的傾向。它也會刺激食慾，這就是為何許多飯店使用紅色的原

因。橘黃色類似紅色，但在效果上不像紅色明顯。

藍色有血壓較低及心跳較慢的傾向。腦波也有下降的傾向。藍色視為最寂靜的顏色。有時候藍色有助於學習，像過度活躍型的學生放在藍色的教室中上課。然而，對於大多數正規的學生，藍色可能會太寧靜。綠色雖然不像藍色，也是一種安靜的顏色。它對於學生的學習有著類似的影響。

黃色是大腦第一個區別的顏色。它與壓力及憂慮有某種程度的聯結，但也會刺激幸福與樂觀的感官。對於學生及檢討活動而言，有助於設定目標。

就整體而論，研究人員已經發現鮮明的顏色具有創意及活力的傾向。相反地，暗色會減輕壓力並引發心平氣和的感覺。黃色、淡橘色、米色、及灰白色有助於學習，因為它們似乎刺激積極的感情。

研究人員也發現記憶與顏色有強烈的關係。在測試語言線索的記憶與顏色的記憶時，學生記住與顏色相聯結的人、物，遠比黑、比白色系列的人、物更準確。因此，教育人員應該儘量把新的資訊與顏色相聯結，以增進學習者的潛能。例如：用不同的顏色寫出具有特色的音或整個單字，以便有效地幫助學生用視覺認字可以改進閱讀及拼字的能力。

㈡ 燈光

燈光像顏色一樣，對於學習效能有影響。大多數的研究顯示柔和的光線對學習最有幫助。但在今日的教室裡，標準的霓虹燈是最常見的光源。在一項研究中，研究人員在幾所小學教室裡以全光譜的燈光取代霓虹燈。他發現在受影響的學生中，長期缺課群降低65%。

五所加拿大學校的研究發現：自然採光比傳統燈光更為有利。有了白晝光，學生的出席率獲得改進，由於維他命D的照射，牙齒腐蝕減少，學生的成長比人為光線班級的學生平均高1.5公分，而且學業成績也提高。教師可用間接而全光譜的燈光取代霓虹燈泡，降低人為燈光的有害影響。

二、聽覺環境

聽覺環境在幫助學習者獲得最大的學習能量方面也很重要。融入大腦

學習原理的班級，擁有較多的溝通。合作學習及眞實世界的應用，對於大腦學習爲主的班級至爲重要。

(一) 噪音

根據噪音級數的研究，學習者有差別的偏好（divergent preference）。有些希望完全寂靜無聲；另有些可能偏好熱鬧吵雜的環境。教師應該察覺敏銳，注意這兩種偏好，以確保獲得有利的學習。外在的吵雜聲對於需要安靜環境的學生而言，可能會讓他們分心，然而對於吵雜聲無動於衷的學生，可能覺得成果豐碩。

教師可用下列方式降低教室的吵雜聲：

1. 把地毯擺設在討論區，以降低教室噪音層級。
2. 把網球擺在椅子的腳底，以防止碰撞桌子或其他的椅子。
3. 把門窗關上。
4. 把橡膠長條沿著門縫塞入，以阻止走道聲響。
5. 讓學生使用耳塞，以隔離外面聲音。
6. 使用耳機聽錄音，以便自我學習。

(二) 音樂

音樂對於大腦的情緒、認知、及技能要素具有好感。有些研究顯示音樂與學習有連帶關係。音樂直接影響脈搏、血壓、神經系統、及內分泌腺。音樂可當作激情物（arousal），像傳遞話語，並且當作大腦的導火線。

激情物係指神經傳送素（neurotransmitter）的增減。搖滾樂的主題是一種「高昂」音樂的例子，然而溫柔的鋼琴旋律卻是讓人消魂。有些研究顯示，柔和的背景音樂造成閱讀能力實質的改進。

當旋律作爲話語的工具時，音樂就成爲傳遞物。歌曲的語詞容易記得，因爲有強烈的音樂關聯性。例如：剛學步的小孩透過熟悉的「ABC字母歌曲」學會了英語字母。另外一個英語歌曲的例子是「閃爍的小星星」（Twinkle, Twinkle, Little Star）。

音樂可用來實現各種學習目標，包括：

1. 創造心情放鬆的氣氛，
2. 建立積極的學習風格，
3. 提供增進記憶的多重感官學習經驗，
4. 創造短期的振奮，增進注意力，
5. 發展和諧關係，
6. 提供靈感，及
7. 增加好玩的成分。

教師助手是一種線上的教育資源，建議使用生動活潑的音樂會，在音樂會裡，教師以戲劇的方式引進新教材於古典音樂中。此種策略可以在5%的時間內，傳遞60%的內容。

(三) 口語發展

研究報告顯示記憶與回憶涉及電視的插曲及聽覺呈現的故事，具有強烈的關係。213位兒童的一項研究發現，口語發展明顯地與幼兒園兒童的音韻知覺發展有密切關係。

當注意到口語技巧與書寫知識、理解、及音素認知（phoneme awareness）有關時，也可看出其優點所在。因此，教師安排時間與學生對談、討論、並聽取附有大量字彙的良好口語模式，乃刻不容緩的工作。

另一個使用聲音產生大腦活動改變的方法見之於「快速學單字」（fast for words）的研究報告中。它是一種快速改變聽覺資訊以引起注意說話流向（speech streams）改變的歷程。這種使用聲音放大的方法，被發現可以增加大腦後腦區的活動。大腦後腦區掌管視覺單字的探測。教師似乎應該使用聽覺音調及強度的改變——抑揚頓挫，以增進兒童閱讀任何學科印刷體文字的能力。

三、嗅覺環境

科學家們已經發現鼻子對於學習也有實際的涵義。使用芳香劑可以產生類似音樂在學習環境中的效果。這兩種都可以產生能量、安定、或改變心情、放鬆、強化記憶、並使周圍環境更舒適的作用。

　　一些芳香劑與增進工作績效有關。薄荷與檸檬氣味增進能量，眾所周知。一篇研究顯示曝露在薄荷味中的人解決疑難問題，比不曝露在薄荷味中的人快30%。爆米花及新鮮的咖啡可引發期盼（anticipation）。

　　香草、甘菊、及松木在測驗前創造鬆弛的氣氛頗多助益。松木的香味可用來紓解倫敦機場的旅客通過海關。

　　考試開始，教師介紹使用的資訊時，可用相同的芳香劑強化記憶。雖然香氣對於記憶影響的準確機制尚無所悉，但當與氣味結合時，記憶似乎增強。

　　悅人的氣味可以改進認知功能。當大學生曝露在悅人的化妝粉、蘋果切片、及檸檬的氣味中，在有壓力及無壓力的環境下，構字及解碼的工作均表現優於不曝露在芳香氣味中的大學生。此外，一項研究顯示混合花香氣味與學習速度發生聯結。為了提升學習，教師應該使用香精油而非人造油。

　　使用頭腦本位環境的感官策略，深化學習是改進兒童學業成就最容易而最划得來的方式。如果我們想要發揮學習機會的最大效果，教師必須利用感官安排教學活動！

第五節　實務演練

1. 人體有許多的「腦」，依部位可分為前腦、中腦、與後腦，大腦、小腦、與丘腦，右腦與左腦。請問這些「腦」各掌管哪些功能？
2. 有些人抱怨記憶力不好，主要的原因是什麼？有何策略可以用來改善記憶力？
3. 從有關頭腦的研究發現，教師們可以使用哪些教學策略，產生有效的學習？
4. 神經科學的研究帶給教師們哪些重要的啟示？請列舉說明之。
5. 心理學家（psychologists）、神經科學家（neuroscientists）、與認知神經科學家（cognitive neuroscientists）對於頭腦的研究取向有何不同？

6. 小華擅長於語言、思考、與推理，依此推測，下列哪一種腦的功能
較為發達？

  A. 中腦　B. 小腦　C. 左腦　D. 大腦

7. 小明擅長於繪畫與數學。依此推測，下列哪一種腦的功能較為發
達？

  A. 大腦　B. 小腦　C. 左腦　D. 右腦

8. 佩姍擅長於體操運動。依此推測，下列哪一種腦的功能較為發達？

  A. 前腦　B. 後腦　C. 大腦　D. 小腦

9. 兒童的聽力受損，無法處理聽覺所接收的訊息。依此推測，此類兒
童可能哪一部位的腦有缺陷？

  A. 丘腦　B. 前腦　C. 後腦　D. 中腦

10. 小強騎車不慎，發生車禍，頭部撞傷導致運動神經失調。依此推
測，小強的頭腦可能哪一部位受到損害？

  A. 前腦　B. 中腦　C. 丘腦　D. 後腦

11. 有關頭腦的研究，下列各項陳述，何者是不正確的？

  A. 根據噪音級數的研究，學習者有差別的偏好（divergent prefer-
ence）

  B. 研究顯示混合花香氣味與學習速度產生聯結

  C. 音樂對於大腦的情緒、認知、及技能要素具有好感

  D. 頭腦接收的資訊，80%以上來自聽覺

12. 有關頭腦的研究，下列各項陳述，何者為真？

  A. 沒有左腦與右腦的思考方式

  B. 神經原到了老年期就不再生長

  C. 智商出生時就確定

  D. 某些能力在關鍵期更容易學習，尤其幼年期與兒童期更容易學習

參考文獻

Agay, N., Yechiam, E., Carmel, Z., & Levkovitz, Y. (2010). Non-specific effects of methylphenidate (Ritalin) on cognitive ability and decision-making of ADHD and healthy adults, *Psychopharmacology, 210*(4), 511-519.

Beeman, M. J., & Chiarello, C. (1998). Complementary right-and-left hemisphere language comprehension. *Current Directions in Psychology, 7*, 2-7.

Bransford, J. D., Brown, A. L., & Cocking, R. R. (2000). *How people learn: Brain, mind, experience, and school.* Washington, D. C.: National Academy Press.

Buckler, S., & Castle, P. (2014). *Psychology for teachers.* London: SAGE.

Bruer, J. T. (1997). Education and the brain: A bridge too far. *Educational Researcher 26(8)*, 4-16.

Bruer, J. T. (1999). In search of... brain-based education. *Phi Delta Kappan, 80*, 648-657.

Bruer, J. T. (2000). Let's put brain science on the back burner. In F. W. Parkay & G. Hass, (Eds.), *Curriculum planning: A contemporary approach.* Boston: Allyn & Bacon.

Caine, R. N., & Caine, G. (1994). *Making connections: Teaching and the human brain.* New York: Addison-Wesley.

Carslow, H. (2011). Developmental coordination disorder. *Innovait, 4*(2), 87-90.

Chabris, C. F., & Kosslyn, S. M. (1998). How do the cerebral hemispheres contribute to encoding spatial relations? *Current Directions in Psychology, 7*, 8-14.

Chungani, H. T., Phelps, M. E., & Mazziota, J. C. (1987). Positron emission tomograpgy study of human brain function development. *Annals of Neurology, 22*, 487-497.

Cragg, B. G. (1975). The density of synapses and neurons in normal, mentally defective and aging human brains. *Brain 9*8, 81-90.

Driscoll, M. P. (2005). *Psychology of learning for instruction* (3rd. ed.). Boston, MA: Allyn & Bacon.

Huttenlocher, P. R. (1979). Synaptic density in human frontal cortex: Developmental changes of aging. *Brain Research, 163*, 195-205.

John-Steiner, V., & Martin, H. (1996). Sociocultural approaches to learning and development: A Vygotskian framework. *Educational Psychologist, 31*, 191-206.

Kolb, B., & Whishaw, I. Q. (2011). *An introduction to brain and behavior* (3rd ed.). New York: Worth.

Martin, R. C. (2006). The neuropsychology of sentence processing: Where do we stand? *Cognitive Neuropsychology, 23*(1), 74-95.

Murphy, P. K., & Benton, S. L. (2010). The new frontier of educational neuropsychology: Unknown opportunities and unfulfilled hopes. *Contemporary Educational Psychology, 35,* 153-155.

Pokin, B., D'Anci, K., & Rosenberg, I. (2010). Water, hydration, and health. *Nutrition Reviews, 68*(8), 439-458.

Rakic, P. (1994). Corticogenesis in human and nonhuman primates. In M. Gazzaniga, (Ed.), *The cognitive neurosciences*. Cambridge, Mass.: MIT Press.

Shaywitz, B. A., Shaywitz, S. E., Blachman, B. A., Pugh, K. R., Fulbright, R. K., Skudlarski, P., & Gore, J. C. (2004). Development of left occipitotemporal systems for skilled reading in children after a phonologically-based intervention. *Biological Psychiatry, 55,* 926-933.

Sousa, D. A. (1995). *How the brain learns: A classroom teacher's guide*. Reston, Va.: National Association of Secondary School Principals.

Sprenger, M. (2010). *Brain-based teachingin the digital age*. Alexandria,VA: Association for Supervision and Curriculum Development.

Treisman, A. L. (1960). Contextual cues in selective listening. *Quarterly Review of Biology, 46*(1), 35-37.

Varma, S., McCandliss, B. D., & Schwartz, D. L. (2008). Scientific and pragmatic challenges for bridging education and neuroscience. *Educational Researcher, 37*, 140-152.

Wilmes, B., Harrington, L., Kohler-Evans, P., & Sumpter, D. (2008). Coming to our senses: Incorporating brain research findings into classroom instruction. *The Education Digest*, November, 24-28.

Wolfe, P., & Brandt, R. (1998). What do we know brain research? *Educational Leadership, 56*(3), 8-13.

Woolfolk, A. (2013). *Educational psychology*, (12th ed.). New Jersey: Pearson.

第二章

認知發展

隨著頭腦的發展，兒童開始認識周遭的環境。但是，兒童到底是怎樣認識環境？產生學習？心理學有關學習的理論有各種不同的派別，可分為認知學派、行為學派、與人文學派。本章先從認知心理學的觀點，探討兒童的認知發展。

認知發展理論以Piaget的認知發展階段與Vygotsky的社會文化理論為代表。今分別敘述如後：

第一節　Piaget 的認知發展階段

瑞士心理學家Jean Piaget（1896-1980）實在是一位天才。當他十幾歲的時候，他就出版了許多軟體動物方面的科學論著，而且擔任日內瓦自然歷史博物館軟體動物蒐集部門的主管職務。後來他到巴黎比奈實驗室工作，研究兒童的智力測驗。兒童答錯的理由居然讓他深深著迷，而促使他潛心研究答案背後的思考歷程，終於成為二十世紀偉大的認知心理學家（Woolfolk, 2013: 42）。

Piaget的認知發展理論包括發展階段、影響認知發展的因素、思考的基本傾向、及認知發展階段評述等四部分論述。

一、認知發展階段

新生兒頭腦的重量約一磅，是成人頭腦重量的三分之一（Woolfolk, 2013: 33）。嬰孩出生後3至18個月，頭腦的重量增加30%，2至4歲，再增加10%，隨後6至8歲、10至12歲、14至16歲依次增加10%（Carlson, 2012）。頭腦重量的增加乃是頭腦內部聯結增強的象徵，此與Piaget（1955）的認知發展階段（stages of cognitive development）：感官動作期（Sensorimotor Thought）、前操作期（Preoperational Thought）、具體操作期（Concrete Operational Thought）、與形式操作期（Formal Operational Thought）頗相吻合如表2.1，今說明如下：

表2.1　Piaget的認知發展階段

發展階段	行為表現
感官動作期（0-2歲）	符號思考開始出現 物體恆久概念開始發展
前操作期（2-7歲）	語言、藝術、戲劇等心理表徵開始發展
具體操作期（7-12歲）	邏輯思考更客觀
形式操作期（12歲以後）	假設—演繹、推理與抽象思考開始發展

資料來源：Buckler & Castle (2014), p.118.

㈠ 感官動作期（0-2歲）

此階段以「感官」和「動作」爲特徵。2歲以下嬰孩的需求是基本的、立即的。資訊來自感官而動作是初步的。嬰孩張開嘴，吃一湯匙的食物便是一個例子。先有刺激，然後才有行動。當嬰孩開始發展符號思考時，感官動作期即結束。譬如，洋娃娃玩具變成「媽咪」，如果不在視線範圍之內，嬰孩知道物體仍然存在（Bogartz et al., 2000，引自Buckler & Castle, 2014: 119）。

㈡ 前操作期（2-7歲）

感官動作期之後，兒童開始發展概念的瞭解。前操作期反映出早期符號形式與概念學習的出現。在此階段，思考是不合邏輯的，但語言、藝術、與戲劇的概念開始發展。在此階段的兒童透過學前教育，曝露各種語言學習的機會，開始學習語言的要素及符號。兒童也獲得分類的能力，譬如廚房的餐具分爲烹調用及飲食用兩類。分類的能力有賴於記憶的能量，而記憶的能量有賴於兒童腦部海馬迴與顳葉的發展。

Piaget也談到號誌（sign）與標誌（signifier）的區別。他使用路標來做比喻。例如交通號誌——紅綠燈，告訴駕駛員前面道路可否通行。但標誌的意義比號誌更多，例如「慢行」，警告駕駛員前面路狀危險，請減速慢行。交通號誌對於兒童而言甚爲普遍，兒童也瞭解其意義。但標誌在兒童的生活環境中具有特殊性。

(三) 具體操作期（7-12歲）

前操作期結束，兒童進入具體操作期。兒童的邏輯思考變得更客觀。Piaget（1955）使用「保留」（conservation）一詞來解釋兒童對於物體重量的瞭解。譬如把兩塊重量相同的球形泥土擺在兒童的面前，問兒童這兩塊泥土的重量是否相同（當然相同）。然後把其中一團泥土滾成香腸形狀，並問兒童這兩塊泥土的含量是否相同。已經獲得保留概念的兒童回答說兩塊泥土含量相同。尚未獲得保留概念的兒童則回答說兩塊泥土含量不相同，認為香腸形狀的泥土含量較多。這是因為泥土變形而使兒童誤以為含量較多（Buckler & Castle, 2014: 121）。

Piaget（1955）發現兒童6歲前就有數字保留的概念，但至11歲，兒童才有容量保留的概念。邏輯思考的能力可以看出兒童是否處於具體操作期的前期或晚期。然而在此階段，複雜的邏輯思考尚待發展。

(四) 形式操作期（12歲以後）

兒童到了12歲，進入形式操作期，可以使用演繹、推理、與抽象思考。在具體操作期所欠缺的元素，都在此階段充實。譬如教師問學生下列問題：

小華比小明高，小明又比小花高。請問誰最高？

10歲兒童可能想了很久，努力尋求答案；但年紀大些的兒童認為題目很簡單，因為他（她）們已經發展抽象的問題解決能力。

抽象思考乃是驗證假設的能力，也是科學思考的能力，通常在11歲以後的兒童發生。社會與文化的影響對於兒童產生衝擊。譬如在教學設備完善的學校，採用小班分組教學的學生，擁有更多的科學思考的機會。

兒童進入青春期，他（她）們經歷許多重大的認知發展。同時，他（她）們也邁入狂風暴雨期，可能造成進步的阻礙。形式操作期也許是最艱困的發展階段。教師與家長更需要協助他（她）們克服難關，度過青春期。

二、影響認知發展的因素

　　兒童的認知發展是漸進的歷程。Piaget（1970）認為兒童的思考歷程
從出生到成熟雖然緩慢，但會急速改變，因為人類不斷地努力認識這個世
界。兒童的認知發展受到四個因素的影響：身心的成熟度、活動、社會
經驗、和平衡。這四個因素會相互影響思考的改變（引自Woolfolk, 2013:
43）。

　　最重要的因素之一是生理的成熟度，生理的改變大都受到基因的影
響，父母親與師長鮮能影響兒童的生理發展，但可確信的是營養與照顧有
助於他（她）們健康的發展。

　　活動是另一個重要的因素。隨著生理的成熟，與環境的互動、學習的
能力與日俱增。當幼兒的協調能力獲得合理地發展的時候，他（她）們會
從蹺蹺板的體驗中發現平衡的原則。於是，人們在環境的互動中，不斷探
索、測試、與觀察，組成資訊，就有可能改變思考的歷程。

　　在發展歷程中，兒童往往與周遭人們互動。兒童的認知發展受到社會
傳習（social transmission）的影響，向別人學習。沒有社會傳習，人們就
要重新發明所有的知識。社會傳習的數量也隨著不同的認知發展階段而有
所不同。

三、思考的基本傾向

　　Piaget（1955）指出所有物種繼承兩個基本傾向，或不變的功能（in-
variant functions）。第一個傾向是朝向組織——整併、安排、再整併、再
安排行為與思想，成為一貫的系統。第二個傾向是朝向適應，或適應環
境。

　　人們生下來就有把思想歷程組成心理結構的傾向。這些心理歷程就
是瞭解與世界互動的系統。簡單的心理結構不斷地組合變為更精密、更有
效。嬰兒最初會注視物體或抓物體，但不會同時注視物體並抓住物體。然
而，當嬰兒把這兩個不同的行為結構組成協調的高層次結構之後，就會
注視並抓住物體（Miller, 2011）。此種心理結構，Piaget稱之為「基模」

（schema）。基模乃是有組織的行動或思想系統，讓人們去思考物體及世界事物。基模可以小而具體，也可以大些。當思考歷程更有組織並且發展新的基模時，行爲會變得更精密，更能適合於環境。

除了組織心理結構的傾向外，人們也繼承適應環境的傾向。適應環境涉及兩個歷程：同化（assimilation）與適應（accommodation）。

當人們使用現有的基模去瞭解世界的事物時，同化就會產生。同化涉及設法瞭解新事物以符應人們已經知道的事物。有時候，許多的兒童看見浣熊，他（她）們稱之爲kitty，他（她）們設法以現在辨認動物的經驗和新經驗相配對。

當人們必須改變現有的基模去回應新情境時，適應隨即產生。如果資料不能適合現有的基模時，則會發展更合適的結構。人們乃是把思想去適應新資訊，而不是把資訊去適應思想。當兒童把認清浣熊的基模加到他（她）們辨認動物的基模時，兒童就會產生調適的現象。

同化與基模交互影響，每當新經驗同化於現有的經驗之中，基模就會擴大並有些微改變，因而同化涉及適應（Mascolo & Fischer, 2005）。有時同化與適應並未使用，當人們碰到不熟悉的事物時，可能會視若無睹，置之不理。例如人們偶爾聽到有人用外語交談，他（她）們可能認爲事不關己，除非他（她）們對於此種外語有某種瞭解。

依據Piaget的觀點，組織、同化、與適應可視爲一種複雜的平衡行爲。思考眞正的改變是透過平衡（equilibration）的歷程而產生。人們不斷測試思考歷程的妥當性以取得平衡的狀態。譬如我們把平衡應用於某一事物或情境，並且基模發生作用，那麼平衡就存在。但如果基模沒有造成滿意的結果，就會產生反平衡的狀態（disequilibrium），我們會覺得不舒服。

四、認知發展階段評述

Piaget的認知發展理論顛覆人類發展的研究，而且在許多方面仍然支配認知發展的領域。大部分的心理學家同意Piaget具有洞見的認知發展階段。然而有些心理學家質疑四個不同的思考發展階段（Mascolo & Fischer,

2005; Miller, 2011）。其中一個問題是兒童思考的發展階段缺乏一致性。晚近的一些研究修正了他的觀點（Mercer, 2010; Slavin, 2012: 39）。其中一項重要的原理是Piaget主張發展先於學習。他認為發展階段大都是固定的，像保留的概念是可以教的。但最近的研究案例顯示幼兒在未到達發展階段前，就可以簡單的形式成功學習保留的概念。譬如兒童能夠保留重量的概念（泥球壓扁，重量不會改變）之前一、二年，就會保留數量的概念（積木重新排列，數量不會改變）。但是兒童為何不會在各種情境中使用保留的概念？Miller（2011）認為Piaget較少強調認知發展過程，卻更注意思考如何透過平衡的概念而改變。

　　Brainerd（2003）也批評Piaget的認知發展諸如保留的概念或抽象思考不能加速進行的論點。他質疑兒童必須發展到某一階段才能學習的觀點。他發現兒童在有效的教導之下，可以學會認知的操作表演，如保留。

　　Piaget的認知發展階段另一個問題是思考歷程更具繼續性。但是思考的歷程長期看起來像是不連續的、質化的躍進。3歲幼童持續地尋找遺失的玩具，在本質上有別於嬰孩似乎沒丟玩具，或不會尋找滾在沙發底下的玩具。但是如果我們仔細觀察兒童每時每刻的行為改變，我們會發現這些改變的確是繼續性的、漸進性的。知識是經驗不斷的累積，年齡稍長的兒童已充分發展記憶，記得玩具滾到沙發底下，而嬰孩尚未發展記憶的能力，當然視若無睹，依然無動於衷。

　　另一方面，Piaget低估兒童的認知能力，尤其幼兒。他給兒童的問題太難，指示不明確。兒童瞭解的比表現出來的還多。例如：Gelman（2000）的研究顯示幼兒園的兒童瞭解有關數字的概念，遠比Piaget所想的還多。

　　此外，Piaget堅持認知發展在各個不同階段是質性的差異。但實際上，認知發展也有少部分是量的不同，而非全是質的差異。頭腦不斷的成熟說明年長的兒童比幼童思考更為複雜的原因（O'Donnell, Reeve, & Smith, 2009: 92）。

　　Piaget的理論受到另外一項批評是，忽略兒童的文化與社會族群。跨文化研究普遍證實雖然Piaget對於兒童的思考階段順序正確，然而階段的

年齡組距差異頗大。歐洲社會的兒童進入另一階段比非歐洲社會兒童早2-3年。即使具體操作如分類在不同的文化社會，發展也各不相同（Woolfolk, 2013: 54）。

第二節　Vygotsky 的社會文化理論

另一位愈來愈具有影響力的認知發展學派──社會文化理論（sociocultural theory）的代表人物是俄羅斯心理學家Lev Vygotsky（1896-1934）。可惜他英年早逝，年僅38歲，卻因肺結核而去世。在他短暫的生涯中，他寫過100多本書與論文（Woolfolk, 2013: 55）。他的社會文化理論或稱為文化歷史發展理論，成為認知發展理論的重要著作。本節就社會文化理論、學習與發展的角色、與鷹架理論評述，分別敘述如後。

一、社會文化理論

Vygotsky相信人類的活動在文化的情境發生，而且離開這些情境，就無從瞭解這些活動。他的主要理念之一就是人類的心靈構造與歷程可以追溯到與他人的互動。社會互動不只影響認知發展，它們真正創造了認知結構與思考歷程（Palincsar, 1998）。事實上，「Vygotsky把發展概念為社會分享的活動轉型為內在化的歷程」（John-Steiner & Martin, 1996: 192）。他的著作突顯三個主題，可以解釋社會歷程如何形成學習與思考：個體思考的社會來源；文化工具在學習與發展上扮演的角色，特別是語言的工具；與近似發展區（the zone of proximal development）（Driscoll, 2005; Wertsch & Tulviste, 1992）。

Vygotsky認為兒童的文化發展功能出現兩種情況：先在社會層級，然後在個人層級；先在人們之間（人際），然後在兒童自己（內心）。所有高層次的功能源自於真實的人際間關係（1978: 57）。換言之，高層次的心理歷程先由兒童與他人共同建構而成，然後共構的歷程（co-constructed processes）再由兒童內在化成為認知發展的一部分（Gredler, 2009）。

Vygotsky（1978）相信文化工具包括技術工具（technical tools）如今

日的手機、電腦、網路，與心理工具（psychological tools）如符號系統、數字系統、盲點字、手語、語言等在認知發展上扮演重要的角色。譬如語言與數字系統協助學習與認知發展，改變思考歷程。此種符號系統透過正式與非正式互動與教學，由成人傳給兒童，或由兒童傳給兒童。

　　Vygotsky（1978: 86）認為在發展階段的每一個定點，兒童都有一些處於解決邊緣的問題。兒童僅需要某些協助，譬如記住細節或步驟、提醒、鼓勵嘗試、提供線索等等。當然有些難題超出兒童的能力範圍。近似發展區乃是兒童目前發展的層次「獨立的問題解決」與兒童可能發展的層次「透過成人的指導或與同儕合作」之間的區域。近似發展區是動態的、會變動的區塊。當學生與教師互動，產生瞭解時，它就會隨之改變。這是教學可以成功的區域。成人及教師常常使用語言提示協助兒童解決問題或完成工作。此種協助支持的型態稱之為「鷹架」理論（scaffolding）。隨著兒童接受師長的教導，此種協助可能漸漸減少。

二、學習與發展的角色

　　Piaget把發展界定為「知識的主動建構」，學習界定為「聯結的被動形成」（Siegler, 2000）。他熱衷於知識的建構並且相信認知發展是學習的必備條件。學習乃附屬於發展，而非發展附屬於學習。當兒童發展到某一階段，學習才會發生。換言之，發展在先，學習在後。

　　Vygotsky（1978: 90）則持相反的立場，他相信學習是主動的歷程，毋須等待準備。事實上，合適有組織的學習造成心智的發展。他把學習視為發展中的工具，學習促使發展朝向更高的層級，而社會互動是學習的主要關鍵。他的理念顯示家長及師長在認知發展方面，扮演重要的角色。

三、鷹架理論評述

　　基本上，Vygotsky的發展論是教育理論。他的教育理論也是一種文化傳遞理論。教育的涵義不僅發展個人的潛能，也促進歷史的表達及人類文化的成長。Vygotsky的重大貢獻是他不僅發展了認知理論，也發展了教育理論及社會文化發展理論（Ornstein & Hunkins, 2004: 112）。

　　Vygotsky發展論的複雜性主要是他的著作不容易瞭解，蓋因大部分是從不同時期的著作翻譯而來。鷹架理論（scaffolding）的術語最先由Wood、Bruner、及Ross等人提出，描述專家以更高明的手法協助新手操作某一工作或技能。Wood等人（1976）曾描述類似的學習歷程，「兒童或新手受到協助與支持，因而能夠解決問題、完成任務、或達成目標」（p.90）。這種說法聽起來很像Vygotsky的鷹架理論。然而，Wood等人認為「鷹架理論主要包含成人控制工作的要素。這些要素起初遠超出學習者的能力之外，因此允許學習者專注並僅完成他力所能及的這些要素」（p.90）。這可能是優秀教師想去嘗試的事，但與Vygotsky的近似發展區概念少有關係（Grifftin & Cole, 1999; Stone, 1993）。

　　鷹架理論的隱喻，嚴重降低更有能力與更無能力的人可以從互動中學會某些東西的事實。姑不論湧上心頭的意像是用來支撐建物的鷹架或是某人用來懸掛東西的鷹架，這種意像是提供鷹架的人明確地控制情境並且在歷程中不期待去改變情境。當然，隱喻是有力的工具，但有其限制。在情境中的限制就是Vygotsky的理論與強調教師提供兒童適當協助的理論相提並論（Tudge & Scrimsher, 2003: 219）。

　　Vygotsky的著作主要針對社會的起源及個體發展的文化基礎加以論述。他與Piaget的理論同屬認知發展理論，但二者對於認知發展的歷程採取不同的看法。Piaget認為兒童必須進入某一階段才能完成特殊的認知活動；Vygotsky則持相反的觀點。他相信兒童在某一發展階段之前，由於與社會互動的結果，常常能夠表現某種認知的動作。譬如，在達到某一特殊發展階段之前，兒童即開始弄通語言。Piaget認為階段的發展是在語言發展之前；Vygotsky則認為學習是在階段發展之前（Ornstein & Hunkins, 2004: 112）。

　　Vygotsky過度強調社會互動在認知發展的角色。事實上，沒有家長、師長、或同儕的協助，有些兒童自己也能夠認知發展。

第三節　認知發展理論的啓示

　　Piaget的著作沒有提到教育方面的建議；而Vygotsky英年早逝，沒有足夠的時間提出一套完整的應用。研讀之餘，我們能從兩位大師學到哪些重要的啓示？本節分別從兩位大師的理論，找出一些重要的啓示，以供教師們參考。

一、從Piaget的理論，我們能學到什麼？

　　Piaget（1969: 70）對於兒童思考的興趣，更甚於對於引導教師的興趣。然而，他談到有關教育哲學的一般理念。他認爲教育的主要目的應該協助兒童「學會如何學習」（learn how to learn），教育應該「養成而非供給」（form not furnish）學生的心靈。我們學到許多有關兒童如何藉著傾聽與注意解決問題的方式來進行思考。如果我們瞭解兒童的思考，我們將更能夠把教學方法與兒童現有的知識與能力密切結合；換言之，我們更能夠因材施教。即使Piaget沒有根據他的理念設計教育方案，他對於當前教育實務的影響力仍然很大（Woolfolk, 2013: 61）。

　　任何班級的學生在認知發展層級與學業成就差異極大。身爲教師如何判定學生學習的困擾是否由於缺乏必要的思考能力？教師應該仔細觀察學生解決問題的行爲。他（她）們使用何種邏輯？是否僅注意一種情境而已？教師要問問學生如何解決問題，聽聽他（她）們使用的策略。重複錯誤背後的思考模式是什麼？有關思考模式，學生是最好的資訊來源（Confrey, 1990）。

　　Piaget的理論在教學方面的重要啓示是Hunt（1961）所謂的「配對問題」。不平衡狀態必須保持「恰好」以鼓勵成長。設定情境引導料想不到的結果，有助於創造不平衡狀態的適當水準。當學生面臨一些他（她）們認爲會發生與眞正發生之間的衝突，他（她）們會重新思考這個情境，發展新的知識。

　　Piaget把學習者視爲好奇的探究者，不斷嘗試去認識周遭的環境（O'Donnell, Reeve, & Smith, 2009: 81）。他的基本理念是個體建構自己的

知識，學習是建構的過程。我們發現每一階段的認知發展，學生會主動參與學習的過程。因此學前教育不該侷限於身體的操作，也應該包括心理的操弄。

　　學生需要與教師及同儕互動，以便測試他（她）們的思考能力、接受挑戰、並且察看別人如何解決問題。具體的經驗提供思考的材料。與他人溝通讓學生得以使用、測試、有時改變（她）們的思考策略。

　　從Piaget的理論，教師應該深知學生經由不同的發展階段，探求知識。教師要有敏感性，應該依據學生不同的認知發展階段，設計課程，安排教學；提供合適的情境與活動，引起學生的好奇心，引導學生發現學習（discovery-based learning），充分發展學生高層次的思考。

二、從Vygotsky的理論，我們能學到什麼？

　　像Piaget一樣，Vygotsky相信教育的主要目的是發展高層次的心理功能，不只是灌輸學生一些記憶性的知識。因此，Vygotsky可能反對一時深而一哩寬，或看起來瑣碎的教育課程。

　　發展高層次的心理功能至少有三種方式：模仿的學習、教導的學習、與合作的學習。Vygotsky最關心第二類型，透過直接教學或建構經驗，鼓勵別人學習。但是他的理論也支持透過模仿或合作方式的學習。因此，Vygotsky的理念與採用直接教學、使用模仿教學、或創造合作學習環境的教師有關（Wink & Putney, 2002）。

　　Vygotsky認為在「發現」（discovering）保存或分類認知的世界裡，兒童是不孤單的。此種發現受到家人、師長、同儕、甚至軟體工具的協助。大部分的協助至少在西方世界透過語言的溝通。有些不同文化地區透過觀察，不用談話，引導兒童學習。此種協助稱之為「鷹架理論」。Vygotsky的理論隱含更動態的師生互動，允許教師在學生無法單獨做的部分課業上，協助學生學習。

　　Vygotsky的理論顯示教師需要做得更多，不只安排環境，這樣學生才能發現認知的世界。兒童不能也不應該期待他（她）們重新發明或重新發現已有的知識。他（她）們應該給予輔導與協助學習。

Vygotsky把學習者視為年輕的學徒，向經驗豐富的師傅學習知能（O'Donnell, Reeve, & Smith, 2009: 81）。他的理論，透過社會的互動與合作的對話，學生獲得知識技能。認知發展是漸進的歷程。教師應該明瞭認知成長是在社會互動的情境中產生。因此，教師應該多提供社會的互動，協助學生發展思考認知的能力，積極參與社會文化活動。

總而言之，Piaget與Vygotsky也許都同意學生需要在魔術境界（Berger, 2012）或配對得宜（Hunt, 1961）的情境中施教。在這樣的環境裡，學生才不會感到厭倦或挫折。有時候，最好的教師也是最好的學生，他（她）能夠想出如何解決問題，因為這個學生也許正在操作學習者的近似發展區（Woolfolk, 2013: 63）。

第四節 實務演練

1. Piaget的認知發展理論與Vygotsky的社會文化理論有何異同？請評述兩者理論的優缺點。

2. Piaget的認知發展理論與Vygotsky的社會文化理論給教師們哪些啟示？請分別列舉之。

3. 李老師把兩杯容量相同的咖啡擺在學生的面前，問他（她）們這兩杯咖啡的容量是否相同（當然相同）。然後李老師把其中一杯倒在碗裡，並問學生這兩杯咖啡的含量是否相同。王同學回答說兩杯咖啡含量相同。依據Piaget的認知發展階段，王同學的認知發展到達哪一個階段？
   A. 感官動作期　B. 前操作期　C. 具體操作期　D. 形式操作期

4. 林老師問學生這道問題：「大年比大明高，大明又比大華高，請問誰最高？」大中說：「大年最高。」依據Piaget的認知發展階段，大中的認知發展到達哪一個階段？
   A. 感官動作期　B. 前操作期　C. 具體操作期　D. 形式操作期

5. 曉華發現曉明喜愛打籃球、網球、與棒球。於是，曉華推論曉明可能愛好運動。依據Piaget的認知發展階段，曉華的認知發展到達哪一

個階段？

A. 感官動作期　B. 前操作期　C. 具體操作期　D. 形式操作期

6. 依據Piaget的認知發展階段，國民中學學生的認知發展屬於哪一個階段？

A. 感官動作期　B. 前操作期　C. 具體操作期　D. 形式操作期

7. 依據Vygotsky的社會文化理論，下列各項陳述，何者是不正確的？

A. 人類的心靈構造與歷程可以追溯到與他人的互動

B. 技術工具與心理工具在認知發展上扮演重要的角色

C. 兒童在某一發展階段之前，常常能夠表現某種認知的動作

D. 近似發展區是靜態的，它不會改變

8. 成人及教師常常使用語言提示，協助兒童解決問題或完成工作。此種協助支持的型態屬於何種理論？

A. 同化理論　B. 適應理論　C. 保留理論　D. 鷹架理論

9. 下列何者是Piaget的認知發展理論主張？

A. 社會互動是學習的主要關鍵

B. 文化工具包括技術工具與心理工具

C. 人類的心靈構造與歷程，可以追溯到與他人的互動

D. 兒童建構自己的知識，學習是建構的過程

10. 下列何者是Vygotsky的社會文化理論主張？

A. 兒童必須進入某一階段，才能完成特殊的認知活動

B. 兒童建構自己的知識，學習是建構的過程

C. 組織、同化、與適應，視為一種複雜的平衡行為

D. 社會互動是學習的主要關鍵

參考文獻

Berger, K. S. (2012). *The developing person through childhood and adolescence* (7th ed.). New York, NY: Worth.

Bogartz, R. S., Shinskey, J. L., & Schilling, T. H. (2000). Object permanence in five-and-a-half-month-old infants? *Infancy, 1*(4), 403-428.

Brainerd, C. J. (2003). Jean Piaget, learning research, and American education. In B. J. Zimmerman & D. H. Schunk (Eds.), *Educational psychology: A century of contributions* (pp. 251-287). Mahwah, NJ: Erlbaum.

Buckler, S., & Castle, P. (2014). *Psychology for teachers.* London: SAGE.

Carlson, N. R. (2012). *The physiology of behavior*, 11th ed. New York: Pearson.

Confrey, J. (1990). A review of the research on students' conception in mathematics, science, and programming. *Review of Research in Education, 16*, 3-56.

Driscoll, M. P. (2005). *Psychology for learning and instruction*, (3rd ed.). Boston, MA: Allyn and Bacon.

Gelman, R. (2000). The epigenesist of mathematical thinking. *Journal of Applied Developmental Psychology, 21,* 27-37.

Gredler, M. E. (2009). Hiding in plain sight: The stages of mastery/self-regulation in Vygotsky's cultural-historical theory. *Educational Psychologist, 44,* 1-19.

Grifftin, P., & Cole, M. (1999). Current activities and future: The Zo-ped. In P. Lloyd & C. Fernyhough (Eds.), *Lev. Vygotsky: Critical assessments.* London: Routlrdge.

Hunt, E. (1961). Let's hear it for crystallized intelligence. *Learning and Individual Differences, 12*, 123-129.

Mascolo, M. F., & Fischer, K. W. (2005). Constructivist theories. In B. Hopkins (Ed.), *The Cambridge encyclopedia of child development.* New York, NY: Cambridge University Press.

Mercer, J. (2010). *Child development.* Thousands Oaks, CA: Sage.

Miller, P. H. (2011). *Theories of developmental psychology*, (5th ed.). New York: Worth.

O'Donnell, A. M., Reeve, J., & Smith, J. K. (2009). *Educational psychology: Reflection for action*, 2nd ed. NJ: John Wiley & Sons.

Ornstein, A. C., & Hunkins, F. P. (2004). *Curriculum: Foundations, principles, and issues,* 4th ed. Boston: Pearson Education, Inc.

Palincsar, A. S. (1998). Social constructivist perspectives on teaching and learning. In J. T. Spence, J. M. Darley, & D. J. Foss (Eds.), *Annual Review of Psychology*. Palo Alto, Ca: Annual Reviews.

Piaget, J. (1955). Perceptual and cognitive (or operational) structures in the development of the concept of space in the child. *Acta Psychologica, 11,*41-46.

Piaget, J. (1969). *Science of education and the psychology of the child.* New York, NY: Viking.

Piaget, J. (1970). Piaget's theory. In P. Mussen (Ed.), *Handbook of child development* (3rd ed.) (Vol. 1, pp. 703-732). New York, NY: Wiley.

Siegler, R. S. (2000). The rebirth of children's learning. *Child Development, 71*, 26-35.

Slavin, R. E. (2012). *Educational psychology*, 10th ed. Boston: Pearson.

Stone, C. A. (1993). What is missing in the metaphor of scaffolding? In E. A. Forman, N. Minick, & C. A. Stone (Eds.), *Contexts for learning*. New York: Oxford University Press.

Tudge, J., & Scrimsher, S. (2003). L. S Vygotsky: A cultural-historical, interpersonal, and individual approach to development. In B. J. Zimmerman & D. H. Schunk, (Eds.). *Educational psychology: A century of contributions.* London: Lawrence Erlbaum Associates, Publishers.

Vygotsky, L. V. (1978). *Mind in society: The development of higher mental process*. Cambridge, MA: Harvard University Press.

Wertsch, J. V., & Tulviste, P. (1992). L. S. Vygotsky and contemporary developmental psychology. *Developmental Psychology, 28*, 548-557.

Wink, J., & Putney, L. (2002). *A vision of Vygotsky*. Boston, MA: Allyn & Bacon.

Wood, D. J., Bruner, J. S., & Ross, G. (1976). The role of tutoring in problem solving. *Journal of Child Psychology and Psychiatry, 17*, 89-100.

Woolfolk, A. (2013). *Educational psychology*, 12th ed. New Jersey: Pearson.

第 **3** 章

人格發展

　　每個人都有人格（personality），但是兒童不是生下來就有人格。人格是學習得來的（acquired），乃是與環境互動的結果。因此，人格是從嬰兒期開始塑造的。相同的人格可能在青春期會改變。雖然人生有時歷經滄桑，可能引起人格的改變，當兒童到了成人期，他（她）們就建立一種數年不變的人格。

第一節　人格的定義與特質

一、人格的定義

　　要界定人格極為困難。截至1927年，人格的定義就超過50個（Allport, 1927）。然而，人格有共同的要素，包括一種穩定的要素，具有不變的特性，因為面臨不同的情境，這些特性持續發生。人格的另一個要素是差異的概念，每個人的人格大不相同。沒有單一的人格類型。它不是「全然或無」（all-or-nothing）的概念。

　　簡單的人格定義是：「行為與思想的特殊類型，跨越時空，表現出有別於他人的行為」（Carlson, et al., 2004: 582）。Eysenck（2009: 287）加以闡釋，認為人格是「有點穩定的內在因素使人的行為前後一致，並在相同的情境中，有別於他人的行為。」他指出「內在」（internal）一詞至為重要，因為它確認人格是一種內在化的歷程，以外在化的行為顯示人格的本身。

二、人格特質

　　人格特質（personality trait）係指在人身上可以觀察到的特徵。譬如身高與體重是特質，雖然它們是生理的特徵。人格特質不勝枚舉，至少也有四千多項特質（Allport & Odbert, 1936）。每位理論家談到人格特質，都舉出三到十六項人格特質。本書介紹四位人格理論家，探討人格的因素。

(一) Raymond Cattell

　　Cattell（1956）是第一位採用問卷表來反映十六項人格特質的心理學

家。他列舉出十六項人格因素（16PF），或稱爲「來源特質」（source-traits），而非較不顯著的「表面特質」（surface-traits）如表3.1。受試者完成問卷表，要在十點量表上回答每一道問題，製成剖面圖，以便與他人的剖面圖相比較。這是人格測驗的精髓。

　　Cattell的十六項人格因素甚受歡迎，但實際上仍應小心使用。有些因素相互碰撞，例如「輕鬆的」、「憂心的」、「情緒穩定的」似乎測試更普遍的、與焦慮有關的因素。同樣地，在課堂上屈從於支配性兒童的教師努力建立權威，管控班級秩序。研究結果的不一致性於是產生。儘管如此，Cattell提供了一個讓其他理論家去蕪存菁的焦點。

表3.1　Cattell的十六項人格特質

冷　漠	熱　情
具體的思考	抽象的思考
受感情影響的	情緒穩定的
屈從性	支配性
冷靜的	熱忱的
權宜的	有良心的
害羞的	勇敢的
鐵石心腸	慈悲心腸
信任的	懷疑的
腳踏實地的	富於想像的
直率的	精明的
有自信的	憂心的
保守的	喜歡嘗試的
團體取向	自我滿足
放蕩不羈	自我約束
輕鬆的	緊張的

資料來源：Buckler & Castle (2014), p.154.

(二) Hans Eysenck

Eysenck（1975）認為人格可用因素分析併成三個因素：外向型（extroversion）、神經質型（neuroticism）、與異常型（psychoticism）。本質上，每一個因素各有兩極，如圖3.1。Eysenck編製「Eysenck人格問卷表」並由其夫人評量這些人格特質。這三個因素的特徵列述如下：

1. 外向型：高分數的人具有愛好社交、容易衝動的傾向；低分數的人內向、謹慎、孤立、及討厭熱鬧。

2. 神經質型：高分數的人具有焦慮、緊張、情緒不穩定的傾向；低分數的人心情輕鬆、情緒穩定。

3. 異常型：高分數的人具有攻擊性、自我中心、沒有人情味、及冷漠的傾向；低分數的人沒有攻擊性、熱情、並且關懷別人。

Eysenck（1975）的人格理論基於此一假定：人格在本質上是生物的。他特別強調人腦中樞神經的生理功能。頭腦的運作是為人格負責的。腦皮質層較高的人少有需要尋求進一步的激情物（arousal）。此種人在內向方面分數很高。相對地，腦皮質層較低的人覺得有需要尋求另外引起

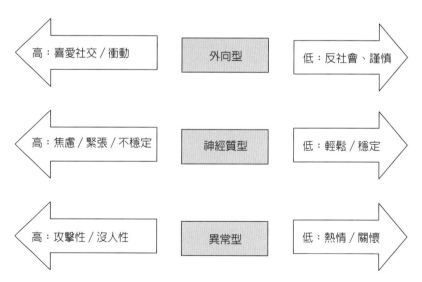

圖3.1　Eysenck兩極化的人格特質

資料來源：Buckler & Castle (2014), p.156.

喚醒的活動以提升激情物的層次。此種人在外向方面的分數就很高。同樣的道理，神經質方面分數很高的人不需尋求任何進一步的啟動（activation）。對於異常型的人而言，啟動背後的推理比較不明顯。此所以有些人喜愛尋求刺激的活動諸如高空彈跳或飆車，另有些人認為這些活動會引起害怕與恐懼。

(三) McCrae與Costa

近年來心理學家普遍贊成「五大人格因素」（The Big Five）的主張（Costa & McCrae, 1985）。這五個因素可用OCEAN字母來表示，如表3.2：

1. 開放型（openness）：開放型富好奇心、較具彈性、有豐富的想像力、有藝術家的敏感以及不墨守成規。McCrae認為過去一直低估開放性的重要性，其實這個特質是每個人的政治態度及意識型態的決定因子。

2. 謹慎型（conscientiousness）：謹慎型的人比較勤奮、有規律、計畫周詳、守時且較可靠。有些特質理論家用約束性來代替謹慎，研究發現謹慎型較高的人，可能在各行各業都有較好的表現。

3. 外向型（extraversion）：在外向型方面得分較高的人，常常也有如下的特性：他（她）們比較直率、喜歡社交、生氣勃勃、友善、有自信且合群，也有些特質理論家將外向歸因於正向情感。關於外向的研究早在數十年前就開始，由此可見其重要性。

4. 友善型（agreeableness）：在友善型方面得分較高的人，比較有同情心、值得信任、較合群、謙虛且正直。如果一個人在這個特質上得分很低，可能就是好猜疑的、愛唱反調的且攻擊性較強。友善型可能是從小就有的氣質，這樣的人在與別人互動時會有較多的助人行為。

5. 神經質型（neuroticism）：在神經質方面得分較高的人，比較容易焦慮、具有敵意、自我意識較高、容易有不安全感、脆弱易受傷。跟外向性一樣，神經質已累積了數以千計的研究，有些特質理論家將神經質稱為負向情感。

表3.2　McCrae和Costa的五大人格因素

因　素	行為描述	學習者特徵
開放型（Openness）	創造力／想像力／好奇心	對主題有趣；行為超出期待；想法獨特。
謹慎型（Conscientiousness）	勤勉／堅持／雄心大志	注意細節；力求美好。
外向型（Extroversion）	喜愛交際／樂觀／健談	願意與同儕分享與討論。
友善型（Agreeableness）	合作／善良／助人	與別人互助合作；個別或團體協助他人。
神經質型（Neuroticism）	焦慮／缺乏安全感／情緒化	易受傷害；對教師的期望或課業沒有自信；情緒憂鬱。

資料來源：Buckler & Castle (2014), p.157.

第二節　人格發展原則

　　兒童對自己的感覺，也就是自我感覺（sense of self），影響日後的人格發展。自我感覺涉及兒童的覺察能力、信念、判斷、與感情。譬如自認是外向型的學生很容易走入群眾，廣結善緣；自認是害羞的學生很容易畫地自限，不喜歡結交朋友。自我感覺成為行為舉止、思考、與感覺的方式。下列原則可以看出人格發展與自我感覺的本質與影響（Ormrod, 2012: 238）：

一、遺傳與環境的交互影響塑造人格

　　兒童的性格（temperament）是他（她）對於環境刺激以特殊的方式採取的反應與處理的傾向。兒童自出生似乎都有特殊的性格。例如：有些兒童沉默寡言、舉止溫雅；另有些兒童活潑好動、精力充沛。研究顯示許多性格在早年即出現而且相當持久，諸如適應性、堅持性、冒險性、害羞、易怒、與分心。大部分的心理學家同意此種性格差異有遺傳的因素，持續到青少年期與成人期。

　　一項具有影響力的環境因素是父母親養育子女的型態（parenting

style）。權威型的管教方式（authoritative parenting）以溫馨、高標準的行為、嚴格執行規則、合理的限制為特色。來自權威型的子女傾向於自信、有活力、善於社交、而且熱情洋溢。至於獨裁型的管教方式（authoritarian parenting），父母親期望子女完全的、立即的服從，沒有磋商的餘地，也沒有提供請求的理由。

文化環境也會直接影響兒童的人格發展。有些文化地區鼓勵兒童大方表達感情，有些地區則鼓勵子女保持矜持的風度。

本性（nature）與養育（nurture）的交互影響塑造子女的人格發展。活力充沛、冒險犯難性格的子女可能比害羞、喜愛寧靜的子女尋求更廣泛的的人生體驗。好鬥成性或抗拒父母的子女可能敢挑釁公權力，也導致父母使用更獨裁的管教方式（Ormrod, 2012: 239）。

二、在不同的情境展現不同的行為

McCrae與Costa（1985）的「五大人格因素」（The Big Five）有些一致性，但兒童的行為在各種不同的情境中並不全然一致性。尤其從一個情境轉到另一個情境的時候，變異性非常普遍。所謂「見人說人話，見鬼說鬼話」就是這個道理。譬如粗心大意的學生，經過教師耳提面命、再三叮嚀，考試要注意陷阱後，反而小心翼翼，仔細閱讀每道試題，變得非常謹慎的性格。

三、隨著年齡的增長，逐漸建構多面向的瞭解

心理學家分辨自我感覺的兩個面向。其中一個是自我概念（self-concept），包括自己的特徵、優點與缺點的評估。另一個面向是自尊（self-esteem），包括有關價值觀念的判斷與感覺。隨著年齡的增長，學生逐漸建構自我概念、自尊、自我價值、與自我效能的瞭解。自我概念針對這個問題：「我是誰？」自尊與自我價值都針對這個問題：「我是多麼好的人嗎？」自我效能針對這個問題：「我能做得多好嗎？」換言之，它係指人們在某一特定的領域有關自己的信念。這四個面向更有助於建構自我感覺。

四、隨著歲月的增長，自我察覺能力更趨實際、抽象、與穩定

在學前教育與小學低年級階段，兒童傾向以具體、可觀察的行為，思考自己。此時期的兒童都有共同的自我感覺。但是在小學階段，兒童更有機會與同儕相互比較，他（她）們的自我評估更趨實際。他（她）們的觀察能力融合於人群的類化（generalization）之中，能夠辨別好與壞。此種類化導致自我概念更趨穩定。

年齡漸長，青少年融合各種自我概念，開始形成普遍的認同感（sense of identity），自我界定何者為人與人生重大目標的定義。

五、到了青春期，成為獨特的個體

青少年常常相信自己不像其他任何人，他（她）們認為自己的感情完全是獨一無二的。除了父母與師長瞭解他（她）們的想法，周邊的人可能從未體驗這種情緒。有些青少年更有匹夫之勇與無罪惡感，相信他（她）們有免疫力，百病不侵，因而鑄成藥物濫用、酗酒成癮、性氾濫與飆車等行為。

青少年喜歡嘗試冒險，一些因素會使他（她）們做出錯誤的決定。幸虧頭腦尚未發展成熟，他（她）們往往有規劃與控制衝動的困擾。此外，他（她）們時常根據情緒做抉擇。因此青少年在社交場合冒險最為普遍。

六、自我察覺能力影響自己的行為

一般而論，具有正面自我覺察能力的學生在學業、社交、體能各方面有較好的表現。如果他（她）們認為自己是個好學生，他（她）們更能專注於課業、遵照指示、勇往直前、接受挑戰。如果他（她）們認為自己是友善，他（她）們更會尋求同儕團體，參加學生會議活動。如果他（她）們認為自己體能不錯，他（她）們更會追逐社團體能競賽。自我感覺的好壞，影響行為的善惡。

七、別人的行為影響自我感覺

　　學生過去的成功與失敗不僅影響自我感覺，而且別人的行為也會影響自我感覺。一旦學生進入青春期，如何評估自己，泰半有賴於自己的表現與同儕的比較。自認已達到較高水準的學生，傾向於發展更正面的自我感覺。

　　學生的覺察能力也受到別人行為的影響。成人對學業的高度期望會影響學生的自我感覺。其時，同儕透過同伴溝通有關社交與運動技能的訊息。他（她）們很在乎別人對他（她）們的感覺，隨風起舞，趕流行，模仿別人的衣飾、音樂、俚語、與行為。

八、團體成員也影響自我感覺

　　學校社團會影響學生的自我感覺。回想過去在學校的歲月，引以為傲的社團表現，透過社團活動對於社區服務計畫，感覺美好。如果學生是社團的一分子，便覺得與有榮焉，更可能有高度的自尊。

　　學校社團不是學生生活的全部，在多元社會裡，各種不同的族群、語言、風俗、習慣等至為明顯。在特定的族群裡，學生的團員身分可能是自我感覺較為顯著的層面。

九、性別在大部分的自我感覺方面扮演重要的角色

　　當幼童逐漸體會男生、女生、男人、與女人的特徵與行為的時候，他（她）們開始把他（她）們的知識整合成自我建構的瞭解，或稱為「性別基模」（gender schema）。這些性別基模就成為自我感覺的一部分，指導他（她）們的舉止行為。

　　因為性別基模是自我建構的，它們的內容因人而異。例如在青春期，有些女生融入女性的基模——聽信媒體不切實際的美感標準。當她們與這些標準相比較的時候，她們幾乎矮了一截，自嘆不如。有些女生為了瘦身，拼命減肥，成為厭食症的受難者。性別差異大部分是由於男性高估自己的能力，而女性低估自己的能力。

十、不論別人的影響如何，界定自己並以某種程度社會化

　　青年人從父母、師長、同儕、與別人得到許多有關自己的訊息，有時候前後一致，有時候前後不一致。他（她）們很少被動採納別人的意見。他（她）們反而評估所得到的訊息，選擇角色的楷模，權衡與他（她）們爲伍的利弊得失，並且逐漸發展自己對優缺點的看法，判斷行爲的妥當性。這種對於自己行爲看法的傾向，稱之爲「自我社會化」（self-socialization）。

第三節　人格發展歷程

　　從上述的人格理論，人格發展是相當個人的屬性。我們有自由去發展我們獨特的人格。許多因素塑造成人。然而在學校裡，兒童自早年就貼上特殊人格特質的標籤。這不一定是壞事。萬事萬物予以分類本是人性。身爲教師，對於專業有正確的判斷，應該瞭解何者適合兒童，才能幫助他（她）們度過兒童期，邁向光明的坦途。

　　教師要幫助兒童安穩地度過兒童期，必須瞭解人格發展的歷程，以協助兒童發展健全的人格。許多人格理論家的說法可以看出端倪，茲舉Bandura（1986）的互惠決定論（reciprocal determinism）與Mischel（1984）的人格變項論（person variables）爲例，敘述如下：

一、Bandura的互惠決定論（reciprocal determinism）

　　社會學習理論家尋求瞭解環境與認知對於人格的影響。Bandura（1986）提出社會—認知途徑（social-cognitive approach），主張人格的發展受到環境、認知、與行爲的交互影響。他認爲互惠決定論（reciprocal determinism）在建立人格方面扮演舉足輕重的角色。互惠的概念可用Heider（1958）的平衡理論來思考。這個概念是社會的吸引乃是雙方面的，也是互惠的概念。譬如小明喜歡小華，則小華也喜歡小明的可能性就很高。同樣地，認知決定行爲，行爲也決定認知，兩者彼此受到環境互動

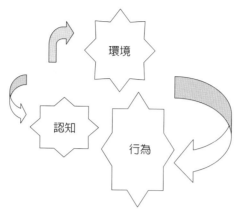

圖3.2　影響人格發展的因素

資料來源：Buckler & Castle (2014), p.159.

的影響，如圖3.2。

　　Bandura（1986）也重視期望（expectancy）。他認為兒童對於特殊的課業或活動滿懷著成功的期望將會注定他（她）們能否適應變遷的環境，也注定他（她）們在固定的情境中能否成功地翻轉自己的行為舉止。教師會發現在課堂裡有些行為一致的學生，面臨新的情境會不知所措。有些學生會試圖適應此種情境，另有些學生則否。拒絕去適應此種情境的學生會這樣做，是為了避免失敗；然而敢於試圖適應此種情境的學生，準備接受此種挑戰，吸收新經驗。這兩種不同的選擇也正符合「自我效能」（self-efficacy）的應驗，體認自己的能力。逃避新情境是要保護自我效能以免遭致失敗，接受新情境是要測試自己的底線，獲得適應的技能。從長遠的觀點來看，接受新情境，學習新經驗可能是有利的，即使當初遭致失敗。因此，當學生嘗試新經驗但卻失敗時，教師及家長應該鼓勵與讚賞他（她）們，勉勵再接再厲，下一次更容易成功。

　　自我效能乃基於四項因素開展出來：兒童先前的經驗（不論是否成功）、轉移的或代人的經驗（不論兒童是否看見別的兒童成功地表現此種活動）、口頭說服（兒童是否信服他（她）們真正具有能力去成功地完成活動）、與生理的喚醒（不論兒童是否處於適當的生理喚醒層次來表現此

種活動）。喚醒層次太高會引起緊張及憂慮的情緒。每一種因素都會促成兒童的自我效能。成功的動機或參與的動機扮演了兒童決定去表現的角色（Buckler & Castle, 2014: 161）。

依照Bandura（1986）的研究，決定行為的第二個重要面向是「自我調適」（self-regulation）。自我調適與認知控制機制（cognitive control mechanisms）密切聯結在一起。它是根據內部而非外部來源，調節或控制自我或個人的一套機制。三個內在化的歷程構成認知的良心（cognitive conscience）：第一，自我觀察（self-observation）乃是觀察自己歷程，不一定直接（可用錄影設備），但要觀察活動的成果。第二，判斷（judgment）是個人判斷自己表現的一種方式。第三，自我反應（self-reaction）是情緒的要素，依附在活動中。它是展示或反映在活動品質的自我滿足或自豪。透過自我調適，兒童可以設定新的努力目標。自我效能受到保護，動機就會高昂，追求新境界的需求也會變成內在化與形式化。

二、Mischel的人格變項論（person variables）

Mischel（1984）也贊同Bandura提出的互惠決定論。他認為認知的差異說明了人格的個別差異。他稱之為「人格的變項」，共有五個變項，今列述如下：

1. 能力（competencies）；
2. 編碼策略與人格建構；
3. 期望；
4. 主觀的價值觀念；
5. 自我調適系統與計畫（Buckler & Castle, p. 161）。

能力是我們具有的一套技能。個人基於這些技能接受挑戰的能力。編碼策略與人格建構與個人資訊的處理有關。Mischel認為個人處理進來的資訊方式不同，而人們處理進來的資訊方式與他（她）們覺察到的資訊相互聯結。譬如某位兒童可能覺察到數學測驗是一項挑戰，而另一位兒童可能覺察到數學測驗很可怕。進來的資訊相同，感受卻不相同。期望有別於能力，它是基於以往的知識及類似經驗，個人期待發生的事情。它是個人

期待發生的結果。主觀的價值觀念與個人的信念系統有關。個人可能尋求與結果有關的挑戰，並且認為這些結果是有價值的。最後，他提到自我調適系統與計畫，這是自我監控的機制。人類渴望監督自己的進步，在人生的旅程中，應用主觀的自我獎賞與自我懲罰的機制，鞭策自己。個人也可以訂定行動方案以達成目標。

協助兒童發展健全的人格

　　電視、報章、雜誌、及其他媒體屢傳弒親逆倫案，兇嫌的冷血令人髮指。父母辛苦養育兒女長大成人，何以變成弒親兇手？研究變態犯罪的學者認為是孩子反社會人格造成；精神科醫師則認為大環境誘發兇手的異於常人個性，鑄成人倫悲劇（簡慧珍、林敬家、紀文禮，2015.4.8）。

　　輔導與諮商教授郭麗安指出反社會人格的孩子會出現兩種類型的行為：一類是隨性虐待動物、破壞物品及好辯、常說謊或偷竊；另一類是社交孤立，幾乎沒有朋友，有時會透過書寫等形式透露心理怨憤。精神科醫師王俸鋼認為兒童成長期的親子互動、人格發展、先天性疾病、或人格變態與日後的行為異常有關。他建議家長要特別注重子女5歲前的營養，足夠營養使頭腦發育完整，不易發生腦細胞缺損，導致衝動、暴力行為；此外，家長也要格外注意教導方法，不使用暴力管教孩子，以免暴力使性格異常的孩子更異常（簡慧珍、林敬家、紀文禮，2015.4.8）。

第四節　實務演練

1. 請你（妳）用十個形容詞或片語，描述你（妳）的人格特質。
2. 從人格特質理論，你認為教師應具備哪些人格特質？請列舉5項有關教師的人格特質。
3. 請你（妳）舉出三位你（妳）最喜愛的教師，並列出他（她）們共同的人格特質。
4. 從事國際志工的學生須具備哪些人格特質？請分別列舉適合與不適合國際志工的人格特質各三項。

5. 人格發展有哪些原則？請舉出五項原則。

6. 父母的管教類型會影響子女的人格發展嗎？為什麼？請舉例說明之？

7. Bandura（1986）的互惠決定論（reciprocal determinism）有何主張？影響人格發展的要素有哪些？請說明之。

8. 豪豪處事一板一眼，有條不紊，毫不馬虎。依據Catell的人格特質理論，豪豪展現何種人格特質？

   A. 保守　B. 自信　C. 直率　D. 腳踏實地

9. 雯雯常常表現以自我為中心、不通人情、與冷漠的傾向。依據Eysenck的人格特質理論，雯雯的人格特質屬於哪一類型？

   A. 外向型　B. 神經質型　C. 孤僻型　D. 異常型

10. 婷婷用功讀書、生活有規律、計畫周詳、守時又可靠。依據McCrae與Costa的「五大人格因素」特質理論，婷婷的人格特質屬於哪一類型？

    A. 外向型　B. 開放型　C. 神經質型　D. 謹慎型

參考文獻

一、中文部分

簡慧珍、林敬家、與紀文禮（2015.4.8）。暴力管教讓異常孩子更異常。臺北：聯合報，2015.4.8, A11社會版。

二、英文部分

Allport, G. W. (1927). Concepts of traits and personality. *Psychological Bulletin, 24,* 284-293.

Allport, G. W., & Odbert, H. S. (1936). Trait-names: A psycho-lexical study. *Psychological Monographs, 47,* 1-171.

Bandura, A. (1986). *Social foundations of thought and action: A social cognitive theory.* Englewood Cliffs, N J: Prentice-Hall.

Buckler, S., & Castle, P. (2014). *Psychology for teachers.* London: SAGE.

Carlson, N. R., Martin, G. N., & Buskist, W. (2004). *Psychology,* 2nd ed. Harlow: Pearson, 582.

Cattell, R. B. (1956). Validation and intensification of the sixteen personality factor questionnaire. *Journal of Clinical Psychology, 12,* 205-214.

Costa, P. T. Jr., & McCrae, R. R. (1985). *The NEO personality inventory manual.* Odessa, FL: Psychological Assessment Resources.

Eysenck, H. J., & Eysenck, S. B. G. (1975). *Manual of the Eysenck Personality Questionnaire.* London: Hodder & Stoughton.

Eysenck , M. W. (2009). *Fundamentals of psychology.* Hove: Psychology Press, 287.

Heider, F. (1958). *The psychology of interpersonal relations.* New York: John Wiley & Sons.

Mischel, M. (1984). Convergences and challenges in the search for consistency. *American Psychologist, 39*, 351-364.

Ormrod, J. E. (2012). *Essentials of educational psychology: Big ideas to guide effective teaching.* Boston: Pearson.

第四章

社會發展

　　社會發展（social development）反映個人的社交能力、同儕的聲望、人際關係的信任、人格的自主、認同的形成、道德的發展、與自我概念的程度（O'Donnell, Reeve, & Smith, 2009: 118）。學生的社會發展程度部分有賴於日常生活中人際關係的品質，包括與父母、家人、教師、同儕、和朋友的人際關係。本章先從人際關係的觀點，敘述社會發展的模式與理論，再論述社會發展的情境，最後探究社會發展衍生的問題並提出改進社會發展的途徑。

第一節 社會發展的心理模式

　　人際關係（relationships）是社會發展的礎石。學生一踏進校門，他（她）們就與學校的教師、同學產生人際互動。學生過去與現在的人際關係品質可以說明其後社會發展的動向——為何信任別人或不信任別人，為何與人合作或具有攻擊性。質言之，人際關係是學生在學校培養社交能力以便結交朋友與學業成功的手段（Hamere & Pianta, 2001）。

　　從日常的互動關係，學生學會人們對他（她）們的想法，與人們如何對待他（她）們。一旦這些期望形成，他（她）們就利用這些期望去揣測如何應付面對的新人。另一個術語是心理模式（mental model）。所謂心理模式乃是有關學生像什麼與別人像什麼的持久信念與期望。自我的心理模式代表學生回答「我可愛嗎？我是好人嗎？我是值得別人的注意與關懷嗎？」的答案。別人的心理模式代表回答「別人像什麼？你能信任別人嗎？當你需要他們，他們就在那裡嗎？他們都很好並且很有用嗎？他們吝嗇與自私嗎？」的答案（Collins, 1996）。

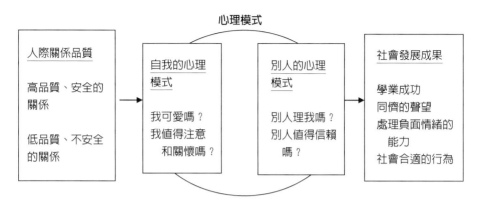

圖4.1 社會發展的心理模式

資料來源：O'Donnell, Reeve, & Smith (2009), p. 119.

　　圖4.1顯示心理模式扮演瞭解與預測學生未來社會發展的核心角色。圖的左邊有些人際關係是高品質而且產生安全感，其他是低品質而且產生不安全感。有了高品質的關係，學生體驗溫暖、關懷備至的照護者。透過體驗，學生知道關懷者是和藹可親、可信賴的。他（她）們覺得安全，因為他（她）們覺得被愛、被接納、被尊重──父母、師長、保育員。有了低品質的關係，學生體驗他（她）們的照護者冷漠、相應不理、不值得信賴。他（她）們覺得不安全，因為他（她）們覺得不被愛、被拒絕、或相應不理（O'Donnell, Reeve, & Smith, 2009）。

　　過了一段時日，學生把社交夥伴的互動轉變成自己與別人的心理模式。他（她）們可能對自己說：「因為父母很溫馨、關懷備至，我必定是可愛的。」或「當我需要父母，他（她）們總是在身邊──我可以依靠他（她）們。」如果這些體驗都是一致的，兒童的心理模式就此確立。然後心理模式產生能量可以影響學生未來的感情、思想、與行為，因此對未來的社會發展產生顯著的影響。如圖右邊所示，社會發展產生四個成果：學業成功、同儕的聲望、處理負面情緒的能力、與表現合乎社會的行為（O'Donnell, Reeve, & Smith, 2009）。

第二節 Bronfenbrenner 的生態理論

Urie Bronfenbrenner（1917-2005）的生態理論（ecological theory）主要著重於兒童居住的社會情境。他認為生態環境由五個系統組成：微觀（內層）系統（microsystem）、中層系統（mesosystem）、外層系統（exosystem）、巨觀（外圍）系統（macrosystem）、與年代系統（chronosystem）如圖4.2，各系統敘述如下（Bronfenbrenner, 1986; Bronfenbrenner & Morris, 1998; Santrock, 2001: 82）：

一、理論概述

微觀（內層）系統是個體花費相當時間的場所。有些場所是學生的家庭、同儕、學校、與鄰居。在微觀系統裡，個體直接與父母、教師、同儕、與其他人互動。學生並非被動接受，而是互惠式與別人互動，共同建構這些情境。

中層系統是微觀系統之間的聯結。譬如家庭經驗與學校經驗之間的聯結，家人與同儕之間的聯結。微觀系統內的經驗會影響另一個微觀系統。例如遭父母拒絕的兒童要發展與教師正面的人際關係可能有困難。

外層系統係指另一場地的經驗（學生不扮演主動的角色）影響師生在立即場地的經驗。譬如學校與公園的督導委員會都有職責監督學校、公園、休閒設施、與圖書館的品質。他（她）們的決定可以幫助或阻礙兒童的發展。

巨觀（外圍）系統涉及師生生活更廣闊的文化，包括社會的價值觀念與風俗習慣。例如：有些文化地區（像回教國家）重視傳統的性別角色。另有些文化地區（像美國）多元的性別角色是可以接受的。在多數的回教國家，教育制度促進男性的統治權。在美國，學校漸漸對於男女機會均等的價值觀念變得敏感。文化是一個廣泛的術語。文化包括兒童發展中的種族角色與社會經濟因素。

年代系統係指學生發展的社會歷史軌跡。例如：今日的學生過著許多第一的兒童期。他（她）們是接受白天照顧的第一個世代，成長在新式

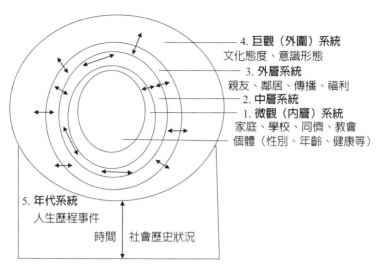

4. 巨觀（外圍）系統
文化態度、意識形態

3. 外層系統
親友、鄰居、傳播、福利

2. 中層系統

1. 微觀（內層）系統
家庭、學校、同儕、教會
個體（性別、年齡、健康等）

5. 年代系統
人生歷程事件

時間　社會歷史狀況

圖4.2　社會發展的五大系統

資料來源：改編自Santrock (2001), p.83.

科技媒體的第一個世代，性解放後的第一個世代，與生長在不很都市、鄉村、或郊區的新型都市的第一個世代。

二、理論評述

　　近年來，Bronfenbrenner的理論普遍受到歡迎。它提供理論的架構，有系統地檢驗巨觀與微觀的社會情境，彌補行為科學理論注重小場所與人類學理論強調大場所之間之裂縫。他的理論喚起注意兒童生活在各種情境的重要性。教師不能只觀察兒童在課堂裡的社會活動，也要觀察他（她）們的家庭、鄰居、與同儕團體所發生的事情。

　　論者批評Bronfenbrenner的理論不重視兒童發展的生物與認知的因素。他（她）們也指出他的理論不像Piaget與Erikson一樣，沒有論及發展階段的逐步改變（Santrock, 2001: 83）。

三、理論啟示

　　從Bronfenbrenner的生態理論，兒童居住的社會情境頗為複雜。隨著

年齡的增長，社會圈也逐漸擴大。教育的範圍從家庭教育擴充到學校教育，再延伸到社會教育。青少年的社交活動不限於學校的教師與同儕的互動。他（她）們的行為也會受到社會團體與媒體傳播的影響。在績效責任的觀念（accountability）下，學校要為教育的成敗負責。但家長與校外的環境對學生的行為有重大的影響。青少年在校時間，每天約為8小時，其餘的時間都曝露在家庭與社會的情境中。這些都是學校無法掌握的地方。因此，青少年的社交活動有賴於家庭與社會團體的配合。尤其家庭層面，青少年晚上逗留不當場所，夜不返家，家庭應負最大的責任。社會有關單位亦不能辭其咎。

第三節　Erikson 的心理社會發展模式

　　社會發展的精髓是學生朝向心理成長、人格適應、情緒成熟邁進，一種合乎社會的取向與自發性的功能。E. H. Erikson（1902-1994）提出人生八階，最能說明人類的心理社會發展階段。這八個階段敘述如下：

一、理論概述

　　他主張人生歷程有八個轉捩點（或稱危機點），所有的人都必須面對，到達某一年齡階段，人際關係最能影響每一轉捩點的決斷力。他認為社會發展有一個「根本的計畫」（ground plan），在這個計畫中，社會發展與個人成長透過一系列的八個階段，往前推進如表4.1（Erikson, 1959, 1963, 1964, 1968）。轉捩點係指人生的關鍵期，學生往有利的方向發展或往不利的方向發展。每一個轉捩點都與其他七個轉捩點有連帶關係，因為某一階段正面的決斷力都會增加優勢與潛能以肆應未來的轉捩點。然而負面的決斷力卻帶給人們更多的弱點，導致不良適應。階段3-5出現在幼兒園至高中階段，值得特別注意；階段7應用於教師，也值得注意（O'Donnell, Reeve, & Smith, 2009）。

表4.1　Erikson的人生發展結構

發展的轉捩點	大約年齡階段	最重要的社會人士
一、信任對不信任	嬰兒期	照護員
二、自主對羞怯與懷疑	幼年期	父母
三、主動對內疚	幼兒園	父母、兄弟姊妹、祖父母
四、勝任對無能	小學	教師
五、自我認同對角色混淆	中學	角色楷模
六、親密對孤獨	大專	工作夥伴
七、動能對遲滯	教學生涯	學生、子女
八、完整對絕望	退休年齡	

資料來源：O'Donnell, Reeve, & Smith (2009), p. 126.

　　Erikson的理論每個階段都包含一項面臨危機的發展任務。危機不是災難而是增進潛能的轉捩點，個體解除危機愈成功，心理愈健康。每一個階段有正面，也有負面。人生八個階段略述如下（Santrock, 2001: 84）：

　　1. 信任對不信任（Trust versus mistrust）：第一個階段發生在人生的第一年。信任需要溫暖與照顧，正面的結果是舒適的感覺與最少的恐懼。當嬰兒疏於照顧時，就會產生不信任。

　　2. 自主對羞怯與懷疑（Autonomy versus shame and doubt）：第二個階段發生於嬰兒，也就是學走路的時期。得到信任之後，嬰孩開始發現自己的行為是自己的。他（她）們堅信自己的獨立性並體會自己的意志。如果嬰兒受到太多限制或嚴厲處罰，他（她）們就會感到羞怯與懷疑。

　　3. 主動對內疚（Initiative versus guilt）：第三個階段呼應兒童前期，約3至5歲。當幼童體驗寬廣的世界，他（她）們就比嬰孩接受更多的挑戰。為應付這些挑戰，他（她）們需要參加有目的的活動。在此階段，成人希望兒童更有責任，承擔照顧身體與財務的責任。培養責任感增進主動性。兒童沒有責任感，就會有不舒服的罪惡感。

　　4. 勝任對無能（Competence versus incompetence）：第四個階段呼應小學階段，從6歲到青春期或青少年初期。兒童的主動性帶給他（她）們豐富的經驗。當他（她）們進入小學年齡，他（她）們朝向學會知識技

能。在兒童前期結束，想像力旺盛，兒童更熱心學習。小學階段的危險就是發展自卑感與無能感。

　　5. 自我認同對角色混淆（Identity versus role confusion）：第五個階段呼應青少年期。他（她）們設法尋求自己，該往何處去。他（她）們遭遇許多新的角色，需要去探討不同的道路以獲得健康的認同。如果他（她）們沒有充分探討不同的角色，也沒有創造新的管道，他（她）們就會角色混淆。

　　6. 親密對孤獨（Intimacy versus isolation）：第六個階段呼應成人早期，20多歲到30多歲。發展任務是與別人建立親密的關係。這個階段的危險是無法與人建立親密的關係而變成孤獨無依，黯淡的人生。

　　7. 動能對遲滯（Generativity versus stagnation）：第七個階段呼應成人壯年期，40多歲到50多歲。動能係指把正面的東西傳給下一代。這個階段可能觸及親職與教職的角色，可以協助下一代發展有用的人生。負面的發展可能停滯不前，一事無成。

　　8. 完整對絕望（Integrity versus despair）：第八個階段也是最後的階段呼應成人後期，60多歲到人生結束。年長的成人檢討人的一生，反映在他（她）們的所作所為。如果評估的結果是正面的，他（她）們就會感覺完美無缺。如果評估的結果是負面的，他（她）們就會感到絕望，遺憾終生。

二、理論評述

　　Erikson的理論把握人生的重要任務。他的認同概念對於青年人與大學生頗多助益。然而論者批評Erikson的理論過於僵化。認同、親密、獨立、與其他發展絕不像絃上的珠子，出現在整齊包裝的年齡間隔上面。Slavin（2012）指出並非所有的人都會歷經這些階段，像出生於混亂年代的兒童，沒有給予足夠的安全感，日後可能產生信任／不信任的危機。又如在學校慘遭滑鐵盧的學生，產生自卑感，畢業後進入工作職場，痛定思痛，奮發努力向學，研習專業知能。此外，Erikson的理論遭受批評，因為他沒有說明人生為何與如何從一個階段進入到另一個階段，理論似乎有所

不足。

　　整體上，他的理論沒有得到科學的實證，很難透過實證研究獲得證實（Miller, 1993），例如親密要有先前的認同，要不然就要同時培養認同，始能獲致（Santrock, 2001: 86）。

三、理論啓示

　　依據Erikson的理論，在幼兒園階段，兒童應面對的轉捩點是培養主動出擊的精神，要不然兒童就會遲疑不決。教師的任務是指導方向，激發熱忱，培育主動積極的精神、鼓勵好奇心、與探究的意願。在小學階段，小學生面對的轉捩點涉及能力感的培養。能力是一個人能勝任某一工作或任務的自我保證。能力包括生活的知識技能、學業的技能、與喜愛工作的能力。在此階段，教師的任務是給予學生適當的挑戰，提供積極性的回饋。從青少年到成年期的過渡期間涉及認同感的加強。中等學校學生面對的轉捩點是要培養大社會的認同感，而不是角色混淆，要認清自己在社會裡是個獨特而有產能的人。

　　教師面臨的主要挑戰是要有產能，以便成功地引導下一代。動能（generativity）就是工作的產能，尤其是引導學生與子女的產能。它是主動的關心自己與他人的成長，分享智能的責任感。在日常生活當中，動能涉及行動諸如創作的作品、訓練技能、適應學生的需求、養育子女等。教師沒有動能感，就會停滯不前並且自我放肆，隨波逐流。

第四節 社會發展的情境

　　兒童生活的情境影響他（她）們的社會發展。近朱者赤，近墨者黑，就是兒童社會發展的寫照。兒童的生活環境主要是家庭、學校、與同儕關係。茲分別敘述如下：

一、家庭關係

　　兒童成長在各式各樣的家庭。有些父母養育子女關懷備至、照顧有加，兒童在溫馨家庭長大。有些父母管教嚴厲，經常虐待子女，兒童生活在恐懼之中。有些父母離異，子女乏人照顧，單親家庭兒童只能隔代教養或在寄養家庭長大。有些雙薪家庭，父母早出晚歸，子女學校放學後留在安親班，或疏於照顧，任其遊蕩。有些兒童生長在貧窮家庭，飢寒交迫；有些兒童生長在富裕家庭，衣食無虞。有些兒童兄弟姊妹很多，熱鬧非凡；有些兒童是獨生子女，形單影隻。這些不同的生活環境，影響兒童的社會發展與日後的學校課業（Santrock, 2001: 86）。

二、學校關係

　　在幼兒教育階段，有些兒童接受良好的學前教育，注重遊戲與悉心照料。有些兒童則無此機會，尤其低收入家庭。到中小學年齡，學生花了12年每天約有三分之一的時間都在學校度過。中小學階段對於青少年身心發展的影響，至為深遠，不言可喻。學生社交的場所逐漸擴大，更趨複雜，不限於教室。從小學到中學的過程有如溜滑梯，從高處到低處，體驗人生的百態。在此階段，如果父母與教師能順應學生身心發展的需要，學生在其後的階段也較能適應社會的環境（Eccles, Lord, & Buchanan, 1996）。

三、同儕關係

　　學校是一個社會場所，學生互動至為頻繁。他（她）們主動尋求與同學建立友善的關係。事實上，對於多數學生而言，同儕互動的收穫遠比課堂的學習與成就還多。下列一些原則描述兒童期與青春期的同儕關係（peer relationships）之本質與影響（Ormrod, 2012: 247）：

(一) 同儕關係促進個人與社會發展

　　同儕關係，尤其友誼，在兒童期與青春期的個人與社交發展方面發揮一些重要的功能。它們提供學習演練各式各樣社交技巧的舞臺，包括合作、談判、情緒的自我調節、與衝突解決。此外同儕，尤其好友，可以提

供同窗情誼、安全、與情緒支持；他（她）們成為朝夕相處的小團體。這些受到同儕接納與協助的學生有較高的自尊，較少的情緒問題，與較好的學業成就。

㈡ 同儕界定行為舉止的合適方式

不僅同儕提供社會與情緒的支持，他（她）們也是有力的社會化高手。同儕界定休閒時間、讀書會相聚時間等選擇。他（她）們提供新點子與見解，或許展示如何作。他（她）們充當角色的範型，提供可接納的行為標準，強化適合年齡、性別、或族群的行為方式。

㈢ 男女生以不同的方式與同儕互動

大多數的兒童與青少年主要歸屬於同性別的同學。男生與女生的情誼不相同影響他（她）們的個人與社會的發展。男生傾向於大團體的活動，喜愛競爭，而且相當果斷，努力達成個人與團體的目標。女生較為從眾合作，彼此相依，順從別人的心理狀態，對於非語言的訊息——手語較為敏感。休閒時間與密友聯繫，分享內心深處的思想與感情。

㈣ 社會族群在青春期格外重要

大多數的兒童與青少年通常與同儕互動。許多學生組成較大的社交團體。起初，這些團體由單一性別組成。到了青春期，他（她）們包括男女兩性。研究顯示青少年組成的社交團體有一些獨特的類型包括：派系、群眾、次級文化、幫派。派系提供社交的場所，成員往往影響社會地位。群眾大於派系，成員分享共同的興趣與學業的成就。次級文化抗拒強大、有支配性的文化而採取不同的生活方式。幫派是具有凝聚力的社會團體，以創始儀式、鮮明的顏色與符號、特殊領域為特色。通常幫派有嚴格的行為規範，違反規定者受到嚴厲的處分。青少年參與幫派有許多理由。有些學生展示對團體的忠誠，有些尋求地位與威望，另有些是因學業成績不佳，轉而投入幫派，以獲得讚賞。許多幫派成員都有家庭的困擾，或受到同儕的排斥，因而投入幫派，以得到情緒上的支持。

(五) **青春期的浪漫關係為成人期的親密關係提供寶貴的經驗**

　　小學階段，兒童會談論男女朋友，談論異性是一個有趣的主題。到了青春期一開始，生理的變化伴隨著忐忑不安的情緒與性的渴望。浪漫存在青少年的心中並且成為談論的話題不足為怪。浪漫提供新的社交技巧與擴充人際關係。青少年的情緒起伏不定，可能由於過度興奮或遭受挫折所致。

　　青少年開始有約會的行為，尤其他（她）們的朋友也有約會。約會伴侶的選擇通常是基於外貌的吸引或社會地位。到了高中階段，有些學生與異性建立更親密的關係。此種關係導致性關係。青少年往往有一些早年的性經驗而周邊的父母、師長、同儕不知如何處理這個話題。當父母與師長提起性的話題，他（她）們就會與問題（problems）諸如不負責任的行為、藥物濫用、疾病、與未婚懷孕相聯結。他（她）們卻很少提及同性戀、雙性戀的取向，除非愛滋病（AIDS）與其他風險。

(六) **真正受歡迎的兒童必有良好的社交技巧**

　　在學校的團體中，有許多不同的學生，如受歡迎的學生、被拒絕的學生、有爭議的學生、與被疏忽的學生。受歡迎的學生，同學喜歡與他（她）們研究功課，他（她）們不見得有較高的地位，但他（她）們親切、值得信賴，有良好的社交技巧。被拒絕的學生常常是同學最不喜歡為伍的一群。他（她）們可能是班級的「英雄好漢」，情緒有困擾、學業成績低落、或經常缺席的學生。有爭議的學生，有的學生喜歡他（她）們，也有學生不喜歡他（她）們。此類學生，像被拒絕的學生一樣，頗具攻擊性，但他（她）們也有很好的社交技巧。至於被疏忽的學生，同學不是最喜愛與他（她）們相處，要不然就是最不喜歡與他（她）們相處。被疏忽的學生傾向於沉默寡言。有些學生喜歡獨處，有些可能害羞，或不知道如何展開互動。

第五節 社會問題

　　青少年的社會發展衍生許多的社會問題，諸如藥物濫用（drug abuse）、青少年犯罪（juvenile delinquency）、未婚懷孕（adolescent pregnancy）、與中途輟學（dropping out）等問題。在美國，這些問題稱為「青少年的四大問題」（Dryfoos, 1990）。同樣地，臺灣的青少年也有這些問題，更有性侵害、性騷擾、與校園霸凌等問題，值得重視與防範。

一、藥物濫用

　　藥物濫用係指非法、不當使用安非他命、海洛因、FM2安眠鎮靜劑、強力膠、搖頭丸（MDMA）、大麻、K他命（ketamine）等藥物。藥物濫用為害身心健康，損害個人名譽及前途，失去自由，甚至殘廢死亡。藥物濫用是犯罪行為，須負法律責任，人人應拒絕毒品誘惑，不吸毒、不販毒，對濫用藥物成癮之學生，應施以輔導戒治，以維護身心健康。

　　近年來，青少年交友不慎，誤入歧途，嗑藥喪命，時有所聞。青少年吸食毒品危害健康，莫此為甚。常見毒品損害身心健康情形，如表4.2。

表4.2　常見毒品種類及其危害健康情形

種　類	危害健康情形
安非他命	頭痛、高燒、急性中風、心臟病
搖頭丸（MDMA）	脫水、急性中風、心臟病
大麻	幻覺、妄想、記憶力減退、不吸時會情緒低落
K他命（ketamine）	肝、膽、膀胱等腹腔器官萎縮及急性腎臟衰竭

資料來源：蘋果日報（2015.3.31），p.A1。

　　內政部警政署自2005至2014年毒品查獲情形顯示，青少年被查獲二級毒品人數增加3至5成，查獲一粒眠及K他命等三級毒品更增加超過15倍。教育部部長吳思華指出學生藥物濫用品項以施用K他命人數最多，多數發生在校外，約占92%，毒品來源約98%來自校外人士，顯見源頭控管很重

要（陳智華，2015.4.14）。

▇ 防範策略

1. 幼兒園至高中課程加入適合年齡的防範藥物濫用議題。
2. 師資培育與教師在職進修講授防範藥物濫用課程。
3. 社交技巧注重協助青少年培養因應藥物濫用與抗拒誘惑的技能。
4. 利用同儕團體由高年級學長輔導低年級同學，杜絕藥物濫用。
5. 學校與社區結合家長、師長、警察、企業機構、與青年服務機構，共同防制藥物濫用。
6. 教育部加強學生藥物濫用通報，使用快速篩檢試劑查驗，一經察覺，立即通報處理。
7. 教導學生自我管理訓練（self-management training），包括自我觀察、自我評估、與自我監控。
8. 防範藥物濫用可分三級：第一級普遍性，對象為全校或全班學生，講解一般防範之道；第二級為選擇性，對象為高風險的學生，如酗酒的學生列為專案輔導的對象；第三級為象徵性，對象為已經有跡象顯示藥物濫用的學生，譬如有攻擊性或學業成績低落的學生。

二、青少年犯罪

美國教育學會（NEA, 1998）指出大部分青少年犯罪與三種現象有密切關係：不良幫派、憤怒動機引起的行為、與藥物濫用。此外，一些學校情況稱為高危險因子（school-based risk factors），諸如學校空間設計不良、過度擁擠、多元文化因素、高危險群學生受到排斥、學生的挫折感、疏離感、自卑感、缺乏關懷、學校常規引起憤怒情緒、要求服從等也會助長青少年犯罪。

▇ 防範策略

1. 強化社區聯盟，結合學校、警政、超商、民間機構、社會工作人員、家長、教師，共同打擊犯罪。

2. 社區與學校重要通道裝設監視器，防範意外事件發生。

3. 情緒管理訓練可用來防範青少年犯罪，防止反社會行為的發生。自我談話訓練（self-talk training）做為控制情緒的工具，也可作為放鬆心情與解決社會問題的方法。

4. 推展友善校園，改進同儕關係，增進社交因應技巧，消弭衝突於無形。

三、未婚懷孕

隨著社會急遽變遷、外在環境刺激增加、媒體色情氾濫、內在傳統體制的瓦解，傳統與現代新舊價值交替的衝突中，許多社會結構發生根本的改變，連帶地維繫人與人之間的道德觀念和行為規範，也遭受挑戰。這種社會脫序的結果，引起許多的社會問題。未成年未婚媽媽問題就是發生在青少年身上的社會失序現象之一（任麗華、傅凱祺，2006）。國民中學與高級中等學校學生偷嘗禁果，藍田種玉，偶有所聞，曝露青少年的社交發展，認識不清，衍生社會問題。

🔖防範策略

1. 加強性教育與安全教育，避免未婚懷孕。
2. 防範性侵害、性騷擾、與性霸凌行為。
3. 利用班會活動，討論如何結交異性，防止不當的行為發生。
4. 透過健康教育課程，傳授避孕方法。

四、中途輟學

中途輟學學生係指學生連續三天以上無故不到學校上課者。中途輟學原因以家庭因素最多，其次分別是學業成績、工作謀生、操行不良、生病、去向不明、身心障礙等。中途輟學的家庭因素之一就是單親家庭，父母離異、子女乏人照顧；或父母親逃債，子女隨之東躲西藏，居無定所。這些家庭因素，學校甚難改變。在社會特徵方面，中途輟學又與學生在校的經驗有關，學業成績低落且行為不良、經常逃學、翹課者成為中途輟學

最重要的特徵（張清濱，1999: 256）。

研究顯示雙親健全的子女較少中途輟學，單親家庭的子女出席率及學業成績比正常子女差（Ekstrom, et al., 1986）。父母離婚後，子女的行為常會顯現抗拒、恐懼、與憎恨的情緒，破壞力增強（Messner, 1987）。

Rumberger等人（1990）的研究發現：父母親的管教方式影響子女的學習態度。他們發現：1.放任式家庭的子女，中途輟學的比率較高。此類學生常會自作主張，以自我為中心，不聽從父母師長的教導。2.中途輟學學生的父母親對子女行為的反應採取消極的制裁方式。3.中途輟學學生的父母親較少關心子女的學業。此類學生因而較少做功課、經常翹課，導致學業成績低落，終於中途輟學。

📖 防範策略

中途輟學乃是各種因素交互影響的結果。要解決社會問題，當從全面看問題，始能根本求解決。防範中途輟學宜從倫理的、社會的、教育的、心理的、與經濟的層面加以探討。茲就管見所及，列舉如下（張清濱，1999: 263）：

1. 重建倫理道德觀念

一些傳統的倫理道德，諸如父子有親、夫婦有別、長幼有序、父慈子孝、兄友弟恭等美德已不復多見。倫理道德的淪喪導致離婚率的增加及犯罪率的升高。有些人士認為倫理道德觀念不彰，係受西風東漸的影響，實則未必盡然。西洋崇尚民主觀念，強調自尊自重，自治自律，實與傳統的倫理道德觀念並行不悖，相得益彰。唯有弘揚傳統的倫理道德觀念，才能遏止社會上的歪風，防止中途輟學的產生。

2. 強化親職教育

處於變遷的社會，為人父母者甚少接受親職教育，甚至我行我素，反其道而行。現代父母都應調整自己管教子女的態度。父母是兒童的第一位教師，必須以身作則，樹立行為的典範，敞開溝通的管道，傾聽子女的聲音，給予子女適當的期望，並且隨時觀察子女的行為。對於不良的行為，應及時找出問題的癥結，因勢利導，對於優良行為也應適度地讚揚，給予

成功的滿足。

3. 提高學習興趣

中途輟學學生的共同特徵之一是對課業不感興趣，對課業感興趣的學生就不會變成問題學生。因此，學校教育應特別注意學生的學習興趣。從課程、教材、教法、評量著手，使每位學生都能自求進步，都能快樂地學習，永恆的學習。為活化教學，教師應接受在職進修，充實專業知能，培養多元的教學能力，激發學生的潛能，使學生都有成就感，必有助於減少中途輟學的產生。

4. 實施個別化教學

教學必須適應學生的個別差異，因材施教，因勢利導。在傳統的教學中，學生通常在同一的時間，學習相同的教材，往往抹煞個性的發展。個別化教學則不然，教師不能一味要求學生適應教師的教學方法，而是教師要去適應學生的學習方法。在個別化教學的形態下，教師視學生為具有獨特個性的人，學生也覺得他（她）們的個性、志趣、能力受到尊重，必有助於師生關係的和諧，營造凝聚力，不致動輒離校。

5. 推展電腦輔助教學

電腦輔助教學（computer-assisted instruction, CAI）可降低退學率，導引青少年走向正途，它使低成就的學生重新燃起學習的慾望。CAI可以提供學生一個擁有隱私的學習環境。學生操作錯誤，只有他（她）自己知道，不在大眾面前展示缺點。這對能力較差的學生而言相當重要，他（她）們可在無拘無束的環境下學習。

6. 落實導師責任制度

Glasser（1965）指出兒童在學校適應不良，主要是他（她）有了孤獨感，因而封閉了通往成功之路。在家庭缺乏愛的兒童，在校亟需得到補償。基於此一觀念，導師必須「知己知彼」，才能導引學生獲得良好的適應。對於心理不平衡的學生，導師尤應掌握其動靜，給予適時的輔導與協助，始不至於積重難返。

7. 推展社團活動

學校應安排各種社團活動，讓學生依興趣、志願選擇參加。一些學業

不佳的學生，對於社團活動反而興趣盎然。在升學競爭的壓力下，學生參加社團活動可以紓解緊張的氣氛並發洩精力。透過社團活動，學生可以互相切磋，分享經驗，有助於培養學生的群性，亦可培養認同感。一旦學生對社團產生認同，他（她）必熱愛這個社團，自認隸屬於某一團體，產生一股凝聚力。因之，社團活動對於降低輟學率自有其貢獻。

8. 發揮輔導與諮商功能

依據阿德勒學派心理學家的研究（Knoll, 1981: 168），從問題行為發生當時的個人觀點言之，每一動作都是最適當的情境反應。學生發生不良行為的時候，似乎是得到最大程度的「心理慰藉」（psychological comfort）。譬如學生動手打人就覺得心裡很舒服。但是此種反社會的行為是不對的。針對此類學生，教師可輔導他（她）參加跆拳道或拳擊社團以發揮潛能。對於有中途輟學傾向的學生，學校輔導單位應安排團體輔導，施以肯定訓練，以堅定意志、奮發圖強、力爭上游而免於輟學。

9. 擴大辦理國中學生技藝班

對於沒有學術性向的國中學生，學校可輔導他（她）們就讀技藝班，以學習一技之長。國中畢業可就讀技術高中（高職），亦可半工半讀，對於功課望而卻步的學生，增加就學的機會，不致因學業成績欠佳而被拒於門外。

10. 強化社會教育功能

防止中途輟學，單憑學校力量畢竟有限。在多元社會裡，學校必須結合社會各界的力量，共同防範中途輟學的問題。在社會教育方面，政府應積極淨化大眾傳播的汙染。社教機構可在若干社區設置專業輔導工作站，對於有情緒困擾或中途輟學的學生，進行個案輔導。對於下落不明的中途輟學學生，學校應洽請警政、戶政、社政、或社會工作人員協助追蹤與輔導。

五、性侵害、性騷擾

依據《性別平等教育法》第二條第一項第三款、第四款，性侵害指性侵害犯罪防治法所稱性侵害犯罪之行為。性騷擾指符合下列情形之一，且

未達性侵害之程度者：1.以明示或暗示之方式，從事不受歡迎且具有性意味或性別歧視之言詞或行為，致影響他人之人格尊嚴、學習、或工作之機會或表現者。2.以性或性別有關之行為，作為自己或他人獲得、喪失或減損其學習與工作有關權益之條件者。又第五款校園性侵害或性騷擾事件係指「一方為校長、教師、職員、工友、或學生，他方為學生者。」依此觀之，若有一方為校外人員，即不構成校園性侵害或性騷擾事件。此類案件應依《性侵害犯罪防治法》或《性騷擾防治法》處理，非依《性別平等教育法》處理。

防範策略

性侵害與性騷擾防範之道在於謹言慎行，不製造可乘之機。臺北市立大理高級中學（2015.3.4）提出建議，防範策略可從食、衣、住、行等方面著手，今臚列如下：

(一) 食的方面

1. 約會聚餐，慎防別人在咖啡、茶、果汁、香菸、口香糖及酒類中放藥。
2. 「天下沒有白吃的午餐」，不要隨便與人外出宴飲。
3. 外出吃飯要結伴同行，以防意外。

(二) 衣的方面

1. 平日裝扮切忌標新立異，引人覬覦。
2. 不要以貌取人，對於穿著氣派、道貌岸然的人，不要輕易為其外表所迷惑。
3. 穿著要樸素高雅，勿穿袒胸露背及緊身之衣褲。

(三) 住的方面

1. 校外租屋應慎選居住環境，以單純住家為優先。
2. 做好守望相助，與鄰居和睦相處，彼此互相照應。
3. 不隨意應聲開門，以防不肖之徒闖入。

  4. 勿進出單身異性住所。

  5. 使用偏僻廁所最好結伴同行。

  6. 夜間勿輕易外宿親友家中。

  7. 寄宿校外學生應經常與家長聯絡（每週至少一次）。

  8. 慎選敦厚可靠之房東，尤其與房東一起住時，更應注意。

  9. 平日門窗應注意關妥，避免陌生人侵入。

㈣ 行的方面

  1. 無結伴勿遠行或郊遊。

  2. 單身外出，勿搭乘計程車。

  3. 搭乘計程車要先默記車號及駕駛人姓名、特徵，若有行動電話，輸入車號。

  4. 發現壞人跟蹤或被盯上，應設法打電話回家，請家人出來接應。

  5. 勿深夜在外逗留，並避免行經偏僻處所，以防不測。

  6. 拒絕陌生人搭訕，絕不輕易應允出遊。

㈤ 其他

  1. 外出時隨身攜帶哨子或防暴器具及零錢，以便隨時與親人連絡。

  2. 外出前告知親友，以利掌握狀況。

  3. 勿輕信報刊求才廣告而貿然應徵。

  4. 陌生人問路，口頭告知，莫惹是非。

  5. 熟記警局或軍訓室電話。

六、校園霸凌（school bullying）

  依據教育部於2012年7月26日發布《校園霸凌防制準則》，「校園霸凌」係指相同或不同學校學生與學生間，於校園內、外所發生之個人或集體持續以言語、文字、圖畫、符號、肢體動作或其他方式，直接或間接對他人為貶抑、排擠、欺負、騷擾或戲弄等行為，使他人處於具有敵意或不友善之校園學習環境，或難以抗拒，產生精神上、生理上或財產上之損害，或影響正常學習活動之進行。此外，所稱之「學生」係指「各級學校

具有學籍、接受進修推廣教育者或交換學生。」校園霸凌事件均應經過學校防制校園霸凌因應小組確認。校園霸凌可分為六類：肢體霸凌、關係霸凌、言語霸凌、網路霸凌、性霸凌、與反擊霸凌。今列述如下：

1. **肢體霸凌**：包括敲打腦袋、毆打身體、抓脖子、抓頭髮、搏擊、咬人、舔身體部位等。

2. **關係霸凌**：因排斥引起社交孤立、挑撥離間、操弄友誼關係、製造同儕壓力、歧視弱勢族群、身心障礙者等。

3. **言語霸凌**：包括有害的言語舉動，諸如毀謗重傷、嘲弄、與散播謠言等。

4. **網路霸凌**：包括透過網路，恐嚇、毀損名譽、侮辱、勒索、敲詐、黑函等。

5. **性霸凌**：係指透過語言、肢體或其他暴力，對於他人之性別特徵、性別特質、性傾向或性別認同進行貶抑、攻擊或威脅之行為且非屬性騷擾者。

6. **反擊霸凌**：係指受凌虐者對霸凌者施以反擊，或尋求比受虐凌者更弱勢的人進行霸凌之行為。此為受凌虐者長期遭受欺壓之後的反擊行為。

防範策略

1. 營造積極的學校氣氛。
2. 利用新式科技設備。
3. 強制零容忍政策。
4. 加強高危險群學生的輔導。

學生有疑似霸凌個案，導師應依權責輔導學生，評估偏差行為類別、屬性及嚴重程度，是否請求學校支援協助。疑似霸凌案件或是重大校園安全事件，均應送請學校防制校園霸凌因應小組等會商確認，該小組由校長召集，成員含括導師代表、學務人員、輔導人員、家長代表、學者專家，高級中等以上學校包括學生代表；會議召開時，得視需要邀請具霸凌防制意識之專業輔導人員、性平委員、法律專業人員、警政、衛生福利、法務

等機關代表及學生代表。個案經確認爲霸凌行爲，應列甲級通報，家長依法有教養權利與義務。

第六節 實務演練

1. 性別教育的自我評量

下列各項特性的陳述，你認爲何者適合於男性？或女性？或男女兩性？

請在□打☑。每項只能勾選一個☑。

項　目	男　性	女　性	男女兩性
教師	□	□	□
醫生	□	□	□
送貨員	□	□	□
門房守衛	□	□	□
助人的	□	□	□
慷慨的	□	□	□
友善的	□	□	□
富有的	□	□	□
聰明的	□	□	□
勤勞的	□	□	□
有幹勁的	□	□	□
仁慈的	□	□	□
懶惰的	□	□	□
惱人的	□	□	□
骯髒的	□	□	□
壞脾氣的	□	□	□
狂妄的	□	□	□
貧窮的	□	□	□
悲傷的	□	□	□
無助的	□	□	□
合　　計	□	□	□ □

計分與解析：

在這20項中，如果你在男女兩性欄位打勾數共20個，表示你沒有性別刻板印象，或性別偏見，或性別歧視。

如果你在男性欄位打勾數少於10個，表示你對男性有輕度的刻板印象，或性別偏見，或性別歧視。

如果你在女性欄位打勾數少於10個，表示你對女性有輕度的刻板印象，或性別偏見，或性別歧視。

如果你在男性欄位打勾數超過10個，表示你對男性有重度的刻板印象，或性別偏見，或性別歧視。

如果你在女性欄位打勾數超過10個，表示你對女性有重度的刻板印象，或性別偏見，或性別歧視。

2. 社會發展的心理模式是什麼？對於社會發展爲何重要？

3. 同儕關係對於社交發展有何影響？請舉例說明之。

4. Bronfenbrenner的生態理論對於兒童的社會發展有何啓示？

5. Erikson的人生8個轉捩點對於教師有何啓示？

6. 青少年參加派系或幫派的主要原因是什麼？教師如何引導學生參加正當的社團活動？

7. 青少年中途輟學的成因爲何？如何防範？

8. 校園暴力與校園霸凌挑戰學校的安全。教師應採取哪些措施以確保學校的安全？

9. 下列哪一位學生視爲中途輟學的學生？

A. 李生騎車不愼，發生車禍，在醫院治療，連續超過三天以上

B. 林生跟隨父母出國旅遊，尚未返國，連續超過三天以上

C. 廖生經常生病請假，沒去學校上學，連續超過三天以上

D. 陳生沒去學校上學，沒有請假，下落不明，連續超過三天以上

10. 下列何種行爲可認定爲校園性騷擾事件？

A. 女學生被社區色狼跟蹤

B. 男同學侵犯女同學的身體

C. 女老師與男老師鬧緋聞
D. 男同學用「三字經」罵女同學

參考文獻

一、中文部分

任麗華、傅凱祺（2006）。未婚懷孕少女生育之福利需求與政策內涵：人文區位的分析。**臺大社會學刊，13**，41-108。

陳智華（2015.4.14）。**校園吸毒年輕化，小學生也淪陷**。臺北：聯合報。

張清濱（1999）。**學校行政與教育革新**。臺北：臺灣書店。

臺北市立大理高級中學（2015.3.4）。**性侵害防治**。pic.tlsh.tp.edu.tw/ guidance/ sexlaw. html.

蘋果日報（2015.3.31）。**夜店常見毒品**。臺北：蘋果日報，p. A1。

二、英文部分

Bronfenbrenner, U. (1986). Ecology of the family as a context for human development: Research perspectives. *Developmental Psychology, 22*, 723-742.

Bronfenbrenner, U., & Morris, P. A. (1998). The ecology of developmental processes. In W. Damon (Ed.), *Handbook of child psychology* (5th ed.). New York: Wiley.

Collins, N. L. (1996). Working models of attachment: Implications for explanation, emotion, and behavior. *Journal of Personality and Social Psychology, 71*, 810-832.

Dryfoos, J. G. (1990). *Adolescents at risk.* New York: Oxford University Press.

Eccles, J. S., Lord, S., & Buchanan, C. M. (1996). School transitions in early adolescence: What are we doing to our young people? In J. A. Graeber, J. BrookspGunn, & A. C. Peterson (Eds.), *Transitions in adolescence*. Mahway, NJ: Erlbaum.

Ekstrom, R. B., Goertz, M. E., Pollack, J. M., & Rock, D. A. (1986). Who drops out of high school and why? Findings from a national study. *Teacher College*

Record, 87, 356-373.

Erikson, E. H. (1959). Identity and the life cycle. *Psychological issues, 1*, 1-171.

Erikson, E. H. (1963). *Childhood and society* (2ⁿᵈ ed.). New York: Norton.

Erikson, E. H. (1964). *Insight and responsibility*. New York: Norton.

Erikson, E. H. (1968). *Identity, youth, and crisis.* New York: Norton.

Glasser, W. (1965). *Reality therapy: A new approach to psychiatry.* New York: Harper & Row.

Hamere, B. K., & Pianta, R. C. (2001). Early teacher-child relationships and the trajectory of children's school outcomes through eighth grade. *Child Development, 72*, 625-638.

Knoll, S. (1981). A strategy for discipline. *Contemporary Education*, Spring, 168.

Messner, D. Z. (1987). Single-parent families: Is it a growing concern for school? Secondary Education Today. *Journal of the NASSP, 28*, 9-18.

Miller, P. H. (1993). *Theories of developmental psychology* (3ʳᵈ ed.). New York: Freeman.

National Education Association (1998). *NEA action sheet*.www.nea.org/issues/safeschool/safeacsh.html.

O'Donnell, A. M., Reeve, J., & Smith, J. K. (2009). *Educational psychology: Reflection for action*, 2ⁿᵈ ed. NJ: John Wiley & Sons.

Ormrod, J. E. (2012). *Essentials of educational psychology: Big ideas to guide effective teaching*, 3ʳᵈ ed. Boston: Pearson.

Rumberger, R. W., Ghatak, R., Poulos, G., Ritter, P. L., & Dornbusch, S. M. (1990). Family influences on dropout behavior in one California high school. *Sociology of Education, 63,* 283-299.

Santrock, J. W. (2001). *Educational psychology*. Boston: McGraw-Hill Higher Education.

Slavin, R. E. (2012). *Educational psychology,* 10ᵗʰ ed. Boston: Pearson.

第五章

道德發展

　　道德發展的一項課題是瞭解周邊的「重要人物」（significant oth-
ers）。我們如何學習解析周邊重要人物的想法與感覺？我們如何分辨他
（她）們的行為是非、好壞、對錯？兒童2至3歲即開始發展心靈的理論
（theory of mind），瞭解別人也是人，有自己的心胸、思想、感覺、信
念、慾望、與感受（Woolfolk, 2013: 99）。

　　兒童大約2歲左右就有意向感（sense of intention），譬如喊著要喝牛
奶。他（她）們也能夠瞭解別人有自己的意向。幼兒園的兒童與同儕相
處，能夠分辨有意向與無意向的舉動。譬如別的兒童無意間弄倒障礙塔，
也不會生氣，但具有攻擊性的兒童可能會攻擊弄倒障礙塔的兒童。兒童年
紀愈大，愈能思考別人的意向。

　　兒童8歲左右會考慮自己的需求，也能夠基於慈善去推理。他（她）
們能瞭解有些學生需要教師給予更多的時間與資源，因為這些學生有特殊
的需求。

　　涉及道德發展的另一個課題是瞭解規則。與幼童相處，你會發現有一
段期間向他（她）們說：「在電視機前不准吃東西！」對於幼童而言，規
則是存在的。5或6歲的兒童相信行為的規則或遊戲規則是不能改變的。如
果違反規定，他（她）們相信懲罰要視損害的程度來決定，而不是以兒童
的意向或其他情況來決定。因此，無意打破三個杯子要比故意打破一個杯
子嚴重。以兒童的眼光言之，打破三個杯子處罰要重些（Woolfolk, 2013:
100）。

　　歐美道德發展以Jean Piaget（1896-1980）的道德發展理論、Lawrence
Kohlberg（1927-1987）的道德發展階段、與John Dewey（1859-1952）的道
德教育理念為主要代表。本章分別敘述三位大師的道德理論，再提出道德
教育的途徑，以供參考。

第一節　Piaget 的道德發展理論

　　Piaget主張認知發展階段與道德的推理能力有密切關係。他的道德發
展理論包含道德推理的理論。他認為認知結構與能力先行發展，然後認知

能力決定兒童的社會情境的推理能力。道德發展是從自我中心型態的道德推理進入以合作與互惠為基礎的正義型態。幼兒對於是非的看法不如年長兒童的看法，較為僵硬。Piaget的道德發展階段敘述如下（Slavin, 2012: 57）：

　　為了瞭解兒童的道德推理能力，Piaget花費很多的時間觀看兒童玩彈珠遊戲的規則。他發現的第一件事在6歲之前，兒童以自我為中心的個人癖好規則玩遊戲。Piaget相信幼兒無法以合作方式互動，因此，無法進行道德推理。

　　Piaget相信兒童在6歲前承認規則的存在，雖然他（她）們與遵循的規則不相一致。一些玩相同遊戲的兒童常常以不同的遊戲規則進行遊戲。此一年齡階段的兒童也不瞭解遊戲規則是武斷的。他（她）們反而視規則為較高權威者訂出來的產物。

　　Piaget（1964）把道德發展的第一階段標示為非自主的道德律（heteronomous morality），也稱為道德現實階段（stage of moral realism），或拘束的道德律。「非自主」意即任人擺布的規則。在此階段，兒童面對父母與其他成人，告訴他（她）們何者可為與何者不可為。違反規則必帶來主動的懲罰。壞人終必受到懲罰。兒童判斷行為的道德律是根據行為的後果。如果行為造成負面的後果視為惡行，即使行為者的本意為善。

表5.1　Piaget的道德發展階段

幼兒階段	年長兒童與成人階段
道德律以受限的關係為基礎；完全接受成人的處置。	道德律以合作與互相認可的平等關係為基礎，如同眾人之間的平等關係。
反應在道德現實的態度上，規則視為沒有彈性的要件，在來源與權威方面是外來的，磋商不公開，權利是對成人與規則的絕對服從。	反應在理性的道德態度上：規則視為彼此同意的產物，磋商公開，個人接受與共同承認使之合法，權利是符合合作與互尊要件的一種舉動。
惡是以客觀的形式與行為的後果來判定。公平等同於成人決定的內容，武斷的與嚴厲的懲罰視為公平。	惡視為對應行動者的意向；公平界定為平等對待或考量個別需求；懲罰的公平性界定為對犯罪的妥當性。
懲罰視為犯規的自動後果，正義視為與生俱來的。	懲罰視為受到人類意向的影響。

資料來源：Slavin (2012), p. 57.

　　Piaget發現兒童在10至12歲形式操作期之前，不會謹慎地遵守規則。在此階段，每一位遊戲的兒童遵守相同的規則。他（她）們瞭解規則的存在是給予遊戲的方向並減少爭論至最低的限度。他（她）們也瞭解規則是每個人都同意的，如果每人都同意改變，規則也可以改變。

　　Piaget觀察到在此階段的兒童道德判斷，係依據行為者的意向而非行為的後果。兒童常常參與討論可能影響規則的假設情況。此種第二個階段稱為自主的道德律（autonomous morality）或合作的道德律（morality of co-operation）。兒童的社交世界擴展至更多的同儕，不斷與其他兒童互動，他（她）們的規則理念與道德律逐漸改變。規則是成人所訂的，逾越規則受到懲罰不再是自動的，但必須視逾越者的意向與特殊情況處理。

　　Piaget認為兒童隨著認知結構的發展與同儕的互動，從非自動的道德律進展到自動的道德律。他相信解決同儕之間的衝突減弱兒童對成人權威的信賴，突顯他（她）們覺察規則是可以改變的。

　　Piaget的道德理念普遍獲得支持，但有一個例外，Piaget低估幼兒以判斷的行為考量意向。然而，在發展過程中，從結果的重點進到意向的重點曾數度被引證。

第二節　Kohlberg 的道德發展理論

　　本節先概述Kohlberg的道德理論，再評論他的理論，最後提出他的理論給教育人員的啟示。今分別敘述如後：

一、理論概述

　　Kohlberg（1963, 1975, 1981）的道德發展理論乃植基於Piaget的認知發展階段理念。他用道德兩難困境（moral dilemmas）或假設情境，呈現兒童與成人的道德推理能力。例如：

　　　有一個人他的太太即將死亡。只有一種藥能救她，但這種藥很貴，發明此藥的人不肯低價賣給這個人。最後，這個人絕望之餘，考慮為她

的太太奮不顧身，偷拿此藥。他究竟該怎麼辦才好？爲什麼？（Woolfolk, 2013: 100）。

此種兩難困境甚難決定，也很難說出理由。根據她（她）們的推理，Kohlberg（1981）提出一套詳盡的道德推理階段及程序，判斷行爲的善惡、好壞、對錯。他把道德發展分成三個層級：循規前期（preconventional level）、循規期（conventional level）、與循規後期（post-conventional level）。今敘述如下：

㈠ 循規前期

　　階段1　服從取向——服從規則以避冤懲罰與不良後果。
　　階段2　酬賞——互利取向——以個人需求論斷是非——「如果是我要的，就是對的」。

㈡ 循規期

　　階段3　好人取向——對的事情就是好的，而且使人愉悅。
　　階段4　法治取向——法律與權威必須服從，社會制度必須維護。

㈢ 循規後期

　　階段5　社會契約取向——以社會認同的標準論斷道德的選擇——「爲最多數人謀求至善」。
　　階段6　普遍倫理原則取向——不論法律與他人如何說，個人應該擁有人性尊嚴與社會公義的普遍原則。

道德推理攸關認知與情緒的發展。在道德發展的較高層級，抽象思考愈顯得重要。兒童做決定的基礎是從絕對的規則到抽象的原則，如正義與憐憫。瞭解別人觀點的能力、判斷意向的能力、及使用操作思考的能力也是進入高層級的判斷力。

依據Kohlberg的理論，道德推理的最高層次反映了個人的認知發展層次，並以個人對抽象的原則，如正義與公平表示出來。道德推理是從關懷

而產生。換言之，善惡的決定建立在熱情、社會的責任與義務、對別人的責任、與關懷別人的福利。簡言之，道德判斷建立在關懷的倫理基礎上，如圖5.1（Gilligan, 1993）。

圖5.1顯示關懷倫理的三個同心圓。第一個圓圈代表以自我利益為中心的道德發展，只對自己，自我利益是最不成熟的道德推理。第二個圓圈代表以關懷團體為中心的道德發展，擴充到朋友與家人。道德推理比以自我利益為中心更為成熟，因為關懷倫理不僅包括自己，也包括別人。最外圍的圓圈以關懷倫理為中心，擴及到所有的人。以此推論，道德的成熟先從關懷自己，再到團體，最後關懷全人類（O'Donnell, Reeve, & Smith, 2009）。

品格（character）與良心（conscience）是道德發展有關的兩個論點。圖5.2的底下顯示道德行動是沒有侵略性，而有利他性、承諾的順從性、與社交能力。道德行動的上層有三個來源促進合乎社會的行為並抑制侵略性。道德認知主要是個人有關合乎社會的行為與反社會的行為的想法與價值觀念。道德情緒是促進合乎社會的行為，如移情作用與反社會的行為，如內疚。道德的自我是個人的心理模式，自我視為有道德的好人，關懷別人（O'Donnell, Reeve, & Smith, 2009）。

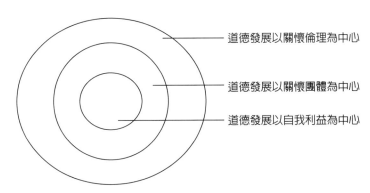

道德發展以關懷倫理為中心

道德發展以關懷團體為中心

道德發展以自我利益為中心

圖5.1　關懷倫理的三個同心圓

資料來源：O'Donnell, Reeve, & Smith (2009), p.135.

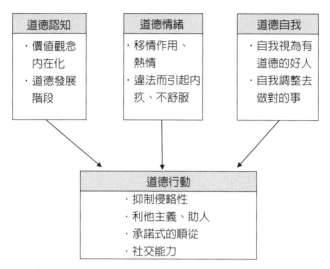

圖5.2　品格與良心的發展

資料來源：O'Donnell, Reeve, & Smith (2009), p.137.

　　這四個系統相關的程度反映出兒童的品格或良心。良心是使用個人的道德認知、道德情緒、與道德的自我去抑制侵略性，並使用相同的系統去開創利他主義與助人的行為。因此，良心的發展是兒童與青少年道德認知、道德情緒、與道德自我的發展。道德行為是道德認知、道德情緒、與道德自我交互影響的結果。高品質的師生互動有助於學生分辨是非、善惡、好壞、與對錯。

二、理論評述

　　縱然Kohlberg的道德推理有不同的層級，形成階層，前一階段的道德推理是後一階段道德推理的基礎，後一階段比前一階段更進一步，但是他的階段理論也遭受批評。第一，實際上，階段似乎不是分離的、連續的、一致的。人們舉出道德抉擇的理由，同時反映出不同的階段。人們一時舉出的理由可能適合某一階段，而他（她）在不同的情境所做的決定，可能反映出不同的階段。當兒童與青少年被問到助人的理由／適應自己需求的理由時候，兩者舉出的理由都高於違反法律或懲罰的推理層級。第二，在

日常生活當中，道德的抉擇涉及更多的推理。情緒、競爭性的目標、關係、與實際考量都影響抉擇。人們可能做出高層級的推理，但他（她）們可能根據其他因素做出低層級的推理。Kohlberg特別重視道德的認知推理，但他忽視其他的道德成熟面，諸如品格與德行可用來解決日常生活問題（Woolfolk, 2013: 101）。

事實上，Kohlberg的理論有它的限制。Tuckman與Monetti（2011: 103）指出Kohlberg的道德發展理論主要是道德推理的發展。道德推理與道德行為是兩碼事。徒有道德推理不能保證道德行為的產生。

Kohlberg的理論受到嚴厲批評之一就是道德發展階段偏向以男性為中心的西方世界價值觀，強調個人主義。Gilligan（1982）指出Kohlberg的道德發展階段不代表女性或其他文化所發展的道德推理，因為階段理論僅以美國男性道德發展的縱向研究為基礎。她提出不同的道德發展程序，稱之為「關懷的倫理」（ethics of care），認為個體是從自我利益為焦點轉移到以個體與關係承諾為基礎的道德推理，然後到以責任與關懷為基礎的最高層級道德（類似Kohlberg的第三階段）。如果女性從未達到Kohlberg所想的較高層級的正義，那麼女性是否道德不成熟？

有些研究支持Gilligan的論點，顯示關懷的倫理乃是女性道德問題解決的取向，尤其當她們推理有關人格與實際生活問題的時候。然而，113篇研究結果的後設分析發現，在道德取向連同Gilligan的理論，僅有少許差異（Jaffee & Hyde, 2000）。後設分析顯示男性與女性都使用關懷去推理有關人際之間的兩難困境，也用正義去推理有關社會的兩難困境。道德推理更強烈地受到情境與困境內涵的影響，遠甚於推理者的性別。即使男性與女性都具有關懷與正義的價值觀，仍有證據顯示在日常生活中，女性違背關懷的規範時，覺得更有罪惡感；而男性表現暴力行為時，覺得更有罪惡感（Williams & Bybee, 1994）。

三、理論啓示

Kohlberg的道德發展階段遭受批評之一，是它們把道德判斷與社會習俗的決定混為一談，而且也輕視個人的抉擇。Nucci（2001）提供三大領

域的道德發展說明：道德判斷（moral judgment）、社會習俗（social convention）、個人抉擇（personal choice）。兒童的思考與推理是跨領域發展，但各領域發展的步調可能不一樣。

對教師而言，最普通的「對與錯」情境涉及道德與習俗領域。在道德領域方面，兒童先由一些基本的是非理念開始，然後透過下列階段：正義感，同等對待大眾；公平與特殊需求的領受；以關懷的心腸更抽象的統整平等與公平；最後，以成人的眼光，看待涉及仁慈與公平的德行，及道德原則獨立於任何特殊群體的規範之外。在習俗領域方面，兒童先從相信自己看到的規則是真實的、對的——譬如男士留短髮，女士留長髮。社會習俗也應是如此。當他（她）們長大成熟，看見例外情形——男士留馬尾，女士留短髮。他（她）們體會到習俗是武斷的。其次，兒童瞭解規則即使是武斷的，是用來維持秩序的。當學生進入青春期，他（她）們從瞭解習俗是社會制度合適的運作方式，到視為無物，只是社會的標準，遊走其間。最後，成人體會到習俗在協調社會生活方面是有用的，但也具挑戰性。所以，比較幼童、青少年、與成年人，更能接納對於習俗與風俗有著不同想法的人（Woolfolk, 2013: 103）。

Nucci（2001: 146）提供一些創造道德氣氛的建議。首先，建立互相尊重、熱情洋溢、帶有公平並遵守規則的社群，至為重要。沒有社群，所有創造道德氣氛的企圖將會蕩然無存。其次，教師對於學生的回應也要適合於道德或習俗的領域。

在第三個領域——個人抉擇方面，兒童必須篩選何種抉擇與行動是他（她）們的個人抉擇以及何種抉擇超出個人抉擇之外。此種過程乃是發展有關個人權利、公平、與民主等道德觀念的基礎。

多元文化會影響道德推理。有些文化較為傳統，更重視長久以來沿襲的風俗與禮俗。相對地，在現代的文化社會，傳統與風俗改變更為快速。Nucci（2001）指出在更傳統的社會文化，風俗可能變成「道德化」。例如：在習俗的領域裡，不戴頭巾似乎是外邦人，但更接近於道德的領域，尤其當涉及宗教信仰之時。

道德行為的三個重要的影響力是：典範、內在化、與自我概念

（Woolfolk, 2013: 104）。首先，一向與關懷備至的成人為伍的兒童傾向於更關心別人的權利與感覺。其次，大部分的道德行為理論認為幼童的道德行為先透過直接教導、督導、獎賞、與導正，受到別人控制。但有時，兒童把道德常規與權威人物的原則內在化，亦即兒童採用外在的標準當作自己的標準。兒童學會循規蹈矩，甚至無人監視的時候（Hoffman, 2000）。最後，兒童把道德信念與價值觀念統整於自我概念之中。

第三節 Dewey 的道德教育理念

John Deway（1859-1952）的教育理論重視理論與經驗，不尚空談，處處表現出調和的色彩，頗符合儒家思想的中庸之道。他的道德觀乃植基於他的教育理論。今舉其犖犖大者，敘述如後（Dewey, 1916；張清濱，1997, 2014）：

一、強調人性可變論：教育與環境可以改變人性

Dewey的人性論脫離傳統的窠臼，一方面認為人性隨環境而變化；另方面在人性之思想基礎上，摒棄傳統之心身二元論。人不再是心身截然不同的部分組成，而為一有機整體。身體的活動即所以表現心智之活動。他認為人性存在而且活動於環境之中。所謂「於其中」非如銀鐵之置於盒中，而「若物之生長於土壤與日光中」。此與儒家「性相近，習相遠」、「近朱者赤，近墨者黑」及「學以變化氣質」等相通。Dewey不承認人性善惡之先天觀念。善惡乃起於人與環境之交互影響；要改變人性，須藉助教育的力量或環境薰陶的功能。此一理念益加彰顯教育的可能性。教育絕非無能或萬能，而是可能。

二、調和內外合一論：動機與結果並重

傳統的道德觀念分成兩個對立的因素，即內在和外在，或精神與身體。這個分法是心靈與世界、靈魂與身體、目的與手段二元論的極致。在道德論上，它將行為的動機和結果、品德和行為分開。動機和品德被認為

是「內在的」，只存於意識中，而結果和行為被認為是心靈之外，「行為」只與執行此一行為的動機有關；「結果」是指實際發生的。

　　Dewey認為內在與外在互為表裡。道德行為乃是一串連續的活動，它包括行為的內在動機及外在結果。道德的行為必須真正出於興趣或充分反省過，因為只有在那種情況下，個人欲求和思考的特質才會以有機體的方式表現於行為中（林寶山譯，1990）。

　　他認為善即幸福，善即慾望之滿足。他以連續的觀念將行為之動機與結果統一於活動之歷程中。杜威所謂的「善」，既非康德之所謂「服從規律」，亦非快樂主義之所謂「快樂」。他以為服從規律，本身無所謂善；其所以為善乃因其可生善之結果。因之，判斷行為之善或不善，不僅須注意存心之善惡，亦應顧及存心而行所預見之結果。行為之善惡端視動機與結果，始能判斷，茲列示如表5.2：

表5.2　道德行為的判斷

動　機	結　果	道德（行為）判斷	序　級
善	惡	微罪	2
善	善	至善	1
惡	善	非善	3
惡	惡	罪大惡極	4

三、主張智德合一論：道德貴乎實踐

　　Dewey認為道德知識和一般的知識沒有兩樣，學校的教育與品德的修養息息相關。但是，他更進一步指出：善的知識不是從書本或別人身上可學到，而是經由長期的教育，那是生活中成熟經驗的結晶（林寶山譯，1990）。

　　符號的知識不能付諸行為，未能深入影響品德。真正的知識是指從實際試驗中得來的體驗，在環境中有實際的效用，能從經驗中得到滿足。親身經歷的第一手知識才能真正影響行為。若只把知識當作學校裡的科目

來看，則獲得這些知識只有技術價值。具有社會意義的情境中所獲得的知識才有道德意義，才能啓發道德的智慧。道德智慧的本身就是道德特質，例如與人合作相處、開放的胸襟、眞誠、及負責等特質（林寶山譯，1990）。

Dewey指出：人要有「道德的理想」，這是知的問題；然後要表現出「道德的生活」，這是行爲的問題。道德貴乎實踐，唯有知與行合而爲一，才能表現出道德的行爲。有些人學歷雖高，卻依然違法亂紀、作姦犯科，顯示學問不夠好，或知行不合一所致。

四、兼顧義務與興趣：利己與利他並行

在道德的爭論中，有依「原則」行事和依「興趣」行事的兩種論點。依原則行事就不能夠參雜個人的利害關係，要依一般法則（law）爲準，超越所有個人因素的考慮。依「興趣」行事，就是自私，以個人的利益爲主。

Dewey認爲一個人必定對他所做的有興趣，否則他就不會去做，興趣引發行爲的動機。一個醫生不顧生命危險，繼續在流行病的疫區爲病患服務，必定是對他所從事的行業有相當的興趣，其興趣比對自身的安全還高。興趣與自我名異而實同，自我並不是現成、固定的，而是不斷在行爲的選擇中形成（林寶山譯，1990）。

醫生的行爲原則是要維持人們的健康，照顧病人，但這個原則並不保證這樣做都對。如果行爲的結果證明是不當的，那根據原則只會加重罪惡。一個只會按原則行事的人，可能會堅持己見，而未能從經驗中去找尋好的方法。

Dewey主張由利己動機逐漸導引自我之擴張，自我與本身之動機合一，養成其利人的行爲。杜威認爲人有私心，利己之心乃極爲自然之衝動，苟無利己心，則人類一切之行爲將缺乏原始之衝動力。人爲社會之分子，營共同生活，彼此之間，影響極爲密切。個人之利益即爲全體之利益，全體之利益亦所以增進個人之利益，故行爲之出發點，利己亦須利他。個人之道德必須促進社會之道德，個人之幸福必須促進社會之幸福。

五、結合校內的學習與校外的生活：提供社會的情境

Dewey認為：一般人把道德看得狹隘，假道學把道德視為好意，而未能顧及在社會情境中所需要的行為。另一方面，卻過分注重傳統，把道德侷限於一些常規行為。他指出：道德的範圍包括我們與他人有關的所有行為。道德與全人格有關，而全人格就是人所有具體的行為和表現。因此，他認為學校必須具有社區生活的特質。其目的即在希望能提供一個社會情境，再此經由共同的經驗來學習、成長。遊樂場、店舖、工作室、實驗室不只是年輕人自由活動的直接場所，也是他們交往、溝通及合作之處（林寶山譯，1990）。

其次，他認為學校內的學習應繼續延伸到校外，兩者之間應有充分的交互作用。社會各種不同目的的人際之間，要有許多接觸的機會，讓學生所學到的知識用於生活當中。

六、重視道德的實用性：不只培養「好人」，更要培養「有用的好人」

Dewey採實用主義與工具主義的觀點，認為道德的目的在改造自然與社會之環境，促進人類之幸福。道德以實用為主，不只培養「好人」，更要重視培養「有用的好人」。所謂「有用」係指做為一個社會分子的能力，他所貢獻和所獲得的要相稱（林寶山譯，1990）。

道德的觀念不斷重組、改造。杜威認為道德即生活，生活無時無刻不在變，道德亦應經常不斷改造（高廣孚，1991）。道德之改造必須與社會之改造互相配合。杜威自實用之觀點以論行為，並注意道德之繼續改造等觀念，誠為杜威在倫理學理論上之一大貢獻。

七、強調道德教育即生活教育：道德教育不是靠固定的德目來訓練學生

Dewey不贊成設立道德教育專門學科和教材，而主張道德教育應注入於各科教材中。個人也應參與社會活動，使學校生活與社會打成一片，由

共同生活中培養個人之互助合作、同情、友愛等社會道德。杜威認為最有效之道德教育是把學校生活過程與學生生活過程聯繫起來（葉學志，1990）。學校如與社會隔離，則學生在學校所學的知識不但不能實用於生活，也無益於品性的養成。

八、注重反省的功夫與道德的判斷

依Dewey之意，道德教育著重於反省的功夫與道德的判斷。他不贊成功利主義的外在制裁，而主張另立道德陶冶之方案（高廣孚，1991）。Dewey認為知識必須時時訓練，始能判斷，判斷在人生行為，最為重要。判斷須由自己的、絕非他人所能養成。學生之判斷力在輕重緩急、是非善惡取捨之間，各人自有一種度量衡。此種道德判斷力可在任何學科中傳授。

Dewey認為道德教育應在實際經驗中學習，而學習則應在培養個人道德判斷，不應盲從習俗的道德，而應用反省方法來鑑定在一定時間與空間是否可行。學校推行道德教育，要有連續的觀念，統整各類教育功能，務必「道德觀念內在化」，「道德實踐生活化」，才能產生道德的行為（葉學志，1990）。

第四節 道德教育的途徑

Niemczynski（1996）認為道德教育做得不夠良善是因教育不夠道德（Moral education is not good enough because education is not moral enough.）簡單地說，歐洲的教育是要每一代年輕人都能引起核子戰爭、生態毀滅及第三世界貧窮。這樣不能稱為道德教育。他從道德教育的目的及手段兩個觀點，強調教育要有道德的觀念。教育就它的目的而言，應該培養有道德的人——願意並能夠平等對待別人，也能夠互相感受到對方給予的同情。道德教育的手段就要權衡各階層人士，包括學生、教師、家長及社會人士，都能為其他不同階層的人謀幸福。

　　價值與道德的教學一般稱爲「品格教育」（character education），有時也稱爲「價值觀教育」（values education），或「道德教育」（moral education）。這三個術語都是指學校爲幫助學生成爲有德性的人，能夠道德判斷及道德實踐而施行的教育。教導品格是比教課程內容更爲複雜。譬如你要學生尊敬別人，你要如何進行道德教學？你可能訴諸於傳統的教條：「對待別人要友善。」但研究顯示此種教條對於學生的品格不太可能有持久的效果（Leming, 1993）。要改進道德教育，學校可透過各種途徑實施道德教學，今列述於後：

一、從生活教育著手

　　道德教育應從生活教育開始。道德教育應該生活化，表現在日常生活當中。生活教育涉及生活的各層面，包括食、衣、住、行、育、樂等。習慣是人類的第二天性，習慣久而久之必成爲自然。因此，生活教育首在良好生活習慣的養成。目前社會上出現一些怪異的行爲，有待檢討。事實上，生活習慣大都在家庭中即已養成，如果家庭教育健全，學校的生活教育就容易推展。學校畢竟是教育的場所，學校教育應把生活教育與道德教育結合起來。今後，各級學校生活教育應特別注重下列習慣的養成，轉移社會風氣：

　　1. **勤儉的習慣**：學生要養成黎明即起、早睡早起的習慣，也要養成勤儉、樸實的習慣。自古「由儉入奢易，由奢入儉難」，在經濟不景氣的年代，更應厲行儉樸的生活。

　　2. **整潔的習慣**：學生要有環保的意識，不亂丟紙屑、垃圾，不製造環境的汙染。

　　3. **禮貌的習慣**：要增進和諧，促進人際關係，學校應推廣「禮貌十道」活動，包括：道早、道好、道謝、道安、道請、道賀、道候、道別、道歉、及道誠等打招呼用語。如果每一個人都能把打招呼用語時常掛在嘴邊，取代不堪入耳的髒話，國民的素質就可提高。

　　4. **守法的習慣**：學校實施民主法治教育，要注重實踐，身體力行，教師更要以身作則，避免反教育的行爲。班規的訂定與執行便是讓學生演

練立法與執法的過程，進而培養守法的習慣。

二、運用文學，尤其是戲劇

　　文學對於品格的養成具有默化的作用，尤其在培養有用的公民方面，具有互補的作用。Bettleheim（1977）指出：在兒童養育方面，最重要而又最困難的工作就是協助小孩發現生命的意義。要發現意義，他（她）就必須超越自己的狹隘觀念的設限而深信他（她）將對生命作出重大的貢獻。文化遺產的傳遞乃是尋找生命意義的要素。文學就是一種很好的工具，透過文學的薰陶，可以達成此一目標。Kilpatrick（1992）舉出故事可當作道德教育的理由。在英雄式的故事中，每一情節都隨著故事的主角——英雄而起舞。英雄對於團體的忠誠及其道德原則，發揮得淋漓盡致，達到最高點。這種道德的情感，常常反映出文化的倫理原則，傳至下一代。

三、運用法院判例

　　法院的判例樹立了良好的行為典範。法院的判例成為道德行為的最後一道防線。學生可從許多判例中明辨是非、分別善惡與對錯。學校也可鼓勵學生參加模擬審判。此種學習活動可使學生開始塑造價值觀念的體系。例如美國最高法院曾判決Tinker案例，把言論自由權延伸至學生的身上。最高法院引用尊重的原則，宣判：「青年學子都要把他（她）們當作人（persons）看待，不可把人道精神流落到學校的校門外或其他任何地方」（Sgrol, 1993）。

四、使用道德兩難困境

　　此種途徑是把道德的兩難困境（moral dilemmas）以辯論的方式，引導學生分辨是非、善惡。教師可利用一些有趣的話題，如社會問題、環境保護問題、社區紛爭問題、時事問題等都是很好的題材，可用來創造道德的兩難困境。

　　例如：紐約時報曾刊登一篇文章：如果基因可以預測疾病的話，該不該告訴小孩？（Kolata, 1994; Stevens & Allen, 1996）依道德的兩難困境，教師可提出下列問題，供學生們討論：

1. 研究人員應否把他（她）們知道的情形告知家長及小孩？
2. 研究人員應否僅告知家長並把告知小孩的問題留給家長？
3. 一般而言，人們是否都有權利去瞭解自己的醫學訊息？
4. 家長是否有權利去瞭解自己小孩的醫學訊息？
5. 知道基因伴隨著特殊的疾病，有無好處？
6. 基因的認知對於青年人的自尊可能會造成何種衝擊？

　　研究人員利用基因的方法，辨認罹患各種疾病的個體，該不該告知病人，至關重要。醫學界預測某些致命疾病的能力遠超過治癒的能力，而且辨認及預測疾病事故的案例逐漸增加。時至今日，約有900多種基因被認定會引起遺傳性的疾病（Stevens & Allen, 1996）。以此觀之，科學家可以及早預測疾病。從醫師的專業道德言之，病人的隱私權應予以尊重與保護。當事人理應知道自己的基因狀況，以便有所因應。

五、進行反省及批判思考

　　道德教育應採反省的途徑，而非教條的途徑。反省的途徑需要批判思考的能力。要培養學生良好的道德及品格，學校應把批判思考列為倫理道德教育的核心（Paul, 1988）。

　　Nielsen（1988）即主張學生應從日常生活經驗中，找出一些案例，加以分析、批判。例如：「我們對於窮人有無責任？」學生們可從理論的觀點討論此一問題。然後在學期中，安排時間訪視貧民，與他（她）們一起工作生活，體會貧民的生活情形。最後讓學生們仔細思考我們到底對於窮人有無道義的責任。

　　這種把實際的生活體驗融入於道德教育中，乃是超越認知的方式，較能兼顧認知與情意的發展。經過實際的體驗後，學生們以更堅強、更明確的態度，堅持社會有責任去救濟窮人。這種教學方式更能夠把學生們的情感與道德的認知相互結合（Groarke & Scholz, 1996）。

六、實施價值澄清教學法

在民主多元化的社會中，每個人的家庭背景及教育程度不同，因而生活型態及價值觀念也就隨之而異。在教學上，教師應該儘量利用價值澄清法（values clarification），讓學生做出正確的價值判斷。價值澄清法不是強制灌輸學生一些價值觀念。它的論點是：當人們和環境接觸時，其內心就會產生價值判斷，最後形成自己的價值觀念。價值形成的過程有七個階段：

㈠ 選擇

1. 鼓勵學生自由地做出選擇。
2. 協助學生當面臨抉擇時，發現另類的選擇。
3. 協助學生徹底地權衡輕重，反省思考每一選擇的後果。

㈡ 激勵

4. 鼓勵學生思考他們認為值得珍惜的部分。
5. 給學生確認其選擇的機會。

㈢ 行動

6. 鼓勵學生採取行動，表現其認定的行為並符合其選擇。
7. 協助學生體會重複的行為或生活的類型（Raths et al., 1978: 28-38）。

價值澄清的關鍵性要素是澄清的回應。這是指教師如何去回應學生的價值觀念，協助學生澄清何者是重要的及可要的。譬如國民中小學的教育目標是培養德、智、體、群、美等五育均衡發展的國民。這五育都一樣重要，但是何者最重要？教師可要求學生依自己的價值觀排序，就可看出每個學生的排法就不盡相同。一個經常生病的學生一定會認為身心健康（體育）最重要；一個經常遭竊的學生認為品德（德育）最重要；一個在工作職場求職碰壁的學生就認為知識技能（智育）最重要；而生活環境孤單、沒有人願意與他結交朋友的人就會覺得合群（群育）的重要性；對於生活空虛、缺乏精神生活的人，自然體會美感（美育）的重要性。然而，如果

一個人活在世界上，縱然擁有健康的體魄、高深的學識、良好的人際關係，但作姦犯科、殺人搶劫、貪污舞弊、無惡不作，試想這種人活在世界上有何意義？還不如讓他人間蒸發、消失在這個世界。職是之故，教師實施價值澄清教學時，應特別注重價值觀念形成的過程，營造互動、安全、尊重的氣氛，協助、矯正學生的價值判斷能力，建立正確的價值觀念體系。

七、建立班級成為關懷道德的社群

學校要把班級建立成為關懷道德的社群，學生彼此尊敬並互相關懷，覺得有隸屬感並且對群體有一份責任。教師應扮演積極的良師角色，以愛與關懷對待學生，以身作則，支持學生正面的社會行為，並且透過一對一的輔導及班級討論，矯正負面的行為。導師更應該重視班級經營，指導學生訂定班規，營造自尊自重、自治自律的美德，以養成知法守法的習性。

品格教育注重核心的價值，如尊重、個人的尊嚴、個人及公民的責任、誠實、信任、公平、關懷、與勇氣。學校應該把品格教育的要素統整於學校教育中。班級透過團體的互動，砥礪言行，把核心價值表現於日常生活當中，成為優質的道德社群。

第五節　實務演練

1. 食品安全成為大眾關注的焦點，也反映國民道德的問題。請問學校如何加強道德教育？請提出有效的途徑。
2. 蘇格拉底（Socrates）主張「知識即道德」（Knowledge is virtue）。你同意他的主張嗎？為什麼？
3. J. Dewey的道德理念有何主張？請舉出三個重要的理念。
4. J. Dewey認為學校推行道德教育，要有「連續」（continuity）的觀念，統整各類教育功能，務必「道德觀念內在化」，「道德實踐生活化」，請說明其作法。

5. 李同學騎車上學，在途中碰到王同學，邀他一起搭載到學校上課，不料在路上發生車禍，導致王同學重傷。從動機論與結果論的觀點，李同學應否受到處罰？爲什麼？

6. 下列何者不是J. Piaget道德發展理論的主張？
   A. 兒童判斷行爲的道德律是根據行爲的後果
   B. 懲罰視爲犯規的自動後果，正義視爲與生俱來的
   C. 兒童以自我爲中心的個人癖好規則玩遊戲
   D. 個人之道德必須促進社會之道德

7. 下列何者是L. Kolhberg道德發展理論的主張？
   A. 兒童判斷行爲的道德律是根據行爲的後果
   B. 懲罰視爲犯規的自動後果，正義視爲與生俱來的
   C. 兒童遊戲採取以自我爲中心的個人癖好規則
   D. 道德推理的最高層次反映了個人的認知發展層次

8. 下列何者不是J. Dewey道德發展理論的主張？
   A. 強調人性可變論　B. 調和內外合一論
   C. 主張智德合一論　D. 道德推理階層論

9. 宋代朱熹在中國江西白鹿洞書院講學，揭示「父子有親，君臣有義，夫婦有別，長幼有序，朋友有信」學規。以L. Kolhberg的道德發展理論言之，白鹿洞書院要求子弟（學生）遵守學規（校規），屬於何種發展層次取向？
   A. 好人取向　B. 社會契約取向
   C. 法治取向　D. 普遍倫理原則取向

10. 研究顯示大多數的學生在求學生涯中有考試作弊的行爲。依據L. Kolhberg的道德發展理論，下列何種措施最能減少課堂作弊的發生？
    A. 學生不要太計較分數，考題儘量簡單
    B. 鼓勵學生小組合作學習，減少考試的焦慮
    C. 學生充分準備後再考試

D. 明確規定學生獎懲辦法，考試作弊以零分計算並記大過

11. 洪老師擔任班級導師，在班會的時候，她要求學生訂定班規，共同遵守，以樹立優良的班風。一年後，洪老師發現學生都能自尊自重、自治自律，沒有不良的行爲發生。依據L. Kolhberg的道德發展理論，班上學生的道德發展層次屬於哪一階段？

A. 好人取向　　　　　　B. 社會契約取向

C. 普遍倫理原則取向　　D. 法治取向

12. 下列四位學生，何者行爲最惡劣？

A. 甲生：「行爲的動機是善的，但行爲的結果是惡的」

B. 乙生：「行爲的動機是惡的，但行爲的結果是善的」

C. 丙生：「行爲的動機是善的，行爲的結果也是善的」

D. 丁生：「行爲的動機是惡的，行爲的結果也是惡的」

參考文獻

一、中文部分

林寶山譯（1990）。民主主義與教育。臺北：五南。

高廣孚（1991）。杜威教育思想。臺北：水牛。

張清濱（1997）。學校行政與教育革新。臺北：臺灣書店。

張清濱（2014）。教學原理與實務，一版二刷。臺北：五南。

葉學志（1990）。教育哲學。臺北：三民。

二、英文部分

Bettleheim, B. (1977). *The use of enchantment.* New York: Vintage Books.

Dewey, J. (1916). *Democracy and education*. N. Y.: The Mcmillan Company.

Gilligan, C. (1982). *In a different voice: Psychological theory and women's development*. Cambridge, MA: Harvard University Press.

Jaffee, S., & Hyde, J. S. (2000). Gender difference in moral orientation. *Psychological Bulletin, 126*, 703-726.

Groarke, L., & Scholz, S. J. (1996). Seven principles for better practical ethics. *Teaching Philosophy, 19* (4), 347-348.

Hoffman, M. L. (2000). *Empathy and moral development*. New York, NY: Cambridge University Press.

Kilpatrick, W. (1992). *Why John can't tell right from wrong?* New York: Simon & Schuster.

Kohlberg, L. (1963). The development of children' orientations toward moral order: Sequence in the development of moral thought. *Vita Humana, 6,* 11-33.

Kohlberg, L. (1975). The cognitive-developmental approach to moral education. *Phi Delta Kappan, 74*, 783-787.

Kohlberg, L. (1981). *The philosophy of moral development*. New York, NY: Harper

& Row.

Kolata, G. (Sept. 26, 1994). *Should children be told if genes predict illness?* The New York Times.

Leming, J. S. (November, 1993). In search of effective character education. *Educational Leadership, 51,* 63-71.

Nielson, R. (1988). Limitation s of ethical reasoning as an action (Praxis) strategy. *Journal of Business Ethics, 7,* 731.

Niemczynski, A. (1996). Moral education is not good enough because education is not moral enough. *Journal of Moral Education, 25*(1), 111-116.

Nucci , L. P. (2001). *Education in the moral domain.* New York, NY: Cambridge Press.

O'Donnell, A. M., Reeve, J., & Smith, J. K. (2009). *Educational psychology: Reflection for action*, (2nd ed.). New Jersey: Wiley.

Piaget, J. (1964). *The moral judgment of the child.* New York: Free Press.

Paul, R. W. (1988). Ethics without indoctrination. *Educational Leadership, 48* (8), 10-19.

Raths, L.E., Harman, M., & Simon, S. B. (1978). *Values and teaching* (2nd ed.). Columbus, Ohio: Charles E. Merrill.

Sgrol, P. (1993). *Lecture to the writing, reading, and civic education institute.* Cambridge, Mass.: Harvard Graduate School of Education.

Slavin, R. E. (2012). *Educational psychology,* 10th ed. Boston: Pearson.

Stevens, R. L., & Allen, M. G. (1996). Teaching public values: Three instructional approaches. *Social Education, 60*(3), 155-158.

Tuckman, B. W., & Monetti, D. M. (2011). *Educational psychology.* Belmont, CA: Wadsworth.

Williams, C., & Bybee, J. (1994). What do children feel guilty about? Developmental and gender differences. *Developmental Psychology, 30,* 617-623.

Woolfolk, A. (2013). *Educational psychology,* 12th ed. New Jersey: Pearson.

第六章

情緒發展

　　每個人都會有情緒，初次完成某件事情感到喜悅，得知朋友噩耗感到悲傷，與同事爭辯，面紅耳赤，感到憤怒。學生喜歡或不喜歡教師，考試得高分覺得很快樂，不用功而慘遭滑鐵盧覺得內疚。情緒可分為正面的情緒如喜悅與快樂，與負面的情緒如悲傷與內疚（Santrock, 2001: 114）。正面與負面的情緒不一定截然分開，有時候可能同時出現，譬如遇見多年失散的親人而悲喜交集或喜極而泣。

第一節　情緒與行為

　　情緒（emotion）涉及一個人的喜、怒、哀、樂、愛、惡、懼的表達。情緒包含影響動作的力量，它與生活息息相關。人類的行為都隨著情緒的高低而起伏。情緒是行為的氣壓計，自不待言。晴時、多雲、偶陣雨都會影響到生活的每一層面。今列舉數例，分述如下（張清濱，2008：222）：

一、情緒與五育發展

　　如果學生的情緒不穩定，心浮氣躁，經常勃然大怒、出手打人，則其德育必然不佳；也不易與人和諧相處、獨來獨往，缺乏群性；更無閒情逸致，欣賞自然之美，缺乏美感。一個情緒緊張的學生容易患得患失。考試時容易遺忘，但等考完走出試場，情緒恢復平靜，卻又想起了答案。這是因為情緒過度緊張，造成心智的僵固（mental rigidity）。情緒焦慮、恐懼、不安也會影響身心的健康。此類學生常有胃病、腹瀉、頭痛、失眠、血壓上升等現象。嚴重者尚有精神疾病的症狀。情緒不佳的學生，五育發展都會受到嚴重的影響。

二、情緒與犯罪

　　臺灣地區的犯罪率居高不下，顯示人們的情緒大有問題。犯罪者大都缺乏理性與感性，一旦與人衝突，即怒不可抑。於是，鬥毆、縱火、殺人等暴力行為隨之發生。就以某地PUB遭人縱火案為例，嫌犯被警方逮獲後

自稱喝酒後才脾氣暴躁。另一方面，氣候炎熱也會影響情緒，夏天的意外
事故較多，顯然情緒與犯罪具有密切關係。

三、情緒與婚姻

　　男女之間的感情常受情緒左右。有人因情投意合而締結良緣；也有人
因緋聞而丟官；更有人因爭風吃醋而殺死情敵。夫妻之間也常因暴力相向
而演變成勞燕分飛，造成分居或離婚的悲劇。良好的情緒管理乃是美滿姻
緣的觸媒劑。

四、情緒與事業

　　一般人以爲高智商就可大展鴻圖，成大功、立大業。殊不知許多聰明
人反被聰明誤。高智商者未必有高度的挫折容忍度、堅定不移的毅力與接
納別人的雅量，往往無法處理複雜的人際關係與情緒問題。因此情緒智商
大師Goleman說：E, Q.的影響力比I. Q.大兩倍（中時晚報，1988.3.22）。

第二節　情意的屬性

　　學生可能表達各種不同的情緒，諸如挫折、討厭、垂頭喪氣、得意揚
揚、興高采烈，視其學習表現以爲定。情緒、心情、及其他情意的方式彌
漫學生的生活氛圍。情意具有下列特性（Ormrod, 2009: 207）：

一、情意與動機息息相關

　　學生如何感覺，大部分視其需求是否滿足及其目標是否達成。學生會
忿怒，通常是無法遂其所願。學生覺得很高興是因爲能滿足他們的需求、
達成目標。譬如考試得到高分或獲獎，學生常會手舞足蹈；反之，考試成
績「滿江紅」，學生就會意興闌珊。

　　情緒與動機在某些方面具有密切的關係。如果學生從事有趣的工作，
體驗到相當正面的情緒如樂趣、喜愛、與興奮時，常常廢寢忘食、一往直
前、鍥而不捨。這些感情就會增進內在的動機（intrinsic motivation）。正

面的情意也常來自於高度的自我效能（self-efficacy）。一些學生喜歡數學的理由竟然是「我擅長數學。」學生對於事象的結果有賴於其對於這結果的解讀。

二、情意與學習及認知密切結合

情意往往是整體學習與認知的一部分。例如：正當學習如何執行一件工作的時候，學生同時學到他們是否喜愛做這件工作。當學生欣賞其所做的事，問題必更容易解決，問題的解決常常是興奮、喜樂、和尊榮所造成的結果。相反地，當學生必須奮力通過障礙去學習教材的時候，他們可能感到挫折與焦慮。此外，一些事實與理念也偶爾會激起情緒的反應。

三、正面的情意會激發有效的學習策略

一般而論，正面的情意，如喜悅與興奮，會引導學生注意身邊的教材，努力去瞭解它的意義，並以開放的胸襟更有創意地思考。正面的情意也會增進學生自我調適的可能性，激發有效的學習策略。

四、情意也會激發某些行為

學生的情緒常常引導學生以不同的方式表現其行為。例如：罪惡感或羞辱感會引導學生改正錯誤的行為。挫折感也會引發學生攻擊、責罵別人。焦慮感有時會讓學生失眠、無所適從。

五、少許的焦慮是有益的，但太多的焦慮則有礙

焦慮（anxiety）的情緒具有正面與反面的作用。譬如，學生擔心作業寫不完，一直急著想把它完成，於是儘量利用時間去寫，果然如期完成。這種焦慮即有催化作用，成為一種學習的動力。但是，如果學生自尋煩惱、杞人憂天、每天擔心這個、擔心那個，反而造成心理的負擔，甚至爆發心理疾病，後果就不堪設想。然而，仍有部分學生天不怕、地不怕，對於任何事務，漠不關心，無動於衷，簡直麻木不仁。所謂「人無遠慮，必有近憂」，就是這個道理。下列情境，學生容易引起焦慮，教師應特別注

意並疏導：

1. 身體安全有顧慮：例如經常面臨暴力的學生，會感到焦慮不安。
2. 身體外表有缺陷：例如長得太胖或太瘦的學生，會在意身體的缺陷。
3. 處於新的情境：例如轉入新學校或環境的學生，會覺得不確定感。
4. 課業有困擾：例如課業聽不懂的學生，會覺得困惑不已。
5. 考試、競賽、抽背有恐懼感：例如學生面臨考試競賽，會覺得忐忑不安。

六、不同的文化孕育不同的情緒反應

許多人類的情緒——尤其喜樂、悲傷、恐懼、忿怒、討厭、與驚嚇——在幼兒中常見，無疑是人類行為特徵的一部分。然而，不同的文化族群對於何種情緒及情緒反應才是適當，各有不同的看法。因而如何使成長中的兒童社會化也就迥然不同。學校是社會的縮影，學校對於青少年的學習動機與情緒發展有著正面的影響。

第三節　情緒智商

美國哈佛大學心理學教授兼紐約時報科學專欄作家Goleman（1995）出版《情緒智商：為什麼它會比智商更重要》（*Emotional Intelligence: Why It Can Matter More Than I.Q.*）一書。他主張孩童認知自己的情感，與同儕感同身受，以及處理危機的能力——亦即情緒商數，簡稱E.Q.。它影響人的一生就如同天生智力（I.Q.）一樣。Goleman（1995）認為E.Q.其實就是人類某種範疇的能力。這些能力包括：

一、自我察覺的能力。
二、處理感情的能力。
三、自我調理情緒的能力。
四、激勵自己的能力。

五、惻隱之心，能為別人著想，傾聽別人的意見，願意和別人合作、交往（中時晚報，1998.3.23）。

這五個領域不是絕對的。但我們可以肯定所有的人都有這些或類似的能力並且每個人各有不同的能力。Goleman強調：E.Q.不是與生俱來的，乃是經過後天的環境互動及經驗的累積得來，可塑性極高。每個人從小就可培養調節情緒的技巧及習慣。

Goleman指出：曾經有一項長期的追蹤研究，把一群5歲的兒童集中在房間裡。每人面前都有一顆糖果。主持人告訴他（她）們，他要出去一會兒。只要在這段期間，沒有把糖果吃掉的，就可以得到兩顆。然後到隔壁房間透過閉路電視觀看這些兒童的反應。結果有些小孩一口氣就吃掉糖果，有些則是想吃又不敢吃，來來回回幾次，約有三分之一的小孩非常堅定地不吃就是不吃。18年後的追蹤研究發現：這三分之一「懂得等待、懂得控制自己」的小孩有更好的人際關係，更好的學業成績，更明確的人生目標及更圓滿的人生（中時晚報，1998.3.22）。

第四節　情意教學的途徑

情意教學的實施有賴於教師正確的引導，下列一些措施及作法可供參考（張清濱，2008：229；Ormrod, 2009: 214）：

一、學習讚美他人，對人友善

美國Connecticut州Beecher小學的情緒教育是教導學生如何尋求他人的優點，讚美他人。例如二年級的一個班上學生互相讚美，「你真會拼字」、「你寫的字好漂亮」、「你真有藝術天賦」等。這是教導孩子普遍的價值觀，也培養對人友善的態度（Ratnesar, 1997）。

二、表達個人及人際互動中的知覺

美國一所小學教師點名時，學生不是傳統式空喊一聲「有」，而是以報數方式表達他（她）當日的心情。譬如一分代表心情低落，十分表示情

緒高昂（Goleman, 1995）。此種方式係以學生生活中的實際問題為題材，給予適當的情緒表達。

三、加強社團活動，調劑學生身心

學校應安排各類社團活動讓學生依興趣、志願選擇參加。一些學業不佳的學生，對於社團活動反而興趣盎然。在升學競爭的壓力下，學校更應安排各種社團活動讓學生參加，以紓解緊張的氣氛並發洩精力。教師應教導學生正當宣洩情緒的方法，例如轉變工作或活動、打沙包、訓練耐力及容忍度、靜坐、學習溝通的技巧等，以防止反社會行為的發生。

四、強化各科情意教學活動

任何學科教學活動都應包括認知領域、情意領域、及技能領域，不可偏廢。情意領域涉及一個人的觀念、態度、習慣、情操。情意領域實即生活教育、人文教育、人格教育及倫理道德教育。真正的E. Q.應反映在倫理道德方面，也就是倫理商數或道德商數。

五、發揮輔導與諮商的功能

青少年問題的來源，許多來自於挫折感、恐懼感、疏離感、及自卑感。輔導的方式應該使青少年對於疾病有更深入的認識。但最重要的是辨認壓力的來源，並設法排除心理的壓力，去除不必要的恐懼、暴躁、與不安。

對於有心理疾病的學生，學校輔導單位亦可洽請當地心理衛生諮詢服務中心的協助。臺灣省各縣市大都有一所高級中等學校設有心理衛生諮詢服務中心。該中心與當地醫院合作，精神科醫師定期到校服務。服務對象包括當地中小學師生。實施迄今，績效甚為顯著，對於心理疾病的防治，頗多貢獻。

六、針對學生的基本需求，激發內在的動機

滿足學生的基本需求可以激發內在的學習動機。因此學生更可能瞭解並記得課文的內容。譬如，教師上課時偶爾穿插新奇、變化、神祕、及風趣的事物於教學活動中。學生更能夠把他們所學的應用於新的情境。

七、增進學生的自我效能與自我價值

教師只告訴學生說：「你很好」或「你很聰明」，不可能提升他的自我價值感（sense of self-worth）。模糊而抽象的說詞如「你很特別」也少有意義。較有效的方式是針對特定的活動及課業，增進學生的自我效能（self-efficacy）。如前所述，學生過去成功的經驗可以增進他在某一領域的信心。教師應善加鼓勵學生如「你能做得到，我知道你能夠」，可以增進學生的信心。

八、給予學生富有挑戰性的課業

挑戰不僅促進認知的發展，也讓學生體驗相當的滿足感與尊榮。挑戰的另一個優點是突顯學科的興趣所在。但是，教師必須牢記在心學校上課未必皆是挑戰，教師應該求其平衡，以提升學生的信心與自我效能。

九、評量學生的表現，要讓學生有成功的喜悅

通常學生的表現有優點，也有缺點。即使學業成績不佳的學生也有其優點。譬如某生學業成績不理想，但他上課準時、從不遲到、曠課，字體工整、不「龍飛鳳舞」。教師要極力找出學生的優點，讓學生有成功的滿足。一個受到肯定與賞識的學生，會更加努力向上。教師的職責之一就是發展學生的潛能，長善而救其失。

十、要求學生設定個人努力的目標

學生通常會朝向自己設定的目標更加努力；別人為他設定的目標可能無動於衷。自我選擇的目標如果具體明確、富挑戰性、並且短期內能實

現，更能激發學習的動機。學生設定一系列的短期、具體的目標有時稱之為「近似目標」（proximal goals），學生得到定期的回饋，產生更大的自我效能感（sense of self-efficacy），不僅學會了教材，也獲得高層次的學業成績。

第五節　實務演練

1. 你的E.Q.好嗎？

優良教師必定有良好的E.Q.。《自我評量：我的E.Q.好嗎？》共有四個面向，17道題目，採用5點量表計分，1表示最不適合自己，5表示最適合自己。請勾選每道題目最適合自己的項目。

E.Q.自我評量

	1	2	3	4	5
一、體察自己的情緒					
1. 我善於認清自己的情緒。					
2. 我善於瞭解自己的感情原因。					
3. 我善於把感情與行動分開。					
二、管理情緒					
4. 我善於忍受挫折。					
5. 我善於控制憤怒的情緒。					
6. 我對自己有正面的感情。					
7. 我善於應付壓力。					
8. 我的情緒不干擾完成目標的能力。					
9. 我很能夠自我控制並且不衝動。					
三、瞭解情緒					
10. 我善於採納別人的觀點。					
11. 我對別人的感情會移情作用並且很敏感。					
12. 我善於傾聽別人說話。					
四、處理人際關係					
13. 我善於分析並瞭解人際關係。					

14. 我善於解決人際關係的問題。				
15.我在人際關係堅決果斷（而非被動、操弄、或攻擊）。				
16.我有一個以上的親密朋友。				
17.我善於分享與合作。				

計分與解析：

把17項分數加起來。我的情緒智商總分數是＿＿＿＿分。如果你得分在75-85分之間，你有很好的情緒智商，你的學生將受益匪淺。你將是學生的風範，能夠體察情緒，有效地管理情緒。如果你得分在65-74分之間，你或許有良好的情緒智商，但在某些範疇，仍然需要努力改善。詳看分數在3以下的項目，是否需要改進。如果你得分在45-64分之間，你可能有中上的情緒智商，嚴肅地想一想努力改善情緒的生活，檢查你的缺點並且努力改善。如果你得分在44分以下，你可能有中下的情緒智商，這可能會干擾你當教師的能力。如果你的分數在中下，檢查可利用的資源以改善你的情緒智商。你可以洽請諮商服務單位提供建議。當你認清尋求資源，改善人生技巧的重要性時，它就是一種優勢而非劣勢的象徵。

資料來源：Santrock (2001), p.116.

2. 師生的情緒管理

　　阿強是樹人國民中學三年級學生。他剛從一所私立中學國中部轉學進來。有一天，數學科林老師向班上學生說：「下星期一連續放假，大家不要玩過頭，千萬要記得寫家庭作業。下次上課，老師要檢查作業。」隔了一週，開始上課的時候，林老師果然要檢查作業。他要求學生把作業拿出來放在書桌上，一一檢視。正當林老師走到阿強的座位旁，要檢查作業的時候，他突然站起來，阻擋林老師檢查。於是，林老師勃然大怒，要檢查阿強的作業是否放在書包裡。但阿強不讓林老師檢查，反而從書包裡拿出鈍器，敲打林老師的腦袋。林老師防不勝防，不支倒地，經檢查有腦震盪現象。現在請各位思考下列各項問題：

(1)林老師與阿強發生衝突的導火線是什麼？

(2)如果你（妳）是林老師，面對此種情境，你（妳）將如何處理？

(3)學校應如何加強實施情緒教育？

3. 阿秀的父親李先生到學校，欲見導師王老師，商談女兒阿秀最近

的生活狀況。李先生直奔阿秀的教室要見王老師。恰巧王老師不在教室，陳老師正在上課。李先生就直接問陳老師有關阿秀的一些狀況，問東問西，陳老師很不耐煩，就向李先生說：「這不關我的事！你家的事（代誌）！請直接找王老師商談！」李先生覺得陳老師態度很不好，於是引起口角衝突。現在請各位思考下列各項問題：

(1)陳老師與李先生發生口角衝突的導火線是什麼？

(2)如果你（妳）是陳老師，面對此種情境，你（妳）將如何處理才能化解衝突？

(3)你（妳）覺得王老師約談學生家長，有哪些地方考慮不周，有待改進？

4. 情緒是否影響五育的發展？請舉出三個例子說明之。

5. 學校如何培養學生良好的情緒智商？請舉出三個有效的方式。

6. 有些學生常有焦慮的情緒狀態。請舉出常見的焦慮原因並說明其影響。

7. 美國情緒智商大師D. Goleman指出E.Q.的影響力比I.Q.大。原因何在？請舉例說明之。

8. 明代王陽明（1472-1529）在《訓蒙大意》一文中指出「大抵童子之情樂嬉游而憚拘檢，如草木之始萌芽，舒暢之則條達，摧撓之則衰痿。今教童子，必使其趣向鼓舞，中心喜悅，則其進自不能已。」這段話強調什麼？

A. 教學要順其自然　B. 教學要善用獎懲

C. 教學要寓教於樂　D. 教學要重視情緒

9. 依據Goleman的情緒智商理論（E.Q.），下列何者不是E.Q.的範疇？

A. 處理感情的能力

B. 自我調理情緒的能力

C. 自我察覺的能力

D. 鞭策自己的能力

10. 下列有關情緒的陳述，何者是錯誤的？
    A. 每個人從小就可培養良好的情緒
    B. 任何學科的教學活動都包含情意領域
    C. 情緒會增進內在的動機
    D. 正面與負面的情緒截然分開

參考文獻

一、中文部分

中時晚報（1998.3.22）。**E.Q.影響力比I.Q.大兩倍**。臺北：中時晚報。

中時晚報（1998.3.23）。**臺灣人E.Q.有問題**。臺北：中時晚報。

張清濱（2008）。**學校教育改革：課程與教學**，第三版。臺北：五南。

二、英文部分

Goleman, D. (1995). *Emotional intelligence*. New York: Holt, Rinehart, and Winston.

Ormrod, J. E. (2009). *Essentials of educational psychology,* (2nd ed.). Columbus, Ohio: Pearson.

Ratnesar, R. (1997). Teaching feelings, 101. *Time Express*, December, 65.

Santrock, J. W. (2001). *Educational psychology*. Boston: McGraw-Hill Higher Education.

第二篇

學習心理學篇

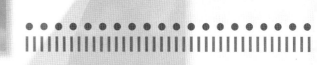

第七章

行爲學派的學習理論

學習（learning）是教育心理學的核心。學校的目的是要幫助學生學習。然而學習究竟如何產生？學生如何進行有效的學習？心理學家對於學習理論的觀點不盡一致，約可分成三種學派：行為學派、認知學派、與人文學派。本章先行探討行為學派的學習理論，其他各學派的學習理論容後敘述。

學習是透過經驗而產生相當持久的行為改變。我們所知道的事物不見得是學習來的（Santrock, 2001: 238）。人類有一些本能可以知道一些事物，譬如碰到危險，就會退縮。但是，人類的行為不全是本能的反應，像很多方法、技術、與觀念是學來的。學習的範圍非常廣泛，無所不包，它發生在學生生活的周遭環境，包括學校、家庭、與社會。

行為學派認為學習是可直接觀察的行為，它不是心理歷程。依據心理學家的解釋，心理歷程是無法由他人觀察到的思想、感情、與動機（Santrock, 2001: 238）。兒童心裡想什麼、教師感覺如何、學生的內在動機為何，他人不得而知，除非當事人說出來。行為論者認為思想、感情、與動機都不是行為科學的領域，因為它們都不能直接觀察。行為學派的古典制約理論（classic conditioning）與操作制約理論（operant conditioning）都採取此一立場。這兩派的觀點強調聯結的學習（associative learning），也就是刺激（stimulus）與反應（reponse）相互聯結，才能產生學習。

第一節 古典制約理論

在1900年代初期，俄羅斯心理學家Ivan Pavlov（1849-1936）好奇想要知道人體如何消化食物。在他的實驗中，他照例把肉粉放在狗的嘴裡，以引起狗分泌唾液。Pavlov開始觀察肉粉不是引起狗分泌唾液的唯一刺激。狗分泌唾液是對一些刺激與食物，諸如看見食物的碟子、帶食物進房間的人、與食物到達時關門的聲音等發生聯結而反應（Santrock, 2001: 240）。

古典制約是一種學習的類型，個體學會把刺激聯結。在古典制約中，中性刺激（如看見人）與有意義的刺激（如食物）發生聯結並且獲得能力引起類似反應。Pavlov（1927）的古典制約理論有兩種類型的刺激與兩種

類型的反應：非制約刺激（unconditioned stimulus, US）、非制約反應（unconditioned response, UR）、制約刺激（conditioned stimulus, CS）與制約反應（conditioned response, CR），如表7.1。

表7.1　古典制約方式

制約反應前	制約反應中	制約反應後
US → UR	中性刺激＋US → UR	CS → CR
食物 → 狗分泌唾液	鈴聲＋食物 → 狗分泌唾液	鈴聲 → 狗分泌唾液

資料來源：改編自Santrock (2001), p.241.

　　非制約刺激係指沒有先前的學習，自動會產生反應例如食物。非制約反應係指由非制約刺激自動引起的未經學習的反應，例如狗看見食物，分泌唾液。制約刺激係指先前中性的刺激與非制約刺激聯結，最後引起制約反應，例如狗吃食物的時候伴隨鈴聲。制約反應係指是經過學習的反應，例如狗聽見鈴聲就分泌唾液。

　　表7.1顯示在制約反應前，狗看見食物就會分泌唾液；在制約反應中，狗看見食物並聽見鈴聲會分泌唾液；在制約反應後，鈴聲取代食物，狗聽見鈴聲也會分泌唾液。

　　在教室裡，古典制約理論呈現正面與負面的兒童經驗。由於兒童受到古典制約，一些愉快的事件油然而生，諸如喜愛的歌曲、教室是安全有趣的場所、與教師熱情洋溢等感覺。對兒童來說，歌曲本來是中性，直到兒童一起與其他同學伴隨正面的感情合唱這首歌曲。如果兒童把批評與教室聯結，他（她）們也會對教室發展恐懼的情緒。這樣批評就成為恐懼的制約刺激（CS）。學生考試焦慮的情緒也反映在古典制約理論。譬如學生考試不及格遭受責罵，產生焦慮狀態。於是學生把考試與焦慮聯結在一起，考試就成為焦慮的制約刺激（CS）。

　　兒童的身心健康也會涉及古典制約理論。兒童訴說一些疾病如氣喘、頭痛、胃潰瘍、高血壓等大部分可能是古典制約所引起。我們通常說這些疾病是壓力造成的。其實，這些疾病是某些刺激所造成，譬如父母或師長

過分嚴厲、經常責備就成為這些疾病的制約刺激（CS）。日積月累，積重難返，這些心理學反應會成為健康的問題。教師經常責罵學生，會引起學生頭痛、肌肉緊張。這些情況若與教師相聯結，課堂練習與家庭作業可能會觸動學生的緊張情緒，日後造成胃潰瘍或其他心理學的反應（Santrock, 2001: 242）。

一、類化、區別、與消除

在研究狗對各種刺激的反應中，Pavlov在給狗食物之前搖鈴。鈴聲與肉同時出現，鈴聲就成為制約刺激，引發狗分泌唾液。其後，Pavlov發現狗對於其他的聲音也會反應，譬如口哨。愈像鈴聲，狗的反應愈強。此種情形會產生類化作用（generalization）。在古典制約中，類化作用涉及一種新刺激的傾向，類似原有制約刺激而產生類似的反應。譬如學生受責備的考試科目是生物學。當學生開始準備化學考試時，他（她）也會很緊張，因為這兩科有密切關係，都是科學。因此學生的焦慮從一科的考試，到另一科的考試，形成類化作用（Santrock, 2001: 242）。學生不僅對生物科考試感到焦慮，其他類似科目的考試，也會感到焦慮。

當個體只對某些刺激，非其他刺激，而反應時，區別作用（discrimination）就會產生。為了產生區別作用，Pavlov只在鈴聲響之後才給狗食物，其他聲響之後不給狗食物。其後，狗只有對鈴聲反應，其他聲響則無反應。此種情況區別作用於是產生。譬如學生參加許多不同科目的考試，他（她）就不會像英語科考試那樣緊張，因為這些科目很不一樣。

然而，當缺乏非制約刺激，制約反應減弱時，消失（extinction）現象就會產生。譬如，Pavlov在做實驗時，他不斷反覆搖鈴，但不給狗食物。於是，狗就停止分泌唾液。同樣地，對於考試會緊張的學生而言，如果題目簡單些，學生考得好，焦慮就會逐漸消失。

二、系統化減敏法（systematic desensitization）

有時候，與負面的事件相聯結的焦慮與緊張可以藉古典制約消失。系統化減敏法就是一種減少焦慮的方法，個體把放鬆的感覺與增加焦慮的情

境相聯結。假設班級有一位在教室前方非常緊張的學生。系統化減敏法的目標就是要他（她）把公開談話與放鬆的心情相聯結，而不是與焦慮相聯結。使用連續性的視覺想像（successive visualization），學生可在談話前兩週練習，然後一週前、4日前、2日前、1日前、談話當日早晨、進到談話的房間、到講臺的途中、與談話中都可練習（Santrock, 2001: 243）。

　　減敏法涉及反制約的類型。學生想像的放鬆感覺（US）產生放鬆（UR）。然後學生把產生焦慮的線索（CS）與放鬆的感覺（US）相聯結。此種放鬆與焦慮不能共存。最後所有製造焦慮的線索（CS）都產生放鬆（UR）。

三、古典制約理論評述

　　古典制約理論有助於我們更瞭解學習理論。它在解釋中性刺激如何與未經學習的、非自發的反應相聯結，更有獨到之處。它在瞭解學生的焦慮與恐懼方面，尤有助益。然而，它在解釋自發行為方面，差強人意，例如學生何以參加歷史科考試比地理科考試，更加努力用功，立論不足，沒有多大的效果（Santrock, 2001: 243）。

第二節　操作制約理論

　　操作制約（operant conditioning）又稱為工具制約（instrumental conditioning），它是一種學習的方式，行為的後果在行為發生的機率產生改變。操作制約理論以B. F. Skinner（1904-1990）為代表人物。他的理念建立在E. L. Thorndike（1874-1949）的聯結理論上（Santrock, 2001: 243）。

一、Thorndike的效果律

　　大約在Pavlov以狗作古典制約實驗的年代，美國心理學家Thorndike（1906）也在進行貓在迷宮的實驗研究。他把飢餓的貓放在箱子裡，並且在箱外放一塊魚肉。為了從箱子逃出來，貓必須學會如何打開箱子裡的閂門。起初，貓作出一些無效的反應。它抓或咬閂門並用爪擠門。貓終於偶

然踩到踏板，把門閂鬆脫。貓返回箱子，它反覆相同的活動直到踩到踏板為止。在其後的嘗試裡，貓的隨機動作愈來愈少，直到立即抓到踏板把門打開為止。Thorndike的效果律（law of effect）指出伴隨正面結果的行為受到強化，而伴隨負面結果的行為減弱。

Thorndike的問題關鍵是正確的刺激與反應的聯結（stimulus-response bond, S-R）如何強化，而最後支配不正確的刺激與反應的聯結。Thorndike認為正確的刺激與反應聯結增強，與不正確的刺激與反應聯結減弱，係因個體動作的後果。Thorndike的見解稱為刺激與反應理論（S-R theory），因為個體的行為是由於刺激與反應之間的聯結。

二、Skinner的操作制約理論

Skinner擴大闡述Thorndike的基本理念，提出操作制約理論。操作制約理論是Skinner行為論的核心。操作制約乃是行為的後果導致其後行為發生的機率產生改變。後果係指獎賞（rewards）或懲罰（punishment），端視個體的行為如何以為定。獎賞對任何人在任何條件之下，不一定是強化物（reinforcer）。

強化物可分為兩大類：主強化物（primary reinforcers）與次強化物（secondary reinforcers）。主強化物滿足人類的基本需求，如食物、水、安全、溫情、與性的需求等；次強化物則指與主強化物結合而獲得的價值。例如：金錢對幼童沒有價值，直到長大之後曉得金錢可用來買東西。次強化物又分為三類：1.社會強化物（social reinforcers），如讚美、微笑、擁抱、或關注等；2.活動強化物（activity reinforcers）如給予玩具、遊戲、有趣活動等；3.符號強化物（tangible reinforcers）如獎品、獎金、獎牌、獎狀、分數、打星星記號、或點數等（Abbeduto, 2006: 186; Slavin, 2012: 120）。活動強化物可用來刺激學生的行為，Premack（1965）稱為「普瑞馬克原理」（Premack Principle），也稱為「老祖母規則」（Grand-ma's Rule）。例如：祖母對孫子說：「吃蔬菜，然後你就可以玩耍。」

有時候，人們很樂意去做事情而不計酬勞代價，此種由內在動機而激發個體行動的強化物，稱為內在強化物（intrinsic reinforcer）。例如：學

生自動自發喜歡繪畫、閱讀、唱歌、遊戲、登山、游泳等。相對於內在動機，由外在動機而激發個體行動的強化物，稱爲外在強化物（extrinsic reinforcer）。例如：學生受到鼓勵、讚美、或獎賞而更加努力用功（Slavin, 2012: 122）。

三、強化作用與懲罰

　　強化作用（獎賞）係指一種後果可以增強其後行爲發生機率的改變。相對地，懲罰是一種後果可以減低其後行爲發生機率的改變。例如：教師告訴學生說：「恭喜！你寫的故事眞好。我以你爲榮。」如果學生下次更加努力，寫出更好的故事，教師正面的批評就是強化或獎賞學生的寫作行爲。如果學生上課講話，教師對他（她）蹙眉頭，於是學生上課不再講話。教師蹙眉頭就是懲罰學生的講話行爲。獎賞與懲罰的區別是獎賞增強行爲，而懲罰減弱行爲的發生。

　　強化作用也很複雜。強化作用意即增強。在積極強化（positive reinforcement）方面，因爲伴隨著刺激，反應的頻率就增加，如同前例，教師正面的批評強化學生的寫作行爲。類似的情況，教師稱讚家長參加親師會議，可以鼓勵家長再來參加親師會議。積極強化通常是愉悅的（例如教師誇獎學生的作業），但也可能是不愉快的（例如學生爲了得到好成績，不得不做一些不喜歡做的事）。

　　相反地，消極強化（negative reinforcement）指反應的頻率增加，因爲反應不是把刺激消除，就是逃避刺激。例如：父親責罵兒子去做家庭作業。他一直喋喋不休。最後，兒子不耐煩寫完作業。兒子的反應（寫家庭作業）把不愉快的刺激（責罵）消除（Santrock, 2001: 245）。

　　積極強化與消極強化的區別是前者增加或得到某些事物，後者減掉或逃避某些事物。消極強化很容易與懲罰混爲一談。直截了當地說，消極強化增加其後反應發生的機率；懲罰則減低其後發生的可能性。積極強化、消極強化、與懲罰的概念，如表7.2（Santrock, 2001: 245）：

表7.2　積極強化、消極強化、與懲罰的概念

積極強化		
行為	後果	未來行為
學生提出好的問題	教師誇獎學生	學生提出更多好的問題
消極強化		
行為	後果	未來行為
學生準時交作業	教師不再批評學生	學生繼續準時交作業
懲罰		
行為	後果	未來行為
學生打斷教師講話	教師口頭告誡學生	學生不再打斷教師講話

資料來源：改編自Santrock (2001), p. 245.

四、類化、區別、與消除

　　古典制約理論談到類化、區別、與消除現象；同樣地，操作制約理論也有類化、區別、與消除現象。古典制約的類化作用是類似制約刺激的刺激傾向於產生類似制約反應的反應。操作制約的類化作用是對於類似的刺激給予相同的反應，尤其有趣的是從某一情境到另一情境，行為類化作用的程度。例如：如果教師在上課的稱讚讓學生更加努力用功，則此稱讚將類化到其他功課也更加努力寫作業（Santrock, 2001: 246）。

　　古典制約的區別係指針對某些刺激反應而非對其他的刺激反應。操作制約的區別涉及在許多的刺激或環境事件中，個體做出區別。例如：教師講桌上的碟子標示「數學」，她以為是放今天數學作業的地方，而另一個碟子標示「英語」，是放今天英語課業的地方。這聽起來很簡單。但學生的世界充滿區別性的刺激（Santrock, 2001: 246）。

　　操作制約的消除現象發生於先前強化的反應不再受強化而且反應減弱、消失。在課堂裡最普遍的消失現象是教師應注意學生的不良行為而故意視若無睹、無動於衷。譬如上課時學生捏另一位學生，教師就立刻找這位惡作劇的學生講話。長此以往，這位惡作劇的學生就會認為這是引起教師注意的好辦法。如果教師假裝沒看見，置之不顧，捏學生的舉動就會消

失（Santrock, 2001: 246）。

五、操作制約理論的應用

操作制約理論可用來增進學生良好的行為。Santrock（2001: 248）提出五種策略，敘述如下：

㈠ 選擇有效的強化物

不是所有的強化物（reinforcers）都對每一位兒童有效。有些強化物對某些學生特別有效，也就是說，使用強化物要因應個別差異。對某些學生而言，稱讚可能有效。另有些學生上網打電腦可能有效。教師可問學生何種強化物最有效，才能切合學生的需求。參加活動是教師最常用的強化物。心理學家David Premack創用的Premack原理指出，高機率的活動可當作低機率活動的強化物。小學教師使用Premack原理特別有效。譬如教師對學生說：「作業寫完，可以離開教室，自由活動。」Premack原理的使用不限於單一學生，也可用於全班學生。例如教師對全班學生說：「如果星期五以前大家都能交作業，下週我們就可以去考察旅行。」

㈡ 適時提供強化物

強化物要行之有效，教師必須只在學生表現特殊行為時使用。譬如，教師對小湯說：「如果你寫完10題數學作業，你就可以出去玩。」這對小湯而言，他必須做完作業才能得到強化物，非常清楚。換言之，小湯一旦完成作業，就可以得到獎賞。學生有良好表現，教師也要適時給予讚美或其他獎勵。

㈢ 選擇最好的強化時程

大部分的強化採用連續強化（continuous reinforcement），也就是說，學生做出反應，就給予強化。使用連續強化，學生學得快，但強化停止，消失現象也就出現。事實上，連續強化甚少使用。每當學生做出適當反應時，教師不可能對全班20-30位學生一一讚美。Skinner（1953）提出強化的時程（schedule of reinforcement）概念，採用部分強化時程表（partial reinforcement timetables），決定反應何時可予以強化。強化時程可分為四種：固定比率（fixed-ratio）、變化比率（variable-ratio）、固定間隔（fixed-interval）、與變化間隔（variable-interval）。固定比率是經過一些正確反應後給予強化，例如教師只有在學生第四個正確反應後，才給予稱讚，而不是每一次反應，都給予強化。變化比率是依據時間的平均數，給予強化。例如教師稱讚學生可能在第二次正確反應，8次以上正確反應，其後7次正確反應，與其後3次正確反應。固定間隔是在固定時間後，適當的反應才給予強化。例如教師每週小考之後，給予稱讚。變化間隔是在變化時間過後的反應給予強化。例如學生提問在3分鐘過後，教師才稱讚學生的提問。然後教師在15分鐘、7分鐘之後等等，給予稱讚。

研究發現，起初學習用連續強化比部分強化快速。然而部分強化比連續強化更會產生堅持性並對消失現象產生更大的抗拒性。採用固定時程強化比變項時程強化，學生的學習較少堅持性，反應消失較為快速。

㈣ 考慮訂約

訂約涉及強化與寫作同時進行。如果問題產生而學生不贊成協議的目的，教師可訴之於他（她）們同意的約定。班級契約是師生共同認定的約定，應由師生簽名，並寫上日期。教師也可要求其他學生當見證人。例如學生違反班規，教師可要求學生簽訂契約：「如果我亂丟紙屑，我願意撿紙屑一週。」教師嚴格執行，必可培養學生守法的習慣並可保持教室清潔。

㈤ 有效使用消極強化

教師向學生說：「坐在位置上，寫完功課，才可以參加其他同學製作海報。」這是消極強化。其他如為了避免同學的嘲笑，學生不再調皮搗蛋。

使用消極強化有一些缺失。有時候，教師想要使用行為的策略，學生就勃然大怒，跑出室外，或破壞公物。教師要求學生寫功課，學生不會做，最容易發脾氣。

六、操作制約理論評述

操作制約理論對於教學實務貢獻很大。獎賞與懲罰是師生常見的事情。教師打分數、稱讚、告誡學生等變成例行性的工作。這些後果影響學生的學習行為。教師有效使用行為改變技術（behavior modification），班級經營會更有效。強化得宜，學生的行為可以獲得改善。

然而，Skinner的操作制約理論沒有顯示經營與教學之間的關係。大多數的教育家們體會到有效能的經營與優良的教學結為一體的重要性，因而相信兩者缺一不可。仔細檢視操作制約理論，並非無懈可擊，一些班級經營的理論家不完全同意Skinner的獎賞理念。彼等認為獎賞有反作用，如果使用不當，它們會變成外在的賄賂（extrinsic bribes）而非內在的動機（intrinsic motivation）（Manning & Bucher, 2007: 29）。但也有論者認為學生表現優異，學校給予獎金，以示鼓勵，這樣不算賄賂。獎勵是公開表揚，有別於賄賂的祕密進行（Abbeduto, 2006: 189）。此外，過度獎賞也會造成功利主義，唯利是圖的傾向，譬如學校指派教師或學生去做一些額外的事情，有些教師或學生會問有無加班費、鐘點費？能否加分或記功獎勵？因此教師要慎重使用獎賞，不宜浮濫。

論者批評操作制約理論過度強調學生行為外在的控制。彼等認為強化作用只能短期內控制兒童的行為，但卻有長遠的負面後果，包括無法激發內在的能量去抑制不良的行為（Abbeduto, 2006: 181）。較好的策略是協助學生學會控制自己的行為與激發內在動機。論者也指出操作制約使用不當而引發潛在性的倫理問題，例如教師未消極強化學生的行為，也未告知合適的行為，就立即訴之於懲罰學生。另外，過度強調應用行為分析，教師注重學生行為的輔導而忽略學業的指導，也遭受非議（Santrock, 2001: 254）。

第三節 實務演練

1. 古典制約理論與操作制約理論有何異同？請列舉比較之。

2. 古典制約產生類化作用（generalization），區別作用（discrimination）、與消失現象（extinction）。這三種情況有何不同？請各舉出一個例子說明之。

3. 古典制約理論給教師或家長哪些重要啟示？教師或家長如何對待學生或子女？

4. 小英考試不及格，遭受父母責罵，產生焦慮情緒。於是小英把考試與焦慮聯結在一起，每逢學校考試，小英就會很焦慮。依據古典制約理論，下列各項陳述，何者為真？
   A. 考試成為焦慮的非制約刺激（US）
   B. 焦慮成為考試的非制約反應（UR）
   C. 焦慮成為責罵的制約反應（CR）
   D. 考試成為焦慮的制約刺激（CS）

5. 小華向張老師訴說她經常氣喘和頭痛，尤其每當寫家庭作業的時候。依據古典制約理論，小華經常氣喘和頭痛可能是什麼原因造成的？
   A. 壓力造成的　　B. 上課不專心
   C. 師長過分嚴厲　D. 父母親經常責罵

6. 小明上英語課情緒緊張，尤其說英語的時候，更會結結巴巴，呈現焦慮狀態。他只要看見英語老師進教室，就開始緊張起來。依據古典制約理論，下列各項陳述，何者為真？
   A. 上英語課是制約刺激
   B. 英語教師是非制約刺激
   C. 焦慮是非制約反應
   D. 緊張是制約反應

7. 大年的第一次月考生物科成績不及格，家長看到成績單很不高興，

火冒三丈。於是他對生物科很害怕，考試時就很緊張。他對於化學科考試也會很焦慮。依據古典制約理論，這是何種現象？

A. 區別作用　　B. 同化作用　　C. 移情作用　　D. 類化作用

8. I. Pavlov在做實驗的時候，只在鈴聲響之後才給狗食物，其他聲響之後不給狗食物。其後，狗只對鈴聲響反應，其他聲響則無反應。這是何種現象？

A. 同化作用　　B. 移情作用　　C. 類化作用　　D. 區別作用

9. 西元383年，東晉與前秦淝水之戰，前秦符堅出兵十五萬攻打東晉。東晉將領謝玄迎戰，帶兵奇襲，前秦將士陣腳大亂，風聲鶴唳，草木皆兵，落荒而逃。東晉軍隊7萬全力反擊，大破前秦。依據古典制約理論，「風聲鶴唳」與「草木皆兵」是何種現象？

A. 同化作用　　B. 區別作用　　C. 移情作用　　D. 類化作用

10. B. F. Skinner的操作制約理論是根據E. L. Thorndike的何種理念發展而成？

A. 練習律　　B. 成功律　　C. 準備律　　D. 效果律

11. 李老師發現班上學生搭車，爭先恐後，常常插隊。於是，李老師在班會告誡一番。以後學生搭車排隊，李老師不再罵學生，結果學生搭車都不敢插隊了。依據B. F. Skinner的操作制約理論，什麼原因促使學生「搭車不敢插隊」？

A. 稱讚　　B. 告誡　　C. 積極強化　　D. 消極強化

12. 阿明上課喜歡玩弄花樣以引起他人的注意。林老師刻意安排幾位學生到黑（白）板演算數學題目，其中包括阿明，以轉移他的不良行為。林老師的處理技巧應用何種教學原理？

A. 積極強化　　B. 消極強化　　C. 類化作用　　D. 消失現象

13. 楊老師對小芳說：「寫完作業，妳就可以出去玩。」小芳果然很認真寫完作業後就出去玩。楊老師應用何種原理？

A. 嘗試錯誤（trial and error）。

B. 學習遷移（learning transfer）。

C. 立即回饋（immediate feedback）。

D. 普瑞馬克原理（Premack principle）。

14. 教育部每年教師節對於資深優良教師頒發獎金、獎狀以示鼓勵。依據行為學派的觀點，教育部採用何種強化物鼓勵教師？

A. 社會強化物　B. 活動強化物　C. 內在強化物　D. 符號強化物

參考文獻

Abbeduto, L. (2006). *Educational psychology*, 4th ed. Dubuque, Iowa: McGraw.

Manning, M. L., & Bucher, K. T. (2007). *Classroom management: Models, applications, and cases*, 2nd ed. Columbus, Ohio: Merrill Prentice Hall.

Pavlov, I. P. (1927). *Conditioned reflexes*. New York: Dover.

Premack, D. (1965). Reinforcement theory. In D. Levine (Ed.), *Nebraska symposium on motivation*. Lincoln: University of Nebraska Press.

Santrock, J. W. (2001). *Educational psychology*. Boston: McGraw-Hill Company.

Skinner, B. F. (1953). *Science and human behavior.* New York: Mcmillan.

Slavin, R. E. (2012). *Educational psychology*, 10th ed. Boston: Pearson.

Thorndike, E. L. (1906). *Principles of teaching*. New York: Seiler.

第八章

認知學派的學習理論

自二十世紀以來，心理學家熱衷於認知心理學的研究。認知學派的論點成為許多學習途徑的基礎。認知學派的學習理論可分為四種理論：社會認知論（social cognitive approach）、認知行為論（cognitive behavior approach）、資訊處理認知論（cognitive information-processing approach）、與社會建構論（social constructivist）（Santrock, 2001: 239）。本章就認知學派的四種理論分別敘述如後。

第一節 社會認知論

社會認知論強調行為、環境、與人為的因素如何交互作用去影響學習。社會與認知因素及行為在學習方面扮演重要的角色。認知因素涉及學生成功的期望，社會因素包含學生觀察父母親的成就行為（Santrock, 2001: 254）。

Albert Bandura（1986, 1997, 1998, 2000）是社會認知論的主要代表人物之一。他認為學生學習的時候，他（她）們會認知陳述並轉換自己的經驗。他提出互惠決定模式（reciprocal determinism model），如圖8.1。這個模式包括三個主要因素：行為、人（認知）、與環境。這些因素會交互作用影響學習。環境因素影響行為，環境影響認知，行為影響環境，行為影響認知，人的因素影響行為，認知影響環境。Bandura使用「人」（person）這個術語，但我們把它改為「認知」（cognitive），因為它描述的許多人的因素是認知的。沒有認知取向的人的因素主要是人格特質與性格（Santrock, 2001: 254）。

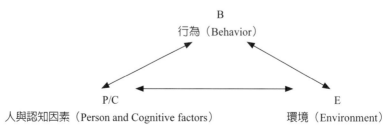

B
行為（Behavior）

P/C
人與認知因素（Person and Cognitive factors）

E
環境（Environment）

圖8.1　Bandura的學習互惠決定模式

資料來源：改編自Santrock (2001), p.256.

在Bandura的學習模式裡，人的因素（認知）扮演重要的角色。近年來，Bandura（1997）最強調的人的因素是自我效能（self-efficacy），也就是個人能夠掌控情境並產生正面結果的信念。他認為自我效能對於行為具有強大的影響力。例如：自我效能低的學生可能無法考試，因為他（她）不相信考試對她（她）有何益處。

一、觀察學習

觀察學習（obervational learning）也稱為仿效（imitation）或模仿（modeling），當個人觀察並模仿他人的行為時，學習就產生。藉由觀察去學習行為類型的能力會消除乏味的嘗試錯誤學習（trial-and-error learning）。在許多情況，觀察學習比操作制約花費較少的時間。

Bandura（1965）做了Bobo娃娃的實驗。研究顯示：當模仿的攻擊行為不被強化時，觀察學習於是發生，正如同行為受到強化時一樣廣泛。研究發現兒童模仿他人的行為受到獎賞時，模仿行為的差異性就消除。他把「表演」（performance）與「學習」（learning）做了區別。只因兒童不「表演」反應並不表示他（她）們沒有「學習」。他相信兒童觀察他人的行為但無觀察的反應時（即表演），仍然以認知的方式獲得已經模仿的反應（即學習）。

Bandura（1986）早期的實驗就專注於觀察學習的歷程。他指出觀察學習包括四個歷程：專心一致、保存、運動能力複製、強化或誘因條件。

1. **專心一致**：學生模仿他人動作之前，必須全神貫注他人的一言一行。不專心的學生可能就沒聽到教師說什麼。注意力受到許多特徵的影響。例如：熱情、強而有力、不古板的人比冷漠、軟弱、古板的人較易引起別人的注意。學生注意身分地位高的人更甚於身分地位低的人。通常教師是身分高的典型。

2. **保存**：為了複製典範的動作，學生必須把資訊編碼並保存於記憶當中。簡單的口頭描述或生動的意象都有助於學生的保存。例如：數學教師當典範向學生說明如何解答數學題目：「我要秀給你看怎麼做。你必須先做第一步，再做第二步，然後再做第三步。」如果教師改用有色彩的錄

影帶，播放如何解題的步驟，比口頭描述更會讓學生牢記在心。教師給予條理清晰的演示，學生的記憶保存力就會獲得改進。

3. 運動能力複製：兒童可能專注於典範並且把他所見的編碼在記憶裡，但由於其運動能力的限制，無法複製典範的行為。13歲的學生可能觀看籃球比賽或音樂演奏的技巧，但無法複製他（她）們的運動的動作。教學、教練、與練習可以幫助他（她）們改進運動的表現。

4. 強化或誘因條件：學生專注於典範的一言一行，把資訊保存於記憶裡，並且具有運動技巧去表現模仿的動作，但沒有引起動機去表演模仿的行為。因此，學+誘因，他（她）們才會模仿典範的行為。

二、社會認知論評述

社會認知論對於兒童教育有很大的貢獻。觀察與模仿成為學習的主要途徑，明顯地擴大學習的領域，包括社會的與認知的因素。相當多的學習透過觀看與傾聽典範的行為而產生，然後模仿他（她）們的行為。

一些認知論者批評社會認知論太過強調外顯行為與外在因素，因而忽略認知歷程的細節，諸如思考、記憶、與問題解決等。發展論者批評社會認知論不具發展性，沒有明確描述各年齡層的認知階段與學習程序。人文論者則批評社會認知論不重視自尊與關懷（Santrock, 2001: 267）。

第二節　認知行為論

認知行為論，亦稱認知行為改變（cognitive behavior modification），主張學習是透過監控、處理、並調整自己的行為而非受到外在因素的控制（Santrock, 2001: 257）。

認知行為論源自於認知心理學，強調思想對行為的影響，與行為論（behaviorism），強調改變行為的技術。認知行為論企圖改變學生錯誤的觀念，增強肆應的技能，增進自我控制，與鼓勵建設性的反省能力（Kendall, 2000）。

一、自我教學法

　　自我教學法（self-instruction methods）常用來改進學生的學習行為。它是認知行為技術（cognitive behavior techniques），旨在教導學生改變自己的行為，幫助學生變更自己的想法。譬如，高中生對標準化測驗非常緊張，教師可鼓勵他（她）們以更積極的方式對自己說話。接著師生可以使用自我談話（self-talk）的策略，更有效地應付此種緊張的情境（Meichenbaum, Turk, & Burstein, 1975）。譬如，一位學生對自己說：「明天以前，我沒辦法把功課做完。」此種情況可用積極的自我陳述取代原來的想法，如「功課很難，但我認為我可以做完。」「我即將把它視為一種挑戰，而非一種壓力。」「如果我真的很努力，我可能把它做完」（Santrock, 2001: 263）。此種想法克服心理的障礙。

二、自我調整學習

　　認知行為論的另一個論點是自我調整學習（self-regulatory learning）。它包含思想、感情、與行為的自我產生（self-generation）與自我監控（self-monitoring），以便達成目標。這些目標可能是學業方面（譬如改進閱讀理解能力，成為更有組織能力的作家），或社會情緒方面（譬如控制憤怒的情緒，更能與人和諧相處）。Winne（1997）指出自我調整學習法的特徵如下：

1. 設定增廣知識與維持動機的目標。
2. 體察自己的情緒狀態並有管理情緒的策略。
3. 定期監控目標進展的情形。
4. 依據進度，配合或調整策略。
5. 評估可能引起的障礙並做必要的適應。

　　研究顯示高成就的學生往往是自我調整學習的高手。譬如，相較於低成就學生，高成就的學生設定更具體明確的目標，使用更多的學習策略，更能監控自己的學習，與更有系統的評估目標進展實況（Pintrich, 2000; Zimmerman, 2000）。

三、認知行為論評述

認知行為論強調自我教學、自我談話、與自我調整,化被動的接受為主動的學習,由他人控制的學習變為自主性的學習,誠為學習途徑的大轉變。

然而,我們必須認清一個事實:認知行為理論有其限制。行為學習理論家幾乎注重可觀察的行為,過度強調行為的管理(Driscoll, 2000)。內在的學習諸如概念的形成、思考、與問題解決等不太容易觀察,反而不受重視。這些歷程淪為認知學習理論的範疇。認知行為理論與認知學習理論互為競爭,兩派理論應視為互補而非對抗(Slavin, 2012: 137)。

另一方面,教學是師生共同的活動,如果學校教育都由學生自我學習,自我監督,教師的角色功能似乎無用武之地,湮沒而不彰,不無遜色。

第三節 資訊處理認知論

資訊處理認知論(cognitive information-processing approach)著重兒童如何透過注意、記憶、思考、與其他的認知歷程,處理資訊。資訊處理途徑主張兒童操弄資訊、監控資訊、並提出對策處理資訊。它的核心是記憶與思考。兒童漸漸增加資訊處理的能量,以獲得複雜的知識與技能(Stevenson, Hofer, & Randel, 1999)。

有些資訊處理的途徑有強烈的建構學習觀點,視教師為課業的認知嚮導並且視兒童為建構其意義的學習者(Mayer, 1999)。Piaget的認知發展理論即揭示認知建構的途徑。兒童只會記誦資訊的被動學習並不是建構主義的觀點。

1950與1960年代之前,行為論與其聯結學習理論在心理學方面盛極一時。然而許多心理學家開始承認沒有論及心理歷程,他(她)們無法解釋兒童的學習(Gardner, 1985)。於是,認知心理學成為尋求解釋學習的心理歷程的標記。雖然一些因素刺激認知心理學的成展,電腦資訊的蓬勃發

展助長認知心理的發展則是不可否認的事實。John von Neumann於1940年代後期研發的第一部電腦顯示一些心理歷程藉由電腦操弄，告訴我們一些有關人類認知的方式。認知心理學家常常把人腦比擬電腦，有助於解釋認知與人腦之間的關係。人腦視為電腦的硬體，而認知視為電腦的軟體。雖然這種比喻不是完美無缺，然而此種比較有助於我們的思考，兒童的心靈（mind）是活潑的資訊處理系統（Santrock, 2001: 274）。

一、資訊處理途徑的特徵

Siegler（1998）指出資訊處理途徑有三個特徵：思考（thinking）、變化的機制（change mechanism）、與自我改變（self-modification）。今略述如下：

1. 思考：依Siegler的看法，思考就是資訊處理。就此而論，他提供思考廣泛的見解。他認為當兒童察覺、編碼、陳述、與儲存資訊時，他（她）們就進行思考。他相信思考是高度彈性的，個體得以適應任何環境的變遷、工作要件、與目標。然而，人類的思考能力有其限制。個體一次只能專注於唯一有限的資訊。

2. 變化的機制：Siegler認為資訊處理的重點應該是變化機制的角色。他相信四個機制一起運作，可以創造兒童認知技巧的改變：編碼、自動化、策略建構、與遷移。編碼是把資訊放進記憶中，自動化係指不花多大力氣就能處理資訊的能力，策略建構涉及發現處理資訊的新程序，遷移則指兒童把以往的經驗應用於新的學習情境或在新的情境解決問題。

3. 自我改變：當代資訊處理的途徑，像Piaget的認知發展一樣，兒童扮演重要的角色。他（她）們使用學到的知識與策略去適應對新學習情境的反應。兒童以此種方式從以往的知識與策略，建立更新式、更老練的反應。處理資訊的自我改變之重要性可從後設認知（metacognition）看出一斑。後設認知意即有關認知的認知（cognition about cognition），有關認識的認識（knowing about knowing）（Flavell, 1999; Flavell & Miller, 1998）。

二、記憶（memory）

　　記憶是學習的要件之一，如果人類不能記憶就無法學習。記憶是把資訊保存在頭腦一段時間。教育心理學家研究資訊如何存放或編碼於記憶中，編碼後如何保留或儲存，與日後使用時如何找出來。沒有記憶，我們無法把過去發生的事與正在發生的事產生聯結。今日教育心理學家強調的是兒童如何建構自己的記憶（Schneider & Bjorklund, 1998）。

　　記憶的主體涉及三個歷程：編碼（encoding）、儲存（storage）、與復原（retrieval）。編碼是把資訊放進記憶中，儲存則是資訊存放記憶一段時間，復原係指使用時從存放的資訊取出，如圖8.2。

圖8.2　資訊處理過程

資料來源：改編自Santrock (2001), p. 276.

㈠ 編碼

　　編碼需要專注與學習，譬如學生傾聽教師講話、觀看電影、聽音樂、或與同學說話，他（她）就把聽到的、看到的放進記憶中。學生在編碼時的一項重要的技巧是選擇所要的資訊。譬如教師在講解課文時，學生會很專注教師講的內容，而不理會同學說的話。又如聽力測驗時，學生會注意測驗播放的聲音，不會注意教室外的聲音。

　　資訊放進記憶後，它需要重複演練（rehearsal），以增加留在記憶裡的時間長度。重複演練不需增加資訊，只是讓它留在記憶久一點。然

而，重複演練往往變成機械式記憶，效果不好。因此，學生必須以有意義的方式建構記憶，就會記住。譬如，學生背英文單字「候選人」（candidate），記不起來，可以把它分成「can-did-ate」聯想成一位好的候選人要會（can）做事（did）而且身心健康，能吃飯（ate）的人。這樣就很容易把資訊牢記在記憶中。

(二) 儲存

　　資訊編碼後需要存放在記憶裡。儲存有三種，因時間而異：感官記憶（sensory memory）、短期記憶（working or short-term memory）、與長期記憶（long-term memory）（Atkinson & Shiffrin, 1968），如圖8.3。感官記憶通常持續1秒到數秒；短期記憶持續約30秒；長期記憶持續長久甚至終身不忘（Santrock, 2001: 280）。

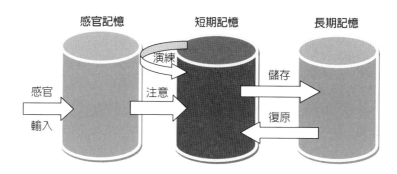

圖8.3　記憶理論（Atkinson-Shiffrin模式）

資料來源：改編自Santrock (2001), p. 281.

(三) 復原

　　儲存在記憶裡的資訊有些可以恢復出現，有些會被遺忘。當我們從心理「資料庫」恢復資訊時，我們搜尋記憶倉庫尋找有關的資訊。復原可能是自動性的，譬如我們問學生現在是哪一個月分，學生可能脫口而出，回答問題。但是如果你問學生前任校長的姓名，學生可能想了很久才說出校長的姓名。

系列位置的前後也會影響記憶的效果稱為「系列位置效果」（serial position effect）。譬如教師在清單上列出許多蔬菜的名稱，要學生說出這些名稱。學生容易記得前面幾項與後面幾項的蔬菜名稱，中間的蔬菜名稱較不易記得。

三、遺忘

學生記了許多單字，為何遺忘？有些人出門帶了雨傘，為何回家時忘記帶回來？依據心理學家的研究，遺忘是缺乏有效的復原暗示（retrieval cues）而導致復原失敗（Nairne, 2000）。這種依賴暗示而遺忘的概念可以解釋為何學生考試時無法恢復所需的考試資訊，即使考試前他（她）背得滾瓜爛熟。

遺忘有時係因受到干擾的影響。譬如某生準備生物科考試，接著又準備歷史科考試，然後參加生物科考試，歷史科的資訊就會干擾生物科的資訊。因此，有效的學習策略應該是先準備歷史科，再準備生物科，然後參加生物科考試。此種策略符合近因效應（recency effect）。

遺忘的另一個原因是記憶退化（memory decay）。依據退化理論，新的學習產生神經化學的「記憶痕跡」（memory trace），終於導致瓦解崩潰。退化理論顯示歲月的消逝是遺忘的原因之一。記憶依不同的速度退化。有些記憶生動感人而延續甚久；有些記憶則隨風而逝。

第四節 社會建構論

建構理論（constructivism）認為學習者主動建構知識與瞭解時，最能學習。一般言之，社會建構理論的學習途徑（social constructivist approaches to learning）注重學習的社會情境，知識與瞭解是與他人互相合作而建構的（Santrock, 2001: 318）。Vygotsky與Piaget是社會建構理論的先驅。Vygotsky特別重視社會文化的情境，認為學生建構知識是透過社會互動而產生。Piaget相信學生建構知識是把先前的知識與資訊加以轉化、組織、與重新組織而成。

一、合作學習法（cooperative learning）

　　社會建構理論主張合作學習是最有效的學習方法之一。學生三五成群，集聚一堂，互相協助，共同學習。Slavin（1995）指出合作學習有兩個條件：團體獎賞與成員負責，兩者並行不悖，才能確保合作學習的成功。

㈠ 小組合作學習原則

　　教師採用小組合作學習時，宜把握下列六項原則（張清濱，2008: 191）：

1. 異質性分組

　　最好在常態編班的基礎上，採異質性分組，實施小組教學。異質性分組至少應考慮下列三方面的不同屬性：

　　(1)能力：組內同學的能力不一樣。有些同學擅長國文，有些同學擅長英語，另有些同學擅長電腦……各有所長，也各有所短。即使同一學科，有些學生成績很好，有些平庸，另有些低劣。不同能力的組合，學生心理較能平衡，也可以互相學習。學生不易造成自卑感、優越感、挫折感、或疏離感。

　　(2)性別：組內同學應該男女生都有。這樣可以配合性別平等教育，促進男女兩性互動。男女生可以一同學習如何尊重異性、接納異姓、包容他人。

　　(3)多元文化：組內同學來自各種文化背景。譬如班上同學有些來自閩南語背景，有些來自客家語背景、亦有些來自原住民或其他文化背景。各組都由各種文化背景的人組成。大家可以互相學習，更可促進族群的融合。上公民課時，教師宜注意分組時，要考慮宗教及政黨的多元性，千萬避免同質性的分組。最好各組成員來自各種信仰及政治背景的家庭，不可相同背景的學生聚在同一組。

2. 每組4-6人

　　每組人數到底多少人最恰當？依據Johnson與Johnson（1991）的研究，每組人數以4-6人效果最好。人數太少及人數過多皆非所宜，反而

缺乏互動的機會。設若每組皆為一人，就會「獨學而無友，則孤陋而寡聞」。又若每組100人，甚至1,000人，必變成「菜市場」或「演講廳」，秩序大亂，聊天者有之，打瞌睡者有之。

3. 教師掌控分組

分組的時候不宜任由學生自行分組，以免同類相聚，宜由教師掌控，分配組別、人數，以符合異質性。班上學生如有「英雄好漢」，最好把他（她）們拆散到各組，讓他（她）們孤掌難鳴，無法稱兵作亂，也有助於班級秩序的維護。班上如有自閉症或過度內向學生，亦可安排與較為親近的學生同組，以適應學生的個別差異。

4. 小組長輪流擔任

分組時，每組應有一位小組長。但是小組長究竟如何產生？教師指定專人擔任好呢？或由同學互相推選？亦由組內同學輪流擔任？三種方式各有利弊。從教育的觀點言之，似以輪流擔任為宜。此種方式具有下列優點：

(1)教育機會均等：大家都有機會擔任小組長，不致淪為少數人的專利，較能兼顧學生的受教權。

(2)培養領導能力：小組長也是班級領導人物之一，每位學生都可從最基本的小組長做起，培養領導能力。

(3)培養說話的能力：小組長要代表組內同學，提出口頭報告，無形中培養說話的能力。

(4)培養傾聽的能力：小組長要注意聽取別人的意見，培養專心一致的習慣，也學會尊重別人的意見。

(5)培養分析、歸納、組織、統整的能力：小組討論時，同學七嘴八舌，各說各話，小組長必須歸納、統整組內的意見，成為小組的意見。

5. 不固定分組

不固定分組係指一學期或一學年中，經常更動組別，讓學生有更多互動的機會。在固定分組的班級中，學生的互動大都侷限於同組的同學中。不固定分組可擴展互動的空間，延伸到整個班級。班上的同學都與任何其他同學同組學習，更能促進班級的互動。如果每位同學都能見賢思齊，則

班上的同學都是集大成者。

6. 多元評量

小組教學時，教師宜採用多元教學評量，兼顧個人表現與小組表現。教師可用觀察法，觀察成績不錯的學生，是否肯幫助成績較差的同學？如果學生仍然勾心鬥角、我行我素，教學評量時就應降低情意領域的成績，以矯正自私自利的心態，引導他（她）們培養良好的群己關係及互助合作的美德。

㈡ 小組合作學習的類型

合作學習的形式很多，但都以小組或小隊的方式互相學習。合作學習的類型大約可歸納成下列九種，今敘述如下（Linden, 1996; Moore, 2009; Slavin, 1999）：

1. 學生小組成就區分法（Student Teams-Achievement Divisions, STAD）

此一類型，4人一組，可依能力、性別、家庭背景及教師認為重要的屬性予以異質性分組。教學時，教師先呈現課文教材的內容，確定小組成員都瞭解教師所呈現的訊息後，施以個別測驗，並與以往施測成績做一比較。個別成績有進步者予以獎勵，這些成績累計成為小組分數。累計的小組分數達到某一水準者，可得到證書或其他獎賞。此種合作學習的方式在教導單一觀念及測驗題目只有一個答案時，最為有效。

2. 小組遊戲競賽法（Team-Games-Tournament, TGT）

此法頗類似於STAD。最主要的區別乃在於每週的測驗改為每週競賽。每一小組能與能力相同的小組互相比賽。成績高者給予獎狀或其他獎勵。

3. 小組協力個別化法（Team-Assisted Individualization, TAI）

此法亦頗類似於STAD。採用本法時，同一小組的同學互相檢查同學的作業及測驗。小組掌理家庭作業、學習單及測驗等。進步的學生給予適當的獎勵。

4. 合作式的統整閱讀及寫作（Cooperative Integrated Reading and Composition, CIRC）

這是一種較為新穎的合作學習方式。此法需要異質性的閱讀小組。通常從不同的小組中，兩人一對，互相學習。在語言課中，小組也一起學習，共同完成合作式的寫作作業。其程序先由教師教學，然後小組練習寫作技巧，並且準備小組測驗。小組所有成員的平均表現做為獎勵的依據。

5. 拼圖法（Jigsaw）

使用拼圖法時，教師要把預擬的作業分成六個不同且獨特的部分。小組成員就整個問題蒐集他（她）所負責的那一部分的資料，然後回報小組，最後的作品（業）即告完成。這是透過合作的歷程，小組成員蒐集必要的資訊，共同完成小組的作品（業）。譬如地理科加拿大單元或健康教育人體器官單元，小組成員可以分配主題的某一部分，負責這一部分的研究。相同主題的不同組別成員，互相研究討論，然後回到原來組別，輪流教導組內的其他組員。期望所有的學生都學會本主題的所有資訊，並使用綜合測驗以輔助小組的報告。

6. 第二代拼圖法（Jigsaw II）

每組成員4-6人，各組給予整個問題，並按照其計畫，細分每人指定的工作。學生蒐集的資訊予以累計。最後的步驟是個別測驗，算出小組的分數，化為點數。優異者給予獎狀或獎品。

7. 共同學習（Learning Together）

此一方式，每組4-6人，就單一的作業或活動，共同學習。單一的作品當作小組學習活動的成績。

8. 同儕教導（Peer Tutoring）

這是最簡單的合作學習形式之一，在基本的技能領域當中，利用學生當作輔助教師（supplementary instructors）。任課教師則如同平常提示教材。學生2人一組使用結構式練習及附有答案紙的作業單，以強化新教材。學生輪流當輔助教師並互相訂正答案，提供立即的、一對一的回饋（Miller, Barbetta, & Heron, 1994）。

9. 小組調查（Group Investigation）

合作學習可用來促進高層次的學習。小組調查涉及獨立學習及小組研究。通常它把學生分成3-6人一組，調查或解決某些普遍的問題，包括社會學科或科學實驗、社區專題研究、或建構藝術的剪貼作品。學生負責訂定小組目標、分配工作任務、並完成專題研究。透過共同的小組目標，小組成員激發合作精神。小組調查的設計者在實施小組調查時，要確認六個步驟：(1)選擇主題，(2)共同計畫，(3)實施，(4)分析並綜合，(5)提出研究成果，及(6)評量。為了適應多元化，教師應該確小組成員的異質性及不同組別的成員為共同的目標及成果而奮鬥不懈。教師的角色是促進小組的調查及維護小組的努力（Moore, 2009: 206）。

二、社會建構理論評述

學校教育長期受到家庭、社會、及學校的影響。環顧當今社會，個人主義抬頭，功利主義盛行，價值觀念混淆，以致群性不彰，社會大眾普遍缺乏團隊精神。教育部在國民中小學九年一貫課程目標中揭示培養「尊重、關懷與團隊合作」的能力。欲達此目標，除了教科用書必須配合外，教師應善用合作學習法，培養學生互助合作精神，增進群己和諧關係，發揮服務社會熱忱。社會建構理論注重小組合作學習法切中時弊，教師採用小組合作學習法正可痛下針砭，補救缺失。

數十年前，建構理論盛極一時，促進教育改革，尤其數學科課程與教學更為顯著。然而，建構理論並非萬靈丹，褒貶不一，論者批評建構理論太注重解題技巧，不夠重視學科內容。全語言閱讀教學亦遭波及，視為建構式教學，批評者認為建構理論的學習途徑太相對性也模糊不清。彼等認為建構理論只是一般的理論，並未證明是最好的學習途徑（Santrock, 2001: 347）。

第五節 實務演練

1. 認知學派有哪些重要的學習理論？代表人物是誰？請說明其主要的學習理論。

2. A. Bandura的觀察學習有哪些歷程？請舉例說明之。

3. 對於考試容易緊張的學生，教師或家長如何協助他（她）們紓解緊張的情緒？

4. 認知行為論對於學習有何主張？有何優點與缺點？請評論之。

5. 教育部鼓勵中小學教師活化教學，善用小組合作學習。教師實施小組合作學習時，應把握哪些重要的原則？請列舉說明之。

6. 張老師上課時，把預先擬定的作業分成六個不同且獨特的部分。小組成員就整個問題蒐集他（她）們所負責的那一部分的資料，然後回報小組，最後的作品（業）即告完成。這是哪一種合作學習的方式？

   A. 小組成就區分法（Student Teams-Achievement Divisions, STAD）

   B. 小組遊戲競賽法（Team-Games-Tournament, TGT）

   C. 小組協力個別化法（Team-Assisted Individualization, TAI）

   D. 拼圖法（Jigsaw I）

7. 王老師上課時要求學生採取自我調整學習法。這是應用哪一種學習理論？

   A. 社會認知論　　B. 資訊處理認知論

   C. 社會建構論　　D. 認知行為論

8. 李老師上課時要求學生進行分組討論。這是應用哪一種學習理論？

   A. 社會認知論　　B. 資訊處理認知論

   C. 認知行為論　　D. 社會建構論

9. 曾老師帶領學生校外觀摩教學，參觀教學實況。這是應用哪一種學習理論？

   A. 資訊處理認知論　　B. 認知行為論

   C. 社會建構論　　　　D. 社會認知論

10. 王老師班上學生30人,使用何種分組方式,學生互動學習的機會最多?
   A. 全班上、下學期不分組
   B. 全班上、下學期固定分組,每組成員10人
   C. 全班上學期固定分組,各組成員6人,到下學期調整分組
   D. 全班上、下學期不固定分組,每組成員5人

參考文獻

一、中文部分

張清濱（2008）。**學校教育改革：課程與教學**，第三版。臺北：五南。

二、英文部分

Atkinson, R. C., & Shiffrin, R. M. (1968). Human memory: A proposed system and its control processes. In K. W. Spence & J. T. Spence (Eds.), *The psychology of learning and motivation* (Vol. 2). San Diego: Academic Press.

Bandura, A. (1965). Influence of models' reinforcement contingencies on the acquisition of imitative responses. *Journal of Personality and Social Psychology, 1*, 589-596.

Bandura, A. (1986). *Social foundation of thought and action*. Englewood Cliffs, NJ: Prentice Hall.

Bandura, A. (1997). *Self-efficacy: The exercise of control*. New York: W. H. Freeman.

Bandura, A. (1998). Self-efficacy. In H. S. Friedman (Ed.), *Encyclopedia of mental health* (Vol.3). San Diago: Academic Press.

Bandura, A. (2000). Social cognitive theory. In A. Kazdin (Ed.), *Encyclopedia of psychology.* Washington DC, & New York: American Psychological Association and Oxford University Press.

Driscoll, M. P. (2000). *Psychology of learning for instruction* (2nd ed.). Boston: Pearson.

Flavell, J. H. (1999). Cognitive development. *Annual Review of Psychology* (Vol.50). Palo Alto, CA: Annual Reviews.

Flavell, J. H., & Miller, P. H. (1998). Social cognition. In W. Damon (Ed.), *Hand-*

book of child development (Vol.2). New York: Wiley.

Gardner, H. (1985). *The mind's new science*. New York: Basic Books.

Kendall, P. (2000). Cognitive behavior therapy. In A. Kazdin (Ed.), *Encyclopedia of psychology*. Washington, DC, and New York: American Psychological Association and Oxford University Press.

Linden, K. W. (1996). *Cooperative learning and problem solving*. Prospect Heights, IL: Waveland Press.

Mayer, R. E. (1999). *The promise of educational psychology*. Upper Saddle River, NJ: Prentice-Hall.

Meichenbaum, D., Turk, D., & Burstein, S. (1975). The nature of coping with stress. In I. Sarason & C. Spielberg (Ed.), *Stress and anxiety*. Washington, DC: Hemisphere.

Miller, A. D., Barbetta, P. M., & Heron, T. E. (1994). START tutoring: Designing, training, implementing, adapting, and evaluating tutoring program for school and home settings. In R.Gardner, D. M.Sainatok, J. O. Cooper, T. E. Heron, W. L. Heward, J. Eshleman, & T. A. Grossi (Eds.), *Behavior analysis in education: Focus on measurably superior instruction* (pp. 265-282). Monterey, CA: Books/Cole.

Moore, (2009). *Effective instructional strategies: From theory to practice*, 2nd ed. Los Angeles: SAGE.

Nairne, J. S. (2000). Forgetting. In A. Kazdin (Ed.), *Encyclopedia of psychology*. Washington, DC, and New York: American Psychological Association and Oxford University Press.

Pintrich, P. R. (2000). The role of goal orientation in self-regulated learning. In M. Boekaerts, P. R. Pintrich, & M. Zeidner, (Eds.), *Handbook of self-regulation*. San Diego: Academic Press.

Santrock, J. W. (2001). *Educational psychology*. Boston: McGraw-Hill Company.

Schneider, W., & Bjorklund, D. F. (1998). Memory. In W. Damon (Gen. Eds.), *Handbook of child psychology: Vol. 2, Cognition, perception, and language*.

New York: Wiley.

Siegler, R. S. (1998). *Children's thinking* (3rd ed.). Upper Saddle River, NJ: Erl-baum.

Slavin, R. E. (1995). *Cooperative learning: Theory, research, and practice* (2nd ed.). Boston: Allyn & Bacon.

Slavin, R.E. (1999). Synthesis of research on cooperative learning. In L. C. Orns-stein & L. S. Behar-Horenstein, (Eds.), *Contemporary issues in curriculum*, 2nd, Boston: Allyn & Bacon.

Slavin, R. E. (2012). *Educational psychology*, 10th ed. Boston: Pearson.

Stevenson, H. W., Hofer, B. K., & Randel, B. (1999). *Middle childhood: Education and schooling*. Unpublished manuscript, Dept. of Psychology, University of Michigan, Ann Arbor.

Winne, P. H. (1997). Experimenting to bootstrap self-regulated learning. *Journal of Educational Psychology, 89*, 397-410.

Zimmerman, B. J. (2000). Attaining self-regulation: A social cognition perspective. In M. Boekaerts, P. Pintrich, & M. Seidner (Eds.), *Self-regulation: Theory, research and application*. Orlando, FL: Academic Press.

第九章

人文學派的學習理論

　　傳統的心理學家不承認現象學（*phenomenology*）或人文心理學是心理學的一個學派，而視爲心理學的一種形式。他們的論點是大多數的心理學家屬於人文主義者，因爲他們關心人類並且關心改善社會。更進一步說，人文主義（*humanism*）的標籤不該當作普遍化的面具使用。然而，許多觀察家視現象學——有時稱人文心理學爲第三勢力的學習理論——在行爲學派及認知學派之後。現象學有時視爲認知理論，因爲它強調完整的個體或全人。認知領域與情意領域學習的分野把兩種領域截然劃分爲二（Ornstein & Hunkins, 2004: 124）。

第一節　場地理論

　　現象學乃在研究當前立即的經驗，植基於存在主義哲學。大部分的現象學理念來自現場的情境；然而，教育家們漸漸體會到現象學對於課堂的教學有重要的意涵。現象學家指出我們觀看自己的方式是瞭解自己行爲的根本所在。我們所作所爲，甚至我們所學都是由我們自己的概念所決定（Combs, 1982）。假使有人認爲他（她）是拿破崙，他（她）的行爲舉止就像拿破崙，或至少傳達他（她）的拿破崙概念。如果某人認爲他（她）自己是傻瓜，他（她）的認知表現將受自我概念的影響（Ornstein & Hunkins, 2004: 124）。

　　現象學源自於早期的場地理論（field theories），視整個有機體對環境（或場地）的關係，與學習者的感受及在固定環境中個人的意義。學習必須以問題的完整性來說明。人類不對孤立的刺激反應，而對有機體或刺激的類型反應。

　　場地理論來自於1930年代及1940年代的格式塔心理學（Gestalt psychology）或稱「完形心理學」。格式塔（Gestalt）一辭係德文，隱含形狀、形式、及完形之意。在此背景中，各種刺激的感受係在場地裡對別人或東西的關係而定。個人所感受到的將決定他（她）給場地給予的意義。同樣地，個人對其他問題的解決方案端視他（她）對個人的刺激與整體之間關係的認同來決定。這就是場地關係（field-ground relationship）。個人

如何感受這種關係決定了行為。只有感受並不是學習的重要因素；重要因素是要建構並重新建構場地關係以形成演變的類型（Ornstein & Hunkins, 2004: 125）。它的公式是：B = f(P.E.)，B = Behavior（行為），f = function（函數），P = Person（個人），E = Environment（環境）。它的意義是「行為是個人與環境交互影響的函數。」例如：在一個人的面前，擺了美味可口的食物。如果他（她）肚子很餓，他（她）就很想吃它；反之，如果他（她）已經填飽肚子，縱然美味可口食物在前，他（她）依然無動於衷。這就是說：他（她）的行為（吃或不吃的行為）是受到他（她）自己（饑餓與否）與環境（美食）的交互影響而產生變化。若把這個理論用到英語教學，教師可以問學生：「學習英語重要嗎？」學生可能有各種不同的答案。想要出國的人、想要在外國公司工作的人、或想要環遊世界的人，會認為英語很重要，想學英語。但對於只想待在家、不想出國、或不跟外國人來往的人，可能認為英語沒那麼重要，不想學英語。

　　基於這個理論，學習是複雜而抽象的。當學習者面對學習的情境，他（她）要分析問題、分辨重要及不重要的資料、並察覺其關係。這個環境不斷在改變之中，因此學習者不斷重組他（她）的感受。就以教學而論，學習可視為學生選擇的歷程。課程專家必須瞭解到學習者將感受到某種事對整體的關係；他（她）所感受的及如何感受是與他（她）們的先前經驗有關（Ornstein & Hunkins, 2004: 125）。

　　現象學或人文學派的心理學是以A. Maslow的需求階層理論（need hierarchy theory）和C. Rogers的治療學習理論為代表。今將其學習理論列述於後（張清濱，2009）。

第二節　需求階層理論

　　A. Maslow是一位有名的現象學家，揭示人類需求的理論，稱為需求階層理論。依據Maslow（1954）的研究，人類的需求可分為五種層級：生理需求（physiological）、安全需求（safety）、社會需求（social）、自尊需求（esteem）及自我實現（self-actualization），如圖9.1。

圖9.1 Maslow的需求層次

資料來源：Hersey & Blanchard (1977), p. 30.

1. **生理需求**：人類最基本的需求是生理或生存需求，包括充足的飲食、喝水、住居與性的滿足。

2. **安全需求**：第二個層次的需求是安全需求，包括生理與心理上能獲得安全感，身體沒有危險的顧慮，生理的需求不被剝奪。

3. **社會需求**：第三個層次是社會需求或隸屬需求，包括愛人、被愛、被接納、及有隸屬感的需求。

4. **自尊需求**：第四個需求是自尊需求，包括受他人肯定、讚美、認可、自尊與尊人的需求。

5. **自我實現**：第五個也是最高層次的需求是要充分發展自己的潛能。一個人想當什麼，他（她）就能當什麼。自我實現就是成為一個人所能夠成就的慾望。

無可懷疑地，生理的需求是人類最具優勢的需求。缺乏食物、安全、愛、及自尊的人渴求食物遠比其他需求更為強烈。如果所有的需求沒有獲得滿足，個體就會受到生理需求的支配，而其他的需求淪為不重要。潛意識幾乎完全被饑餓占據。人類的生理需求滿足後，才會考慮安全的需求、愛及歸屬、自尊等需求。

這些需求對於教學與學習具有重大的涵義。沒有愛與自尊等基本需求的兒童，將無志於獲得世界的知識。兒童想要滿足愛與自尊的目標，遠比學習及引導行為的方向優先。Maslow的理念與裴斯塔洛齊（Pestalozzi）及福祿貝爾（Froebel）重視愛與人類的情緒，殊無二致，相互輝映。

Maslow創用「人文心理學」（humanistic psychology）一辭，強調三

個主要的原則：1.專注於體驗的人，因此體驗是學習的主要現象；2.重視人類的本質如抉擇、創造性、價值觀、及自我實現；3.對於人類的尊嚴及價值顯示終極關懷並對於心理發展與學習者個人的潛能感到興趣（Maslow, 1968）。

教師及課程設計者的角色是把學生視為完整的人（a whole person）。學生是積極、有意、活潑、並參與生活的經驗，不是行為學派的刺激——反應，或認知學派的認知經驗而已。學習是終生教育的歷程。學習是實驗性的，它的精髓是自由而其結果是人類潛能的充分發展及社會的改革（Ornstein & Hunkins, 2004: 125）。

根據Maslow的觀點，教育的目的是培養健康而快樂的學生，能夠完成、成長、實現他（她）自己的心願。自我實現及實踐的臨場感乃是學生所應努力的，也是教師應重視的。自我實現的人是心理健康並且成熟的人。Maslow舉出他（她）們的特徵是：1.有效的感受到現實；2.對自己、對別人隨遇而安；3.不受罪惡、羞辱、或焦慮所壓倒；4.比較自發自動；5.以問題為中心，不是以自我為中心（Maslow, 1971）。

第三節　治療學習理論

C. Rogers也許是最著名的現象學家。他曾建立一套有助於學習的諮商程序與方法。他的理念植基於早期的場地理論；現實是建立在個別的學習者所感受的基礎上。「人是靠知覺『圖』而活，知覺圖不是現實本身」（"Man lives by a perceptual 'map' which is not reality itself."）（Rogers, 1951: 485）。

此種現實的概念應該會讓教師體察到兒童對於特殊經驗的反應層級與種類各不相同。兒童的感受是相當個別化的，它影響兒童的學習及行為。Rogers視治療為一種學習的方法。他相信積極的人類關係可以使人成長。因此學習者的人際關係如同認知成績一樣重要（Rogers, 1981）。教師的角色是督促的角色，一如存在主義的教師對於學生，有著密切的專業關係，引導學習者成長與發展。教師協助學習者探討有關生活、學校課業、

人際關係、及社會互動的新理念。諮商的方法假設學生願意為自己的行為及學習負責，他們能夠做出聰明的抉擇，他們能與教師分享理念且能誠實地溝通，正如人們碰到有關自己及人生的抉擇一樣（Ornstein & Hunkins, 2004: 126）。

依照Rogers的看法，課程強調歷程，不是結果；注重個別的需求，不是學科教材；著重心理的意義，不是認知的分數；並注意改變時空的環境，不是預定的環境。因此，學習要給予學生很大的自由，不要限制或事先規劃的活動。心理的及社會的情況，往往限制或增進個人的領域或生活空間。心理的領域或生活的空間，在課程設計方面是必要的考量（Ornstein & Hunkins, 2004: 126）。

第四節　現象學的學習理論評述

現象學家看重個體對於場地的關係。現象學家與建構主義者有許多共同點。但何者能決定行為及學習大都是心理的層面。個人的經驗唯有透過推論，別人才能瞭解；因此，以科學的證據言之，此種資料是令人存疑的。但對於現象學家而言，個人經驗的原始資料對於瞭解學習至為重要。也許這些資料不能準確地測量，而且資料頗為模糊。它的定義及歷程也是主觀而非準確的。除了人文心理學的觀念外，它的範圍及教材和其他的概念諸如存在主義心理學、非進步主義、創造力、愛、高度意識、價值觀、先驗哲學、心理健康、自我認同、及心理分析等術語，名異而實同（Sullivan, 1990）。幾乎萬事萬物都顯示最大的自我實現（self-fulfillment, self-actualization, or self-realization）。

現象學家企圖瞭解人的內心世界——需求、欲望、感覺、感受及瞭解的方式。正當認知功能受到肯定之際，教師必須致力探討學習的社會及心理因素。遭受挫折、灰心、及憂鬱的學生，學習效果將必有限，他（她）們可能會抗拒、退縮、或一反常態。學生的需求應獲得滿足。同樣地，他（她）們的自尊及自我概念也是學習有關的重要因素。沒有良好的精神狀態，沒有好奇心或動機，少有機會認知學習或技能學習。學習者必須滿懷

自信心去學習、樂於學習，獲得心理的滿足。

這項原理可應用於學習英語ABC、打球、跳舞、或與人交往，都是如此。畢竟情意的需求比認知的需求更重要（Ornstein & Hunkins, 2004: 127）。

人文心理學注重關懷、眞誠、熱情、與成熟。它的重點不在學業成就，而在完整的兒童——社會的、心理的、生理的、及認知的需求。基於這個理由，進步主義論者更可能採納現象學的理論。這些理念與自然主義的理念頗相吻合。教師應該支持人文心理學的論點，提供各種不同的學習機會。學習的領域不只是認知領域，對於各種不同的學習成就包括努力、進步、想像力、創造力、活力、熱心等，教師都應給學生獎勵，至少也要給予口頭的讚賞。這些行爲與標準化成就分數少有關聯，但對於增進人格發展的完整頗多助益。

個人的自由在現象學或人文心理學方面是另一個重要的議題。我們可能不常使用個人擁有的自由，或我們可能誤用自由。自由的理念是Rogers學習理論的精髓。學生愈體會到自由，他（她）們必須發現自己並充分發展潛能的機會也愈多。自由讓學生更能探索、探討、並加深瞭解所學的東西。自由也擴大學習的視野。

第五節　實務演練

1. 請比較認知學派、行爲學派、與人文學派在學習理論上的差異。
2. A. Maslow的需求階層理論給教師們哪些重要的啓示？請列舉說明之。
3. A. Maslow的需求階層理論對於課程設計有何涵義？請說明之。
4. 現象學研究當前立即的經驗，是根據哪一學派的哲學？
   A. 理想主義　B. 唯實主義　C. 實用主義　D. 存在主義
5. 小倩是小學一年級學生，上課時向教師表示要去廁所方便。下列哪一位教師的說法是正確的？
   A. 李老師向學生說：「剛才下課時，妳怎麼不上廁所？」

　　B. 王老師向學生說：「要上廁所？趕快去呀！」

　　C. 林老師向學生說：「不行！下課時再上廁所！」

　　D. 陳老師向學生說：「真的嗎？小欣陪妳去！」

6. 依據A. Maslow的需求階層理論，人類最基本的需求是什麼？

　　A. 安全的需求　　B. 社會的需求　　C. 自尊的需求　　D. 生理的需求

7. 依據A. Maslow的需求階層理論，人類需求的最高層次是什麼？

　　A. 安全的需求　　B. 社會的需求　　C. 自尊的需求　　D. 自我實現

8. 依據A. Maslow的需求階層理論，學生喜歡參加社團活動，是基於何種需求？

　　A. 安全的需求　　B. 生理的需求　　C. 自尊的需求　　D. 社會的需求

9. 王老師提早退休，想要撰寫一本遊記，以完成她的心願。依據A. Maslow的需求階層理論，是基於何種需求？

　　A. 自尊的需求　　B. 社會的需求　　C. 安全的需求　　D. 自我實現

10. 下列各項陳述，何者是不是C. Rogers的見解？

　　A. 注重個別的需求，不是學科教材

　　B. 著重心理的意義，不是認知的分數

　　C. 注意改變時空的環境，不是預定的環境

　　D. 課程強調結果，不是歷程

參考文獻

一、中文部分

張清濱（2009）。**教學原理與實務**。臺北：五南。

二、英文部分

Hersey, P., & Blanchard, K. H. (1977). *Management of organizational behavior: Utilizing human resources* (3rd ed.). Englewood Cliffs, New Jersey: Prentice-Hall, 30-50.

Maslow, A. (1970). *Motivation and personality*, 2nd ed. New York: Harper and Row.

Maslow, A. (1971). *The father reaches of human nature.* New York: Viking Press.

Ornstein, A. C., & Hunkins, F. P. (2004). *Curriculum: Foundations, principles, and issues,* 4th ed. Boston: Pearson Education, Inc.

Rogers, C. (1951). *Client-centered therapy*. Boston: Houghton Mifflin, 485.

Rogers, C. (1981). *A way of being.* Boston: Houghton Mifflin.

Sullivan, E. (1990). *Critical psychology and pedagogy: Interpretation of the personal world*. Westport, Conn.: Bergin & Gravey.

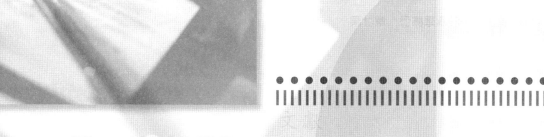

第十章

其他學派的學習理論

　　人類的發展在許多方面，頗為類似，但並不是每一方面都相似。即使是同一家族的成員，也有顯著的差異，例如外表、興趣、能力、性情等。智慧、學習型態、與學習需求等差異對於教學具有很重要的涵義。這些差異都會產生不同的學習結果。本章就多元智慧理論與學習型態理論，分別論述。

第一節　多元智慧理論

　　多元智慧理論（Theory of Multiple Intelligences）係美國發展心理學家H. Gardner（1943-）所提出，對於課程與教學影響甚大。今依理論概述、理論評述、與理論啟示，分別敘述如後。

一、理論概述

　　Gardner（1983,1995）指出人類的智慧至少有七種：邏輯—數學的（logical-mathematical）、語文的（linguistic）、音樂的（musical）、空間的（spatial）、肢體—動覺的（bodily-kinesthetic）、知己的（intrapersonal）、及知人的（interpersonal）智慧。後來，他又提出第八種智慧—自然的智慧（the naturalist）（如表10.1）。這些智慧包括下列能力：

　　1. 邏輯—數學的智慧：有效地運用數字和推理的能力；善於因果關係分析；喜愛實驗、心算、數字遊戲、批判思考，將來可成為數學家、科學家、會計人員、與電腦程式設計師等。

　　2. 語文的智慧：有效地運用語言或書寫文字的能力；善於文字；喜愛期刊寫作、作文、文字遊戲、閱讀書刊，將來可成為新聞從業人員、說故事、詩人、作家、與律師等。

　　3. 音樂的智慧：察覺、辨別、改變和表達音樂的能力；喜愛唱歌、音樂遊戲、彈奏樂器，將來可成為音樂家、作曲家、小提琴家、與音樂工作坊人員等。

　　4. 空間的智慧：準確地感覺、視覺空間，並把所知覺到的表現出來；喜愛藝術活動、想像力的遊戲、地圖、錄音錄影、問題解決，將來可

成為航海家、雕塑家、建築家、攝影家、藝術家、飛機駕駛員、與機械工程師等。

5. **肢體─動覺的智慧**：善於運用整個身體來表達想法和感覺，及運用雙手靈巧地生產或改造事物；喜愛體育活動、運動、戲劇、物體操作，將來可成為運動家、舞蹈家、手工藝師、物理學家、與機械師等。

6. **知己的（內省）智慧**：有自知之明，並做出適當行為的能力；能體會別人的需求與慾望；喜愛個別化教學、獨立學習、反省思考，將來可成為治療師、諮商員、神學家、與社會工作人員等。

7. **知人的（人際）智慧**：察覺並區分他人的情緒、意向、動機及感覺的能力；喜歡談天、與別人互動；喜愛合作學習、角色扮演、模擬、與教學，將來可成為政治家、銷售員、與教師等。

8. **自然觀察的智慧**：界定人類對有生物的分辨觀察能力，對自然景物敏銳的注意力，及對各種模式的辨別力；喜愛戶外工作、花園、植物園、動物園，將來可成為園藝師、植物學家、農夫、獵人、與寵物店老闆等。

　　邏輯─數學的智慧、語文的智慧、與空間的智慧可用智力測驗，如史丹佛─比奈測驗予以直接測量，但其他智慧不太可能用現行的智力測驗直接測量。

表10.1　Gardner的多元智慧理論

智　慧	終極狀態	核心元素
邏輯─數學的	科學家、數學家	敏感性、分辨的能力、邏輯或數字行業；處理長串的推理能力。
語文的	詩人、新聞從業員	對聲音、節奏、字義敏感；對語言的各種不同的功能敏感。
音樂的	作曲家、小提琴家	製作與欣賞節奏、音階、音質的能力；各式音樂表達的欣賞能力。
空間的	航海家、雕塑家	感受視覺─空間世界的能力與表現當初感受的能力。
肢體─動覺的	舞蹈家、運動家	控制身體運動的能力與處理事物的能力。

（續上表）

智　慧	終極狀態	核心元素
知人的	治療師、售貨員	分辨他人的心情、性情、動機、與慾望的能力。
知己的	細心、準確的自我認識	領略自己感情、分辨他人引導行為的能力；瞭解自己的優點、缺點、慾望、與智慧。
自然的	植物學家、農夫、獵人	認清植物與動物的能力；在自然界中分辨的能力；瞭解系統並界定種類的能力。

資料來源：Woolfolk (2013), p. 121.

二、理論評述

　　Gardner的多元智慧理論激起美國教育劇烈的改變。一些顯著的改變如下：1.以往美國狹隘地強調語文與數理邏輯的智慧，現在擴大教育的範疇，也重視其他的智慧的培育。2.最近改革的呼聲「返回基本」（return to "basic skills"）的要求，只會窄化教育的範疇，應該考慮多元智慧的培養。3.各種智慧應該定期測量，傳統的測量方法應該用成果導向的方法取代。4.教育應擴大範圍至課外的學習經驗，諸如學徒式實習與社區志工服務等。5.教育應該允許學生發現學習（discoveries）並建構自己的知識，以教師為中心、以事實為本位、與練習為導向的教學途徑應予避免。6.學生的學術領域可能迥然不同，應予以尊重與鼓勵（Abbeduto, 2006: 204）。

　　縱然許多教育家們擁抱Gardner的多元智慧理論，他的理論在科學界並沒有獲得普遍的接受。Waterhouse（2006）指出沒有任何出版的研究證明多元智智慧理論的有效性。這八種智慧不是獨立的，各種智慧之間是彼此相關的。事實上，邏輯思考與空間的智慧呈高度的相關。所以，「分離的能力」（separate abilities）根本就不分離。音樂與空間的智慧相互聯結的證據，促使Gardner認為各種智慧之間相互聯結（Woolfolk, 2013: 120）。此外，一些批評家提出有些智慧實際上是天賦的才能（肢體─動覺的及音樂的智慧），或人格特質（知人的智慧）。其他的智慧根本了無新意。許多的研究者認定語言與空間的能力是智慧的元素。Willingham

（2004: 24）更直言不諱，指出「Gardner的理論終究沒有助益」。對科學家們而言，他的理論幾乎是不正確的。對教育家們而言，大膽的應用可能無濟於事。

　　因此，尚無堅強的研究證據顯示採納多元智慧理論可以增進學習。Callahan、Tomlinson與Plucker（1997）在一篇精心設計的評鑑報告中指出：參與START方案的學生，採用多元智慧的途徑以促進智慧的成長，不論在學業成就或自我概念方面，都沒有顯著的成果。

　　Gardner的理論遭受嚴厲的批評，一些多元智慧理論的擁護者提出辯解，認為批評者對於智慧的瞭解與眼光太過於狹窄。Gardner的支持者相信新式的研究方法，採用動態模式並在文化的情境研究智慧，將會支持多元智慧理論。Gardner也回應批評者要辨認一些有關多元智慧理論與學校教育的迷思、錯誤觀念、與誤用。例如：他強調智慧不等同於感官系統——沒有聽覺的智慧或視覺的智慧。智慧也不等同於學習型態。另一個錯誤觀念是多元智慧理論不能證明一般智慧的理念。他不否認一般能力的存在，但他質疑人類成就的解釋是何等有用的一般智慧（Woolfolk, 2013: 122）。

三、理論啟示

　　雖然Gardner的多元智慧理論引起許多的批評，他的理論給學校教育人員一些重要啟示。第一，教師應該嚴肅地看待學生個別差異的事實，並且要針對學生的智慧與個別的需要，因材施教。第二，任何學科、技術、或觀念應該採用合適的方式去教學生。文字、影像、運動、圖表、數字、方程式、詩等都可用來教導學生瞭解（Gardner, 2009）。

　　儘管3R's教育或核心課程有一席之地，但藝能科目諸如音樂、美術、體育、及社團活動如交友與人際關係仍不可偏廢。人生中有許多的際遇與機會。擅長跳舞、歌唱、打球、烹調、機械操作者可以登上世界的舞臺，揚眉吐氣。對於中途輟學或不擅於傳統紙筆測驗的學生，學校如果能改用另類評量，給予表現的機會，照樣會有揮灑的空間。因此，教師若要開發人礦，啟發學生的潛能，就要善用多元評量（張清濱，2013）。

　　Weatherley（2000: 36-37）綜合Gardner的理論，提出三項論點，有助於教學、學校課程、及班級經營，可供教師們參考：

　　1. 每一種智慧在人生歷程中都可透過合適的學習經驗發展出來。

　　2. 在各種智慧中，每一個人都會就他（她）的優點與缺點成為一種不同的組合。

　　3. 瞭解經由積極主動表現出來，此種表現起初是透過最強勢的智慧開展出來。

第二節　學習型態理論

　　多年來，研究人員曾經探討「型態」（styles）方面的個別差異，包括認知型態、學習型態、問題解決型態、思考型態、與決策型態等。Zhang與Sternberg（2005）把個別不同的型態研究組成三種型態：以認知為中心的型態、以人格為中心的型態、及以活動為中心的型態。認知型評估人們處理資訊的方式；人格型評估更穩定的人格特質；活動型評估認知與人格特質的組合，探討人們何以採取行動。認知型與人格型在認知發展與人格發展理論有所提及，本節僅就學習型態論述。

一、理論概述

　　學習型態（learning styles）係指學生學習偏好的方式，也可界定為「個人認識及處理資訊的形式」（Kellough & Kellough, 2003: 29）。譬如有些學生在團體中學習，效果最好；另有些學生單獨學習，效果更佳。然而，學習型態不是智力的指標，而是學生如何學習的指標。Kolb（1984）認為學生如何學習有兩項主要的差別：他（她）們如何察覺情境與他（她）們如何處理資訊。基於如何察覺及如何處資訊的基礎，Jung（1927）指出人們的察覺方式（感觀與直觀），做決定的方式（邏輯的思考與想像的感覺），及互動時的反應方式（外向與內向）幾乎迥然不同。其後，一些研究者雖以不同的方式闡述學習型態的理論。但大體上，學習型態具有兩個共同點（Silver, Strong, & Perini, 1997）：

1. **著重歷程**：學習型態理論傾向於學習的歷程——個體如何吸收資訊，如何思考所蒐集的資訊及如何評鑑其結果。

2. **強調個人**：學習型態理論家一般都相信學習乃是個人、個別思考及感覺的結果。

Riessman（1966）從感官的觀點，研究學生的學習型態。他發現每位學生都有不同的學習型態，正如同人格一樣。有些學生善於閱讀，有些學生長於傾聽，另有些學生敏於操作。職是之故，他把學習型態分為三種類型：

1. **視覺型**（reading）：此類學生視覺反應敏銳，一目十行，過目不忘；閱讀速度特別快，喜歡閱讀書刊、報章、雜誌等。

2. **聽覺型**（listening）：此類學生聽覺反應靈敏，輕聲細語、風吹草動，都可聽得一清二楚；喜歡聽廣播節目、錄音帶、演講、及別人說故事等。

3. **動作型**（doing）：此類學生手、腳動作特別靈活；喜歡打球、運動、吹奏樂器、打電腦、電動遊戲、做實驗、及操作機械等。

McCarthy（1977: 47-51）也指出學習型態有下列四種類型：

1. **想像型**（imaginative learner）：想像型的學習者以完整的方式察覺資訊並以反省的方式處理。此種類型的學習者擅長傾聽並與人分享，能把別人的理念與自己的經驗加以統整。此類學習者往往不能適應於傳統的教學。

2. **分析型**（analytic learner）：分析型的學習者以抽象的方式察覺資訊並且以反省的方式處理。分析型的學習者偏向序列思考及細節。此類學習者在傳統的教學中，最能得心應手。

3. **常識型**（common sense learner）：常識型的學習者以抽象的方式察覺資訊並且以生動的方式處理。常識型的學習者注重實用並且偏愛講義式學習。此類學習者有時發現課業產生挫折。此類學習者在傳統的教學中，很有可能是處在輟學邊緣的學生。

4. **動態型**（dynamic learner）：動態型以具體的方式察覺資訊並且以生動的方式處理資訊。動態型的學習者偏愛講義式學習並且對於新的事物

感到興奮。此類學習者喜歡冒險也會產生學習的挫折，如果教材枯燥無味。在傳統的教學中，此類學習者也有可能是處在危機邊緣的學生。

許多的學習研究以學生的學習型態為焦點，也就是說，何種學習的方法最有效果。學習型態係指個人處理資訊及尋求意義的方式。這些不同的方式也稱之為「學習模式」（learning modes）、「學習型態偏好」（learning style preferences）或「認知型態」（cognitive styles）（Parkay & Hass, 2000: 169）。

學習型態是一種新興的觀念，沒有單一正確的學習型態觀點引導課程與教學。學習型態的文化差異是很微妙的，難以辨認。譬如，沒有任何特殊種族或文化群體偏好單一的學習型態。

二、理論評述

Woolfolk（2013: 128）指出有些學習型態的概念很少獲得研究的支持，另有些則建立在穩固的研究上。她認為學習偏好是一種更準確的標籤，因為大部分的研究敘述特殊學習環境的偏好。研究者懷疑學習偏好的價值性。研究顯示教學型態配合學習型態並不能改善學習。當研究人員檢驗人們如何認定他（她）們的學習型態時，他（她）們都認為偏好取決於個人的判斷，而非聽覺、視覺、或動覺方面有優越的技巧。

Kratzig與Arbuthnott（2006）認為學生的特殊學習型態不能保證學習的成功。有時候，學生採取的學習型態，尤其成績不佳的學生，偏好安逸舒適的環境，實際的學習可能會困難而且不舒服。學生寧願以某種方式學習，因為他（她）們沒有替代辦法，它是唯一能完成工作的方法。學習型態也許是學習的次要因素。教學策略與社會互動扮演更重要的角色。

Pashler等人（2009: 117）在學習型態研究的結論上這樣寫著：「學習型態廣受教育界的歡迎與欠缺利用的價值之間形成對比，依我們看來，格外引人注意而且困惑不已。如果學生的學習型態分類具有實用的價值，則尚待展現」。

三、理論啓示

　　教學是涉及教師、學生、教材、環境、及時間等五要素的一種行動。因此，把學習型態當作影響教師行動唯一或主要的元素是不恰當的。教師必須牢記在心，時空的情境、學校的設備、教材的本質、及學生的個別差異也要全盤考量。此外，教師應該體會到這五種要素的互動關係是不斷在改變之中。他們不該相信今天學生的學習型態就是下週的學習型態。學生的學習型態是會隨著環境的因素而改變的。教師應該採取多面向的角度看待學習型態。因此教師要使用非正式的途徑去判斷學習型態。此種途徑係透過學生的回饋及敏銳的觀察，不必等待正式的診斷，教師就學習型態輕易地下操作型的定義（Hyman & Rosoff, 2000: 193）。

　　學生偏愛的學習型態取決於遺傳與環境因素。有些學生在正式場合學習成效最好，另有些學生喜歡在非正式、輕鬆的場合學習，亦有些學生需要按部就班地學習。學習型態會隨著環境的因素而改變。教師的教學與評量應該採取多面向的角度看待學習型態。因此，教師應該運用觀察法及非正式的途徑去判斷學生的學習型態。教學評量宜設計各種不同的情境，評量學生的能力與表現（張清濱，2013: 15）。

第三節　實務演練

1. 多元智慧自我評量

   下列8種智慧，每一種智慧各有3道題目，請依自己的狀況，勾選最適合自己的情況。1代表最不合自己，2代表有一點不適合自己，3代表有一點適合自己，4代表最適合自己。

A. 語文的智慧	1	2	3	4
1. 我的語言測驗成績很好。				
2. 我善於閱讀多種書刊。				
3. 我喜愛接受解決語言難題的挑戰。				
B. 數理邏輯的智慧				
4. 我善於邏輯思考。				

5. 我喜歡像科學家去思考。

6. 數學是我最喜愛的學科之一。

C. 空間的智慧

7. 我善用不同的角度視覺物體與設計。

8. 我有創造空間概念圖與方位的能力。

9. 如果我想當的話,我想成為建築家。

D. 肢體——動覺的智慧

10. 我的手眼協調靈活。

11. 我擅長運動。

12. 我善用肢體完成表達,如舞蹈。

E. 音樂的智慧

13. 我會彈奏一種以上樂器。

14. 我有良好的音樂耳朵。

15. 我擅長作曲。

F. 內省的智慧

16. 我很瞭解自己並有正面的見解。

17. 我能調和思想與感情。

18. 我有很好的因應技巧。

G. 人際知覺的智慧

19. 我很能瞭解別人。

20. 我很能與別人合作。

21. 我很能傾聽別人。

H. 自然的智慧

22. 我擅長觀察自然界的型態。

23. 我擅長辨認與分類自然環境的事物。

24. 我瞭解自然與人為系統。

計分與解析:

　　統計8種智慧的每一種智慧分數,並且在標示後面空白處統計每類的智慧分數。哪一種智慧是你(妳)的優勢?哪些智慧最不行?八種智慧全是優勢或劣勢是不可能的。體會自己在各種不同智慧領域的優勢與劣勢,你(妳)將會瞭解哪一學科最容易與最困難。如果我必須教音樂技巧,我將很困擾,因為我沒有這方面的才能。然而,我有良好的運動技能並且年輕時打過網球並當過教練。如果你(妳)在八種智慧領域不是很行而你必須教學生這些領域,考慮找社區志工來協助你(妳)。例如Gardner說學校需要做好事,洽請退休人員,他(她)們大都樂於協助學生改進他(她)們的學習技巧。此種策略也有助於社區與學校的連結,代間(intergeneration)打成一片。

資料來源:Santrock (2001), p. 131.

2. 學習型態自我評量

下列是一份學習型態的自我評量，可以幫助學生瞭解自己的學習型態。它可以引起學生課堂討論的興趣。

請仔細閱讀每一道題目並且圈選最適合你自己的答案。有些難於回答，但請設法選擇你的答案。

題　項	A	B	C
1. 你通常上課採用何種方式？ A. 不寫筆記但很注意聽。 B. 坐在教室前方注意看演講者。 C. 勤寫筆記。			
2. 你通常用何種方式解決問題？ A. 告訴自己或朋友。 B. 使用有組織的方式，如列出步驟或要辦的事情。 C. 漫步或一些其他體力的活動。			
3. 當你沒寫下電話號碼時，用何種方式記下電話號碼？ A. 大聲重複朗讀電話號碼。 B. 注意看號碼，記在心裡。 C. 用手指寫在桌子上或牆壁上。			
4. 你用何種方式最容易學習新事物？ A. 傾聽別人解說如何做。 B. 觀看別人演示如何做。 C. 自己設法去做。			
5. 從影片中，你最能記住什麼？ A. 劇中人物說的話、背景嘈雜聲、音樂。 B. 布景、風景、與服飾。 C. 劇中流露的感情。			
6. 當你去雜貨店的時候，你的動作是什麼？ A. 大聲朗讀或默默重複採買清單。 B. 走道觀看要買的東西。 C. 通常記住清單上要買的東西。			
7. 你正在設法記住某件事情，所以 A. 設法查看心裡發生的事。 B. 聽心裡說的話或聽到的嘈雜聲。 C. 以情緒性的方式感觸。			

題　項	A	B	C
8. 你用何種方式最能學習外國語言？ A. 聽錄音或錄音帶。 B. 寫筆記。 C. 上課閱讀。			
9. 你對單字拼字會弄糊塗，所以 A. 用發音唸出來。 B. 設法看清單字。 C. 把單字多寫幾遍。			
10. 你在何種場合最喜愛閱讀？ A. 人們聊天時。 B. 敘述性文章可以描述情節時。 C. 故事有許多動作時。			
11. 你通常用何種方式記住所見的人？ A. 記姓名。 B. 記面貌。 C. 記行為舉止。			
12. 什麼狀況你最容易分心？ A. 噪音。 B. 人太多。 C. 環境（天氣太熱、太冷等)			
13. 你通常怎樣穿衣服？ A. 還好（衣服對我而言不很重要）。 B. 整齊端莊。 C. 舒適就好。			
14. 假使你身體不能動也不能閱讀，怎麼辦？ A. 與朋友談天。 B. 看電視或看窗外。 C. 坐輪椅移動。			

計分與解析：
1. 計算答案A，B，C的總數並且寫在下面：
    A.＿＿＿聽覺型（長於傾聽）。
    B.＿＿＿視覺型（善於眼力）。
    C.＿＿＿動作型（敏於操作）。
2. 如果某一類型分數在10個以上，你就是擅長此一類型。如果某一類型分數在5個以下，你就是不擅長此一類型。如果兩個類型的分數很接近，你很可能有這兩類型的特徵。
3. 學習型態有無性別差異？

資料來源：改編自Gurian, Stevens & King (2008), pp.96-97.

3. H. Gardner（1986）的多元智慧理論給教師們哪些啓示？請列舉說明之。

4. 王老師是育英國民小學英語教師。有一次，她上課時教學生唱英語歌曲：「10個小印地安人」（Ten Little Idians），他（她）們又唱又跳。無形中，學生學會了數字。同時，師生打成一片，和樂融融。從多元智慧理論的觀點，王老師的教學歷程至少教學生哪些智慧（可複選）？

A. 語文的智慧　　B. 音樂的智慧　　　C. 肢體─動覺的智慧

D. 數學的智慧　　E. 人際知覺的智慧

5. 佳佳從小就喜歡塗鴉，擅長繪畫美術，漫畫作品果然大放異彩。從多元智慧理論的觀點，佳佳展現哪一種智慧？

A. 肢體─動覺的智慧　　B. 內省的智慧

C. 人際知覺的智慧　　　D. 空間的智慧

6. 阿明自幼在農村長大，體察農夫的生活，自認自己將來不適合當農夫。高中時他做了生涯規劃，立志當中學教師，果然有志竟成。從多元智慧的觀點，阿明展現哪一種智慧？

A. 自然觀察的智慧　　B. 肢體─動覺的智慧

C. 人際知覺的智慧　　D. 內省的智慧

7. 學生學業成績「滿江紅」，就無可救藥嗎？

有些教師抱怨他（她）們的學生學不好。國文不及格，英語不及格、數學也不及格，幾乎沒有一科及格。他（她）們的學生似乎什麼都不會，只會打架。從學習型態的觀點言之，教師最好採取何種方式協助此類學生學習？

A. 鼓勵他（她）們看電視

B. 鼓勵他（她）們玩電動遊戲

C. 鼓勵他（她）們收聽廣播教學節目

D. 鼓勵他（她）們學跆拳道、柔道、或劍道

8. 曉風國民中學三年級學生到墾丁國家公園春季旅行，教師安排風景

寫生、公園尋寶、與恆春民謠教唱等活動。透過這些旅遊活動，學生可能學到哪些多元智慧？（可複選）

A. 自然觀察的智慧　B. 肢體─動覺的智慧

C. 人際知覺的智慧　D. 音樂的智慧

9. 育民國民中學指定學生暑假作業，要選擇一齣喜愛的電視劇或電影，仔細觀察並分析劇情，然後寫出一篇心得報告。此種作業，學生可能學到那些智慧？（可複選）

A. 自然觀察的智慧　B. 語文的智慧

C. 內省的智慧　　　D. 音樂的智慧

10. 生物科教師帶學生到學校附近公園上課，要求學生觀察公園裡的人物與植物，並比較這些人物與植物有否異於當地一般的人物與植物。此種生物教學活動，學生可能學到哪些智慧？（可複選）

A. 自然觀察的智慧　B. 語文的智慧

C. 內省的智慧　　　D. 人際知覺的智慧

參考文獻

一、中文部分

張清濱（2013）。多元評量：理念及其應用。新北市教育季刊，8，15-19。

二、英文部分

Abbedoto, L. (2006). *Educatioonal psychology*, 4th ed. Dubuque, Iowa: McGraw.

Callahan, C. M., Tomlinson, C. A., & Plucker, J. (1997). *Project START using a multiple intelligences model in identifying and promoting talent in high-risk students.* Storrs, CT: National Research Center for Gifted and Talented, University of Connectinut Technical Report.

Gardner, H. (1983). *Frames of mind: The theory of multiple intelligences.* New York: Basic Books.

Gardner, H. (1995). Reflections on multiple intelligences: Myths and messages. *Phi Delta Kappan, 77*(3).

Gardner, H. (2009). Birth and the spreading of a meme. In J-Q Chen, S. Moran, & H. Gardner (Eds.), *Multiple intelligences around the world* (pp. 3-16), San Francisco, CA: Wiley.

Gurian, M., Stevens, K., & King, K. (2008). *Strategies for teaching boys and girls: Secondary level.* San Francisco, CA: Jossey-Bass.

Jung, C. (1927). *The theory of psychological type.* Princeton, NY: Princeton University Press.

Kellough, R. D., & Kellough, N.G. (2003). *Secondary school teaching: A guide to methods and resources,* 2nd ed. Columbus, Ohio: Merrill Prentice Hall.

Kolb, D. A. (1984). *Experiential learning: Experience as the source of learning and development.* Upper Saddle River, NY: Printice Hall.

Kratzig, G. P., & Arbuthnott, K. D. (2006). Perceptual learning style and learning proficiency: A test of hypothesis. *Journal of Educational Psychology, 98*, 238-246.

McCarthy, B. (1977). A tale of four learners: 4 MAT's learning styles. *Educational Leadership, 54*(6), March, 47-51.

Pashler, H., McDaniel, M., Rohrer, D., & Bjork, R. (2009). Learning styles: Concepts and evidence. *Psychological Science in the Public Interest, 9*, 105-119. Allyn & Bacon.

Riessman, F. (1966). Styles of learning. *NEA Journal, 3*, 15-17.

Santrock, J. W. (2001). *Educational psychology*. Boston: McGraw-Hill Company.

Silver, H., Strong, R., & Perini, M. (1997). Integrating learning styles and multiple intelligences. *Educational Leadership, 55*(1), 22-27.

Waterhouse, L. (2006). Multiple intelligences, the Mozart effect, and emotional intelligence: A critical review. *Educational Psychologist, 41*, 207-225.

Weatherley, C. (2000). *Leading the learning school: raising standards of achievement by improving the quality of learning and teaching.* Willston, VT: Network Educational Press, 17.

Willingham, D. T. (2004). Reframing the mind. *Education Next, 4*(3), 19-24.

Woolfolk, A. (2013). *Educational psychology,* 12th ed. New Jersey: Pearson.

Woolfolk, A., & Perry, N. E. (2012). *Child development.* Boston: Allyn & Bacon.

第三篇

教學心理學篇

第十一章

高品質教師、有效能
教師、與優良教師

　　教學品質（teaching quality）與教師品質（teacher quality）有密切的關係，但不是絕對的關係。優良的師資固有助於教學品質的提升，但徒有優良的師資不見得就能提升教學的品質。提升教學的品質，除了優良的師資外，尚需良好的教學環境包括制度、課程、教材、設備、與行政措施的配合。

第一節 　教學品質與教師品質

　　教師品質是一個難以捉摸的問題。高品質教師（highly qualified teacher）、有效能教師（effective teacher）、及優良教師（good teacher）通常用來描述教師的品質。這三個術語分別強調教師的特質或資格、教學成果、及教學實務。但是任何一個術語都不能充分地捕捉教學的複雜性，詮釋教師的品質（Liston, Borko, & Whitcomb, 2008: 111）。

一、高品質教師

　　依據美國2001年頒布的聯邦教育法案《永不放棄兒童》（No Child Left Behind, NCLB），高品質教師一辭界定為具有下列資格者：學士學位、州政府教師證書或通過州教師證照考試、及學科知識（Hess & Petrilli, 2006）。此一定義窄化師資培育的內容，每一資格無法精確地測量，而且美國各州界定的目標有其變異性。大體上，高品質教師的定義設定了教師專業知識最起碼的基本學歷。

二、有效能教師

　　有效能教師一辭通常係指教師助長學生學業成就的能力（Liston, Borko, & Whitcomb, 2008: 112）。教師效能的研究追溯至1960年代及1970年代（Shulman, 1986）。當時大部分的研究都在檢驗特定的教學行為（如教師發問的策略）與學生學習成就的關係。教師效能的研究著重在課堂教學並且往往使用課堂式評量（classroom-based assessment）。晚近的教師效能研究則以標準化測驗（standardized tests）來衡量「教師改進學生成就的

能力」。教師品質研究的重點由教師資格的認定轉移到提升學生學習成就的能力，包括專業知能與專業精神。

三、優良教師

優良教師也許是最普遍而最不精確的術語。美國卡內基教學促進基金會主席（the Carnegie Foundation for the Advancement）Shulman曾經用下列方式描述優良教師（Loeb, Rouse, & Shorris, 2007）：

在優良教師的班級裡，學生是看得見的、努力學習的、專心一致的、及積極參與的……。在優良的教學裡，學生負起學習的責任；他們為瞭解負責……優良的教學熱情洋溢，而且引導學生情緒的反應……優良的教學從引發心靈的習性開始，但不停止。優良的教學從事於實際的思考及問題解決的技巧，俾能應用於各種不同的場合。優良的教學影響學生的價值觀、承諾、與認同（p.7）。

Shulman的定義著重在教學的實務。他以教學的道德層面來描述優良教師的行為。優良教師不只提升學生的學業成就而已，他們也塑造了生命，它反映師生的互動與對學生造成的影響。

綜上所述，高品質教師著重教師的素質包括學歷背景與教學經歷；有效能教師強調專業知能與專業精神；優良教師注重教學表現與教學績效。高品質教師未必是有效能教師，有效能教師也未必是優良教師。換言之，高學歷的教師未必能發揮專業知能與專業精神，也未必教學績效卓越。高品質教師是一種必要條件，除了基本的學歷，還必須充分運用專業知能並發揮專業精神，才能展現教學的績效，成為卓越（優良）的教師。

第二節 高品質教師

一、高品質教師的教學理念

在二十一世紀之初，世界教育先進國家莫不追求卓越的教育，提升教學品質。美國自2001年頒布實施《永不放棄兒童法案》即是顯著的例子。但是卓越教育實施迄今，演變成四種模式：後段型、前段型、中段型、及統計型。後段型只重視低成就的學生，前段型只重視高成就的學生，中段型只重視一般成就的學生，及統計型只重視統計平均數的學生。Sternberg（2008: 14）認為這四種類型各有所偏，這樣的教育，不能算是卓越。在可預見的未來，卓越的教育必須達到全體學生普遍的卓越、全人的卓越。教學內容除了傳統的3R教育——讀（reading）、寫（writing）、算（arithmetic）外，還要加上另外3R教學——推理能力（reasoning）、抗壓恢復能力（resilience）、及責任心（responsibility）。

面臨世界的經濟危機，許多國家經濟蕭條，失業人口增加，生活日漸窮困。父母無法讓子女接受良好的教育，因而學業成績每下愈況。臺灣部分地處偏遠及離島等文化不利地區的學校，學生家長忙於出外謀生，無暇照顧子女，加上學校資源有限，以致學生學業成績低落。澎湖縣西嶼國民中學進行一年級學生閱報與數學運算能力檢測，發現高達30%的學生不會10位數的加減乘除，15%的學生認識的中文字不超過300字，閱報能力有限。這些學生智力正常，全都來自弱勢家庭，包括單親、外籍配偶、隔代教養、與低收入戶等不同家庭背景，從小就無法加強孩子的學習，學業成績乃大受影響（肇瑩如，2008.11.22）。解決之道，政府應在文化不利地區提早實施免費幼兒教育，並補助中小學經費，設置資源班，實施常態性補救教學，以提升其成就水準。

Wagner（2008: 20）指出二十一世紀的公民必須具備七項存活的能力：1.批判思考與解決問題的能力，2.合作與領導能力，3.敏捷與適應能力，4.創新與企業家能力，5.有效的溝通能力，6.資訊處理與分析能力，7.好奇心與想像能力。這些能力勾勒二十一世紀的學校課程與教學的方

向，值得教育人員的省思。

二、高品質教師的人格特質

　　人格類型的分類已有長遠的歷史。希臘醫生Galen認為疾病是由人體內的體液不平衡所致（Strathern, 2005）。這些體液可分為血液、黏液、黃膽汁、與黑膽汁。每一種體液與特定的元素有關，也就產生特定的性格，如表11.1。

表11.1　四種體液

體　　液	名　　稱	特　　徵	教師特質
血液	多血質	樂觀、熱忱	積極、熱心途徑
黏液	多黏液	冷靜、堅強、輕鬆	有自信、自制
黃膽汁	易怒	容易興奮	外向、活潑途徑
黑膽汁	憂鬱	內向、體貼	有條不紊、慎重途徑

資料來源：Buckler & Castle (2014), p. 311.

　　一般而論，這四種人格類型的人都有可能成為教師。但是，他（她）們都必須接受專業的教育，具備專業知能，合乎基本的教師資格，才能成為高品質的教師。

第三節　有效能教師

　　有效能（effective）一詞通常界定為「把工作做完」，因此，「有效能的教師」（effective teacher）係指能把各項預期的活動完成，譬如安排教案、準備教材、促進學習、透過評量與回饋，判斷活動是否有助於學生學習的教師（Buckler & Castle, 2014: 47）。前段工作所花的時間比後段工作所花的時間還多。又如安排1小時的課要花3小時的時間。的確，這1小時的課很有效能，但對於教師而言，所花的成本為何？假設教師每週教學12節，他（她）就要準備36小時。為了避免精疲力竭，他（她）需要尋

找有效率（efficient）的工作方法，以求平衡。因此，要成為有效能的教師，取得效能與效率的平衡，至為重要，如圖11.1。

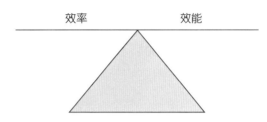

效率　　　　　效能

圖11.1　效率與效能之間的平衡

資料來源：Buckler & Castle (2014), p. 47.

　　有時候，教師在安排課程很有效率，也許一堂課僅花費20分鐘的時間，但這堂課可能沒有效能：這堂課可能太簡單或太複雜，沒有包含既定的目標。效能與效率的平衡概念可用孔子的哲學思想——中庸之道來說明，也就是在適當的時間，做對事情以達成既定的目標。所謂「欲速則不達」，工作進展得很快速，但沒有效能，並沒有達成目標。

一、有效能教師的特徵

　　有效能教師到底有哪些人格特質？有何信念？有何魅力使之有效能？Tuckman與Monetti（2011）提出生態模式（ecological approach），認為有效能的教師具有下列的特徵：

1. 關心學生學習；
2. 明確溝通的能力；
3. 創造積極學習環境的能力；
4. 學科的知識；
5. 教學技能；
6. 有效組織與規劃的能力；
7. 對自己與學生具有高度的期望（p.14）。

Borich（2014）認為有效能的教師應該為人誠懇、處事認真、寬大為懷、友善待人、與體貼入微等特質。實際上，有效能的教師希望有所羅門

王（King Solomon）的智慧、佛洛伊德（Sigmund Fruid）的洞見、愛因斯坦（Albert Einstein）的智能、與南丁格爾（Florence Nightingale）的奉獻精神。他指出有效能的教師顯示五個主要的行為（key behaviors）與五個輔助的行為（helping behaviors）如下：

　　1. 五個主要的行為：講解清晰、教學多樣性、教師任務取向、投入學習歷程、與學生的成功率。

　　2. 五個輔助的行為：利用學生的理念與貢獻、建構課程內容、發問技巧、追根究柢、與發展良好師生關係。

　　Buckler與Castle（2014）從學習者、研究者、與綜合的觀點，認為有效能的教師具有良好的學習關係、學科知識背景、與組織技能。今分別敘述如下：

二、有效能的教師：學習者的觀點

　　從學習者的觀點，許多的研究指出有效能的教師具備下列三個要素：(一)有效能的教師能夠發展良好的學習關係，(二)有效能的教師具有良好的學科知識背景，及(三)有效能的教師具備良好的組織技能（Buckler & Castle, 2014: 48）。

㈠ 有效能的教師能夠發展良好的學習關係

　　良好的學習關係包括三個方面：瞭解（understanding）、溝通（communication）、與喜樂（enjoyment）。這三方面可以重疊。有效能的教師瞭解學習者的需求與問題，能夠正確判斷並期望學習者能學習的事情，協助學生解決困難的問題。

　　溝通與喜樂密切結合。當教師教得起勁的時候，他（她）不僅有效率與有效能地與學生溝通，而且樂在其中，暢所欲言。在這堂課中，學生必定受益匪淺，教師更樂於教學，誨人不倦。然而有時候，教師上課不起眼可能是信心不足，對於教材沒有深入瞭解，或學生缺乏學習動機。這種情形涉及課程與教學，教師更有需要去瞭解教材、善與學生溝通。

　　教師樂於教學的重要屬性之一就是幽默感。教師面臨各種教學情境

都能以輕鬆愉悅的態度，泰然處之。譬如教師碰到負面的情境，能以笑話或以智慧的語言化解尷尬的場面。創造愉悅的教學氣氛更有助於學生的學習。此種喜樂與熱忱便與第二個要素——良好的學科知識背景相互聯結。

㈡ 有效能的教師具有良好的學科知識背景

有效能的教師如果沒有喜樂與熱忱，教學未必能發揮得淋漓盡致。教學熱忱是透過扎實的學科知識而展現出來。此種專業知能使教師鼓舞學生學習。

當然，在教學生涯中，學科知識不斷增長。教學的本質意即學科將繼續重新界定新的內容。數年後，少有教師精通學科的內容細節。然而，教師繼續不斷的進修，增進專業知能，成為不折不扣的專業人員。設想教師一旦自滿，沒有繼續追求完美的動力，不求改進，這樣能成為專業人員嗎？此所以教學視為專業，而非只是工作。

Flower（1999）指出學習新技能有四個發展階段：1.無意識的無能：個人不自覺無能；2.有意識的無能：個人自覺進行培養的能力；3.有意識的能力：個人能表現所需的能力；4.無意識的能力：這時能力已成為內在化，教師能應付欲如。

㈢ 有效能的教師具備良好的組織能力

教師可能發展良好的學習關係並且精通學科知識，但是沒有組織能力，不能成為有效能的教師。此種組織能力顯現在擬定妥善的、結構組織明確的教案。此外，教案要有重點內容，包含各式各樣的學習步調與教學活動。

組織能力也要顧及效能與效率。教師往往估計教學所需時間約略等於實際教學時間。但實際上，教學所需的時間遠多於估計完成所需時間。這是擬定教案時，教師常犯的錯誤觀念（planning fallacy）。

教師高估自我設限的標準顯然與樂觀主義有關。如果教學工作看起來費心棘手，教師可能會自亂陣腳，阻礙工作的完成。然而，如果教師持正面、積極的態度，一心一意想要完成教學工作，他（她）們就可能減少所需的時間去完成工作。

三、有效能的教師：研究者的觀點

許多的研究人員同樣指出有效能的教師具備下列三個要素：(一)有效能的教師能夠發展良好的學習關係，(二)有效能的教師具有良好的學科知識背景，及(三)有效能的教師具備良好的組織技能（Buckler & Castle, 2014: 55）。今敘述如下：

(一) 有效能的教師能夠發展良好的學習關係

發展良好的學習關係，也就是發展支持性、合作性的學習環境，至為重要。建立此種環境可使學生培養獨立性。學生不斷地受到鼓勵與讚賞，自然而然發展成為學習的動機，他（她）們也就會自發自動學習。

(二) 有效能的教師具有良好的學科知識背景

研究顯示學科知識背景不只是教師擁有一部活用的百科全書而已，而且能夠在適當的時間把知識傳授給學生。有效能的教師要懂得教學的藝術，所謂「運用之妙，存乎一心」，像變魔術一樣，出神入化，把教學發揮得淋漓盡致。

結合豐富的學科知識（what）與純熟的教學方法（how）並配合學生的個別差異，就構成教育學的內容知識（pedagogical content knowledge）（Gess-Newsome, 2012）。

(三) 有效能的教師具備良好的組織能力

組織能力是透過既定的常規培養出來。有效能的教師能夠經常持續地掌握班級的動態，瞭解班上學生進步的情形。監督進步的情形可使用回饋方式，告知學生進步的實況。提供回饋應具建設性，儘量以簡短並用口說方式在上課的情境中進行。這樣可使學生感受到他們的努力符合規準。

Rosenshine與Furst（1973）檢視約50篇的教學研究，發現講解清晰（clarity）是最有效能的教學行為。教師上課時，講解愈清晰，學生學得也愈多。

一些研究發現，教師的教學熱忱與學生的學習成就呈現正相關（Keller, Neumann, & Fischer, 2012）。然而，熱忱、友善、與瞭解似乎是

教師的人格特質與學生的喜愛，強烈地聯結在一起（Madsen, 2003）。當教師展現教學的熱忱時，就能吸引學生的注意力，引導學生的學習。

四、有效能的教師：綜合的觀點

從學習者與研究者的觀點，有效能的教師都環繞在三個主題：教學關係、學科知識、及組織能力。三者彼此相依，缺一不可，宛如正三角形，三者同樣重要（Buckler & Castle, 2014），如圖11.2。

圖11.2　有效能的教師

資料來源：Buckler & Castle, (2014), p.60.

Covey（2004）指出全球公認高效能的人都培養出七種習性：積極主動、目標導向、急事先辦、雙贏策略、先求瞭解、創意合作、及自我改進。同樣地，高效能的教師也要培養這七種習性。這些原則可應用於教學的專業。前三種習性與發展獨立性有關，後三種習性與相互依存性有關，第七種是六種習性的核心，如圖11.3。今敘述如下：

㈠ 積極主動

日常生活中，我們無法控制萬事萬物，唯一能掌控自己的是積極主動的習性。譬如我們不可能掌控氣候，我們所能做的就是因應氣候的變遷。教師可以瞭解潮濕颱風的日子對於學習所造成的影響。在上課開始幾分鐘，讓學生心情冷靜下來，再進行上課。

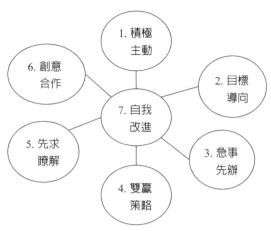

圖11.3　高效能教師的七種習性

資料來源：Buckler & Castle (2014), p.61.

有了積極主動的習性，我們非但能控制對於情境的反應，也可以考慮兩者之間的平衡，甚至掌控它所造成的影響力。如果我們集中心力於不能控制的因素，我們就必須提出因應的對策。然而如果我們專注於可以控制的影響力，我們就會主動出擊，採取行動。當然，有時候我們的選擇會失誤，造成失敗，但我們可以反省思考所發生的事情，將來一旦再度發生，我們就會採取變通的方式。

(二) **目標導向**

目標是什麼？這是目標導向的核心概念。當教師的最終目的是什麼？領退休金養老是最終目的嗎？這些問題可以讓教師思考從教學生涯中可以獲得什麼。

什麼事情可以讓教師獲得最高的滿足感？許多教師關心短程的、每天的事情，但真正的成功則是長程目標的實現。此種目標很難在短暫的回想中發現，而要花費較長的時間去確認。

第二種習性與確認最終目標有關。一旦目標得到確認，教師就可以進行下一步行動：急事先辦。

(三) 急事先辦

緊急的工作與重要的工作究竟有何不同？急事先辦的習性可以讓教師去分辨兩者之間的差異，強調規劃、優先處理並完成這些工作。

Covey（2004）提供2×2四個象限矩陣，讓教師思考何者是最緊急的工作如，表11.2：

表11.2 輕重緩急象限

	重 要	不重要
急迫	象限1 （緊急：在任何事情之前，我必須處理這件事。）	象限2 （我有時間去作，而且對我來說是緊急的事。）
不急迫	象限3 （某人要我立刻去做某事，但它並不緊急。我應該說「不！」）	象限4 （這件事為何列在我的工作清單上？）

資料來源：改編自Covey (2004)；Buckler & Castle (2014), p.63.

象限1　此類工作視為緊急而且問題有擴大的傾向，耗費資源。因此要使工作有效能，就要限制此類工作。

象限2　這是人們工作有效能的象限。如果教師瞭解前兩種習性，他將能夠確認何者重要及所要做的工作。此類工作對一生的工作造成衝擊。

象限3　本象限存在一個似是而非的問題：有沒有緊急但不重要的工作？如果教師努力去完成緊急的工作，但這種工作並不重要，則此種工作需要完成但經常甚少完成，於是產生緊張的狀態。譬如每天上班，你都會急著打開電子郵件，起初你會閱讀它，然後決定要不要把它刪除、回應、或儲存。

象限4　不重要也不緊急的工作經常會受到忽視，因為十萬火急的需求都已列入其他的象限之中。

(四) 雙贏策略

這種習性需要找出互惠的解決方案及長程方案，有別於一人獨得好處的方案。此種習性涉及培養良好的人際關係，其結果雙方互蒙其利。基於

輸贏的概念，約有四個可能性：

- ・我贏你輸：這是權威型的互動，產生競爭。
- ・我輸你贏：這是任意型的互動，個人得尋求可被接納的強項。
- ・我輸你輸：這是指某人要使他人失敗，結果導致兩敗俱傷。
- ・我贏你贏：這是指建立良好的關係，雙方互蒙其利，以確保將來積極主動的工作型態。

　　此種習性可用到教育的場合，譬如教師可以發展親師合作的關係，培養學生的閱讀習慣。教師可利用晚間舉辦一場多數家長都可參加的研討會。研討會的重點在透過家長的參與，改進各種閱讀策略，促進兒童的閱讀發展。研討會結束，教師與家長攜手合作，共同協助兒童發展閱讀能力，家長與兒童都蒙受其惠，享受閱讀的樂趣。

㈤ 先求瞭解

　　當家長或學生有求於教師的時候，他（她）應該先弄清楚來龍去脈，協助解決問題；在沒有瞭解整個情境之前，貿然處理問題，可能會適得其反，弄巧成拙。

　　譬如在課堂中，教師看到學生不良的行為，他（她）是否知道學生為何會有此種行為？如何避免類似行為再度發生？充分瞭解不良行為發生唯一的方法就是察看行為發生的前因（antecedent）。提出解決方案之前，教師應該診斷此種不良行為，查明原因真相。

㈥ 創意合作

　　如果以往透過雙贏的策略，培養通力合作的習性，並且能夠傾聽別人的意見，教師就可以與人合作無間，尋求創意。在管理上，營造團隊的精神，教師可以集思廣益，獲得更多的成就，畢竟「整體大於部分之合」。此種合作精神乃是要培養彼此尊重的態度，每個人都應予以尊重，鼓勵勇於任事，成就往往超乎尋常。

㈦ 自我改進

　　個人發展的最後一種習性就是充實自己的資源以確保盡可能改善自

己。此種習性涉及各種面向，包括生理、心理、及情操各方面。譬如吃對了食物，有了足夠的休閒時間，睡眠正常，保持良好的身段，教師就可以預備好教學的生理要求。透過自我改進的習性，生理、心理、及情操取得平衡，認知、情育、及技能就可齊頭並進，成為有效率、有效能的教師。

第四節 優良教師

優良教師不一定要有很高的學歷，但一定要有卓越的教學表現。教學表現的指標就是良好的教學行為與學生的學習成就。本節就優良教師的特徵與角色扮演，分別敘述如下：

一、優良教師的特徵

優良教師有哪些特徵？Glenz（2009）綜合學者、專家的看法，歸納優良教師的行為特徵，包括知識、技能、與性情，列舉下列各項的教學行為：

1. 克服挑戰的教師：能使用各種不同的教學方式；公平對待學生；接受批評；具有高度的自我效能；善於鼓勵學生；永不放棄學生；互相學習、教學相長。

2. 具有影響力的教師：能瞭解學生的學習需求；降低班級的訓導問題；使用高層次的發問技巧；反省思考、自求改進；細心安排教學計畫；妥善使用教學策略；認清學生的個別差異。

3. 具有專業知能的教師：具備任教學科的專門知能；具有豐富的教育專業知能；具有良好的溝通能力；善於班級經營。

4. 善於變化教學法的教師：採用各種不同的教學方法；採用以學生為中心的教學設計。

5. 提高學習成就的教師：降低學生的缺課率；採用小組合作學習；妥善運用獎懲；運用多元評量方式。

6. 公正無私的教師：開放的胸襟；不故步自封；不違背良心而妄自論斷；不出爾反爾而能言行一致。

7. 具有同理心的教師：熱心、誠心助人；愛心、關心他人；衷心感謝恩人；性情溫和；良好的情緒智商。

8. 精力充沛、熱情洋溢的教師：犧牲奉獻的精神；主動積極的精神；樂觀進取的精神。

9. 增進學習互動的教師：良好的師生關係；同儕互動；親師互動。

10. 懂得教學策略的教師：善於發問的技巧；靈活運用擴散式思考；使用前導架構；主動學習；懂得使用K（Know）－W（Want）－L（Learn）三部曲。

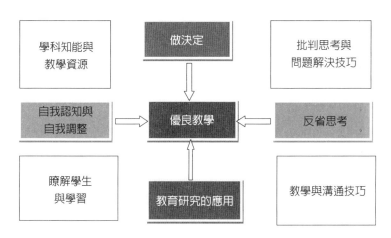

圖11.4　優良教學的成分

資料來源：改編自Slavin (2012), p. 5.

二、優良教師的角色

教學的主角是教師。他（她）應該扮演良師的角色，傳道、授業、並解惑。優良的教師同時要扮演「十項全能」的角色：廚師、人師、經師、工程師、設計師、醫師、園藝師、幽默大師、魔術師、及裁縫師（張清濱，2008: 121）。今敘述如下：

㈠ 廚師

　　教師在課程的改革中，扮演極重要的角色。他（她）應扮演廚師的角色——如何使烹調達到色、香、味俱佳的境界，乃是每一位教師應該演練的課題。課程大綱有如食譜，教科用書有如炊事工具及材料，教法有如烹調技術。如果廚師的技術不佳，縱然有很好的食譜、上等的食材，也是無濟於事。教師要不斷改進教學方法與技術，使學生都如沐春風，喜歡上這門課。

㈡ 人師

　　教師的行為舉止常會成為學生模仿的對象。譬如教師的衣著、髮型及生活習慣的動作都很容易影響學生的行為。有些教師授課不守時，經常遲到早退，在公共場所吸菸等都是不良的示範。教師不能以身作則，不能樹立良好的榜樣，學生耳濡目染，也就如法炮製，有樣學樣。因此，教師的身教至為重要，立身處世，都要成為學生的表率。

㈢ 經師

　　教師的一句勉勵話，學生聽了也許終生難忘，一生受用不盡。但也可能教師一句不當的話，引起學生錯誤的判斷而誤入歧途。教師的言行影響學生的行為，不言可喻。教師應有充分的專業知能，滿腹經綸，扮演「傳道、授業、解惑」的角色，以滿足學生求知慾。現代的學生透過各種媒體，吸收很多的訊息，隨時都會提出問題請教教師。如果教師胸無點墨，無法協助學生解答疑難問題，他（她）的教學工作也必無法勝任。

㈣ 工程師

　　依據Gardner（1983, 1987）的研究，人類的智慧結構是多元的。他提出多元智慧理論（theory of multiple intelligences），包括語文的、數理邏輯的、音樂的、空間的、肢體——動覺的、知己的、知人的、與自然觀察的智慧。人類的頭腦隱藏無限的才能與潛能。如果教育是在開發人礦，那麼教師就是開發人礦的工程師。教師要因材施教，因勢利導，啓發學生的潛能，也要培養學生成為理性思考的國民，能分辨是非善惡，知所抉擇，貢

獻自己的智慧，造福社會。

(五) 設計師

通常有經驗的設計師會把房間布置得引人入勝。教學亦復如此，善於教學設計與安排的教師，教學活動少有冷場。教師教學要生動活潑，事先都要精心設計。為引導學生積極參與學習的活動，教師就要激勵學生的學習動機，創造學習的氣氛。因此，教師應多安排師生互動的歷程，以鼓勵、讚美、獎賞、發問、討論問題解決等方式進行教學活動。

(六) 醫師

醫師診斷病人的病情，通常依循四個步驟（S、O、A、P）：

1. 主觀（Subjectivity）：即傾聽病人或家屬主觀的陳述，哪裡不舒服，有何病痛等。

2. 客觀（Objectivity）：即根據一些指標如呼吸、心跳、脈博、血壓、血糖、瞳孔、膚色、器官功能等做一些客觀的測量。

3. 分析（Analysis）：就主觀的陳述與客觀的測量，診斷病人及病情，審慎研判何種疾病。

4. 處方（Prescription）：就分析研判的結果，給予處方，希望對症下藥，藥到病除。

教師也要扮演醫師的角色。面對班上的學生，教師要傾聽學生的聲音，瞭解問題之所在，給予適切的輔導，解決困難的問題。

青少年心理疾病的個案，日漸增多。教師更應扮演心理諮商師的角色，防範並紓解心理壓力，培養身心健康的國民。

(七) 園藝師

有人說：導師的角色很像園藝師。他（她）要細心照顧學生，噓寒問暖，瞭解學生的狀況。學生行為偏差，導師適時予以導正，就像花園裡的植物需要修剪、施肥、灌溉一樣。教師如園丁，對於花草樹木照顧得無微不至。同樣地，教師對待學生，也能因材施教，因勢利導，不至於揠苗助長。

㈧ 幽默大師

　　學生調皮搗蛋是司空見慣的事，這不足爲怪。面對此種情境，教師要以幽默化解尷尬的場面。曾經有一位初任教師，第一次上講臺即自我介紹：「我姓彭，名美香，擔任本班的地理課。」言畢，臺下學生哈哈大笑。教師甚爲不悅，不知其所以，乃訓斥一番。原來學生取教師的綽號爲「爆米花」（閩南語：爆米香）。教師如能改變語氣，以幽默的方式告誡學生：人都有名字，這是長輩取的，大家要彼此尊重，不可取笑別人的姓名。各位同學如果上課都很認眞學習，作業都能準時交，成績都有進步，老師願意買「米香」（爆米花）當獎品。此種處理方式當更能建立和諧的師生關係。

㈨ 魔術師

　　魔術師表演，學生聚精會神，看得目瞪口呆。教師教學生如果也能像魔術師一樣，千變萬化，效果一定不同凡響。因此，教師要學會各種不同的教學方法、技術，出神入化，吸引學生的注意力並引起強烈的學習動機。

　　新奇與變化可除去學生疲勞與煩厭的現象。教師可安排一些挑戰性的活動，引導學生積極參與學習的活動。

㈩ 裁縫師

　　裁縫師替顧客做衣服，必先瞭解顧客的需求。他（她）要做何種形狀的衣服？旗袍？迷你裝？大小如何？何種顏色？何種布料？然後量量身材尺寸，做出包君滿意的服裝。這是以顧客爲導向的工作。

　　在常態班級中，教師要像裁縫師一樣，他（她）的教學方法要去適應學生的學習方法，而非硬性要求學生的學習方法去適應教師的教學方法。教師要製作各種不同款式的服裝，讓學生去穿，而非僅製作旗袍，要求全體學生去穿。

　　綜上以觀，優良教師的角色乃是集各師之大成。在教育改革之聲中，教師要扮演現代良師的角色，才能提升教育的品質。

第五節　實務演練

1. 高品質教師、有效能教師、與優良教師有何不同？認定指標為何？請各指出三項指標。
2. 高品質教師、有效能教師、與優良教師有否相關？請舉例說明之。
3. 有效能的教師具有哪些特徵？請列舉之。
4. 請從學生學習的觀點，說明如何成為有效能的教師。
5. 優良教師應該扮演哪些角色？請列舉說明之。
6. 下列各項敘述，何者為眞？
   A. 優良教師要有很高的學歷
   B. 優良教師要有豐富的教學經驗
   C. 優良教師要參加教育專業組織
   D. 優良教師要有很好的教學表現
7. 下列各項敘述，何者為眞？
   A. 教師的素質與教學表現成正比
   B. 教師的素質與教學效能成正比
   C. 教師的教學效能與教師的教學表現成正比
   D. 教師的教學表現與學生的學習成就成正比
8. 依據Glenz（2009）的研究，下列各項敘述，何者不是優良教師的行為特徵？
   A. 克服挑戰　B. 公正無私　C. 犧牲奉獻　D. 經驗豐富
9. 下列哪一位教師是有效能的教師？
   A. 王老師是某師範大學畢業的高材生，教學經驗豐富
   B. 張老師的教學表現優異，學生的學業成績突飛猛進
   C. 林老師代理教師期間，認眞負責，表現亮眼
   D. 李老師具有專業知能與專業精神，是不折不扣的專業人員
10. 下列哪一位教師是優良教師？
    A. 高老師是合格教師，任教30餘年，具有豐富的教學經驗
    B. 陳老師研究著作甚多，具有高深的專業知能

C. 廖老師研究所畢業，具有高度的服務熱忱

D. 吳老師指導學生參加國際科學教育競賽，屢獲金牌

參考文獻

一、中文部分

張清濱（2008）。**學校教育改革：課程與教學**，第三版。臺北：五南。

肇瑩如（2008.11.22）。**國一生程度唉！小學低年級**。臺北：聯合報，C3 版。

二、英文部分

Borich, G. D. (2014). *Effective teaching methods: Research-based practice*, 8th ed. Boston: Pearson.

Buckler, S., & Castle, P. (2014). *Psychology for teachers*. London: SAGE.

Covey, S. (2004). *The seven habits of highly effective people*. London: Palgrave Macmillan.

Flower, J. (1999). In the mush. *Physician Executive, 25*(1), 64-66.

Gardner, H. (1983). *Frames of mind: The theory of multiple intelligences*. New York: Holt, Rinehart, and Winston.

Gardner, H. (1995). Reflections on multiple intelligences: Myths and messages. *Phi Delta Kappan, 77*(3).

Gess-Newsome, J. (2012). Pedagogical content knowledge. In J. Hattie & Anderman (Eds.), *International handbook of student achievement.* New York, NY: Routledge.

Glanz, J. (2009). *Teaching 1021: Classroom strategies for the beginning teacher*, (2nd ed.). Thousand Oaks, CA: Corwin.

Hess, F., & Petrilli, M. J. (2006). *No child left behind: Primer*. New York: Peter Lang.

Keller, M., Neumann, K., & Fischer, H. E. (2012). Teacher enthusiasm and student learning. In J. Hattie & E. Anderman (Eds.), *International handbook of student achievement.* New York, NY: Routledge.

Liston, D., Borko, H., & Whitcomb, J. (2008). The teacher educator's role enhancing teacher quality. *Journal of Teacher Education, 59*(2), 111-116.

Loeb, S., Rouse, C., & Shorris, A. (2007). Introducing the issue. *The Future of Children, 17*(1), 3-14. Retrieved December 1, 2007 from http://www.futureofchildren.org/usr_doc/7_01.pdf

Madsen, K. (2003). The effect of accuracy of instruction, teacher delivery, and student attentiveness on muscians' evaluation of teacher effectiveness. *Journal of Research in Music Education, 51*, 38-51.

Rosenshine, B., & Furst, N. (1973). The use of direct observation to study teaching. In R. Travers (Ed.), *Second handbook of research on teaching.* Chicago, IL: Rand McNally.

Shulman, L. (1986). Paradigms and research programs in the study of teaching: A contemporary perspective. In M. Wittrock (Ed.) *Handbook of research on teaching*, 3rd ed., pp. 3-36. New York: Macmillan.

Slavin, R. E. (2012). *Educational psychology,* 10th ed. Boston: Pearson.

Sternberg, R. (2008). Excellence for all. *Educational Leadership, 66*(2), 14-19.

Strathern, P. (2005). *A brief history of medicine: From Hippocrates to gene therapy.* London: Robinson.

Wagner, T. (2008). Rigor redefined. *Educational Leadership, 66*(2), 20-24.

第十二章

創造力教學策略

　　創造力教學（teaching for creativity）與創意教學（creative teaching）
有別，前者強調有創意的學生（creative learner），後者強調有創意的教師
（creative teacher）（Newton, 2012）。兩者有某種程度的因果關係，教師
教學有創意，學生得以培養創造的能力。然而就教學的結果言之，學生有
創意比教師有創意更為重要。此即所謂「青出於藍，更勝於藍」，一代比
一代更有創意，社會文明就會更進步。本章即以創造力教學為重點，探討
創造力的本質與特徵、創造力的歷程、與創造力的教學策略，以供教師們
參考。

第一節　創造力的本質與特徵

　　創造力（creativity）有許多不同的定義。有些定義著重做出創意作品
的個體，亦即有創意的人像什麼樣子；另有些定義端視作品的本身，亦即
什麼東西造成作品有創意。無論如何，大部分的定義都具備兩個規準：新
奇（novelty）與妥當性（appropriateness）。Perkins（1988）即指出創造力
必須符合兩個特性：原創性（originality）與妥當性。質言之，要有創意，
點子、科學發現、或作品必須新奇、獨創，而且要符合當代的文化情境。
因此，創造力因文化及時空背景而異。譬如，荷蘭畫家梵谷（Vincent van
Gogh）或法國印象派畫家莫內（Claude Monet）的作品不被當時的群眾所
接受，但卻成為今日的傑作。創造力是有目的性，要使作品做得更美好、
更有意義、更具美觀（Storko, 2010: 6）。

　　創造力也指產生許多獨特而合適的解決問題方案的能力，它不僅具有
原創性，而且合適、有用（Runco, 2000; Berk, 2005）。Guilford（1967）
把創造力稱為輻射式思考（divergent thinking），產生更多可接受的解決
問題的方案。它有別於智力（intelligence）與智慧（wisdom）（Sternberg,
2001）。它是提出許多不同點子或答案的能力。聚斂式思考（convergent
thinking）是更普通的能力，只能指認一個答案，不視為創造力。所有創
造力問題的回應符合輻射式思考的三個層面——原創性（originality）、流
暢性（fluency）、與變通性（flexibility）計分。原創性通常以統計方式計

分，每100位受試者，至多5或10人所給的答案。流暢性係指不同答案的數量。變通性通常以不同類別的數量來測量。例如：如果你列出二十種磚塊的用法，但每一種都是建築用途，你的流暢性分數很高，但你的變通性分數卻很低。三種測量中以流暢性——反應的數量——最能預測輻射式思考的能力（Plucker, et al., 2004）。

Plucker、Beghetto與Dow（2004）則認為創造力指製造有創意、合適而有用的作品能力。大部分的心理學家相信天底下沒有盡是有創意的人，人們只在某一領域有創造力。有些人只在寫作方面有創意，其他方面並無創意。要有創意，必須有所「發明」（invention）。譬如，偶然潑墨成為一幅新畫不是有創意，除非藝術家承認「偶然」是「故意」的，或他（她）有意使用潑墨法創造新的作品（Weisberg, 1993）。

創造力的一些可能指標是好奇心、專注力、適應力、精力充沛、與幽默感（有時候愛搞怪）、獨立性、好玩、不從眾、愛冒險、沉迷於複雜而神祕的事物、喜愛幻想與作白日夢、不能忍受厭煩、與善於創造發明等（Sattler & Hoge, 2006）。

Sternberg（1986）從131位美國藝術、科學、與企業界人士提到的屬性中，認定六種人格屬性與創造力有連帶關係：1.不墨守成規，2.理念的統整性，3.美學的嗜好與想像力，4.決策技巧與彈性，5.洞察力，與6.成就與讚賞的驅迫力。他對創造力、智力、與智慧作了重要的區別。有創意的人、有智力的人、與有智慧的人這三類人都能解決問題，但方式不同。有創意的人傾向於輻射式思考（divergent thinkers），有智力的人能夠獲得技巧引導，適用於現存的環境。大多數的創造力強調新奇，因此有智力的人會排斥文化的規範，挑戰現今的派典、標準、與習俗。智慧綜合智力與創造力，平衡變遷的需求，隨年紀與經驗而增長，有智慧的人展現良好的平衡性與追求進步的能力（Starko, 2010: 70）。

創造力是一種具有想像力的活動，而能產生既有創意又有價值的結果。它有五個主要的概念：使用想像力（imagination）、塑造的歷程、追求的目的、具有創意、及有價值（Joubert, 2001: 18）。想像力主要是一種能使人對於尋常的情境提出新見解的能力。這種想像力有時意想不到或偶

然地發生，但要把這種想法或點子化爲創意的行動。目的的追求乃把點子化爲實際的觸媒劑。創意的活動旨在產生可觸知的結果。這些結果包括創意的學說、新的理論、科學的定理、或新的藝術品。目的在追尋的歷程中可能改變，但創意的活動仍然朝向目標邁進。許多人不認爲自己具有創意，這是因爲他們與歷史上的天才相比較。學生也許會與師長、同學相比較。事實上，創意可以分爲三層級：歷史的、相對的、個人的。歷史的層級如貝多芬（Beethovens）的交響樂曲及愛因斯坦（Einstein）的相對論，展示歷史上的創意。相對的層級較爲普遍，譬如學生的作文可能比其他同儕更具有創意。個人的創意則可視爲個人的作品比以前自己的作品更有創意。這三種創意的型式在學校中應予以鼓勵，尤其個人的創意。教師應該鼓勵學生從以往的作品尋求改進，產生新的點子。創意思考涉及部分的批判思考，評估何者具有創意。譬如在腦力激盪的情境中，如何判斷哪些點子有用是很重要的。

　　有些人認爲腦筋動得快的人較有創意，善於解決問題。實際上，問題解決與創造力可能或不可能攜手並進。有些人沒有創意但問題處理得很好；另有些人很有創意但處理問題很糟糕。我們能夠區別兩種思考歷程並不意味著它們是互相獨立的；研究顯示有創意的人不見得是個善於解決問題的人；相反地，善於解決問題的人也不見得是個有創意的人（Getzels & Jackson, 1962）。

第二節　創造力的歷程

　　創造力從何而來？究竟是與生具有或後天學習得來？許多研究者曾經研究認知歷程、人格因素、動機類型、與背景經驗來說明創造力的歷程（Simonton, 2000; Starko, 2012）。今舉代表性的創造力模式敘述如下：

一、Amabile的三個元素模式

　　Amabile（1996）不僅探討有創意的人，也注重有創意的情境。她認爲社會的環境對於創造力有很大的影響，主要是透過動機的機制。依據她

的見解，創造力來自下列三個情境：

1. **有關領域的技能**：包括在工作職場有價值的才能與能力，例如在雕塑石頭時所需的技巧。

2. **有關創造力的歷程**：包括工作習慣與人格特質，例如寫書，不斷修改、重寫直到著作完成。

3. **內在的工作動機**：充滿好奇心，沉迷於工作，此種創造力深受教師與家長的影響，支持自主性、引起好奇心、鼓勵專注、並接受挑戰。

在某一領域有豐富的知識乃是創造力的基礎，但是這樣還不夠，尚需洞察力，以一種新的方式來看待事情，重新建構問題。此時，正是創造的醞釀期，可以留下時間以開放的思考方式，建構問題情境的想法。

創造力與內在的動機（intrinsic motivation）有密切的相關。兒童從事自己想做的活動遠比外在動機（如獎賞）從事的活動，更有創意。Lepper等人（1973）的創意調查發現：在兒童畫中，期望得獎的兒童作畫的數量多於不期待得獎的兒童，但品質不如不期待得獎的兒童。顯然外在動機會抹煞兒童的創造力。

有些創意的點子是從閱讀、寫作、參觀、或訪談得到靈感的。發明家參觀別人的作品、產品，發現有缺失，突發奇想，加以改良，終於成為具有創意的新產品。

二、Csikszentmihalyi的系統模式

Csikszentmihalyi（1988）提出的三足鼎立系統模式也許是最具影響力的創造力模式。所謂「三足」係指：1.人（person）、2.社會系統（social system）或社會組織（social organization）、與3.領域（domain）或符號系統（symbol system）。它改變創造力的研究方向從「創造力是什麼」到「創造力在哪裡」。Csikszentmihalyi認為創造力不僅是特殊人物或產物的特徵，也是人、產物、與環境的交互影響。人從他（她）所處的文化環境得到的資訊產生某種改變。個體在真空狀態不會有創意。他（她）們在社會系統領域才會創造。也就是說，人離開社會組織，就沒有創造的舞臺與空間。譬如劇本作家是在傳統文化與符號系統裡才會有創造，沒有戲劇與

劇本寫作的知識，不可能成為有創意的劇本作家（Starko, 2010: 64）。

　　然而，領域不是影響創意作品的唯一屬性。例如戲劇領域包含影響戲劇結構的人士，它由戲劇教師、評論家、觀眾、製作人、演員、導演、及其他有關人士所組成。戲劇要有創意，劇本作家必須取得領域順序的平衡性。如果戲劇編得太類似於過去的標準，會被認為了無新意；如果編得太離譜，又會被認為不是藝術；如果編得恰到好處，就成為領域的一部分，由社會系統傳輸給新手。個體的創造可能不會以顯著的方式影響社會組織或領域，但創造力是在於環境裡的領域產生的（Starko, 2010: 66）。

三、Guilford的智力結構模式

　　Guilford（1959, 1986, 1988）的智力結構（structure of the intellect, SOI）模式是一個複雜的智力模式，包括180個元素。這些元素是透過內容、操作、與產物的類型組合而成。內容的元素包括視覺、聽覺、符號、語意、與行為；操作的元素包括評鑑、聚斂式產物、輻射式產物、記憶保存、記憶紀錄、與認知等；產物的元素包括單元、級別、關係、系統轉換、與啟示等。每一個內容的類型都與每一個操作或產物相配對，形成獨立的方塊，與一個特殊的智力相聯結。例如：智力包含語意關係的認知與數字單元的轉換。

　　SOI模式包含輻射式思考（divergent thinking），它是創造力的基本歷程之一。Guilford指出輻射式產物的元素包括：1.流暢性（fluency），產生許多想法、點子；2.變通性（flexibility），從不同的觀點產生許多不同類型的理念或點子；3.原創性（originality），產生與眾不同的想法或點子；與4.精詮性（elaboration），精益求精，再加以改良，止於至善。Guilford也認清敏感性（sensibility）對於產生創造力的重要性。對問題敏感的人較能產生不同的想法，提出有創意的點子。

四、Osborn-Parnes的創意問題解決模式

　　Osborn-Parnes的創意問題解決（creative problem solving, CPS）模式係由幾位理論家歷經50多年共同研發出來。它不同於前面所提的模式，不僅

描述創造的歷程，也允許人們有效地使用。它是一種行動的模式（Starko, 2010: 38）。

CPS模式最先由Osborn（1963）所提出，他創用腦力激盪（brain-storming），在廣告方面甚爲成功。後來，創造的歷程經過Parnes（1981），Isaksen與Treffinger（1985）等人的改良。每一次的改良都包括兩個問題解決階段：輻射式（divergent）與聚斂式（convergent）階段。到了1990年代初期，創造的歷程分成三個普通成分：瞭解問題、產生理念、與行動規劃。最近的版本繼續演變，重新建構組成的成分，並且重新命名各階段與成分的名稱。

五、Simonton的進化模式

Simonton（1999, 2004）研發的創造力模式，可稱爲進化模式，因爲它的核心是「適者生存」的創造歷程。Simonton認爲創意的理念是經由心理歷程隨機組合而成。心理歷程的要素組合變化愈多，創意的點子就愈多，最好的點子也會浮現、「生存」下來。Simonton的進化模式與Wallas（1926）的階段模式有異曲同工之妙。進化模式先有一個學習與準備期，然後接著醞釀期，點子就在此階段有機會隨機混合在無意識的腦海裡。當創意的點子到達意識的狀態時，即進入萌芽期；然後準備驗證、評估，進入驗證期（Starko, 2010: 72）。

Simonton的進化模式可視爲系統模式，因爲除了心理歷程進化之外，它也考量社會文化的情境。創造力受到環境的束縛，當有錢的大財主比比皆是的時候，藝術就可以興盛發光。戰爭期間，一切爲救亡圖存，科學的發明也就深受影響，停滯不前（Starko, 2010: 73）。

六、Sternberg等人的投資模式

Sternberg與Lubart（1991, 1993）、Sternberg與O'Hara（1999）提出創造力的投資理論：個體必須「逢低買進，逢高賣出」。個體不投資於股票與鑽戒，改投資於理念、點子。有創意的個體追求新奇的理念（即逢低買進），然後相信這些理念的價值。一旦這些理念獲得利益，他（她）們就

允許別人去追求這些理念（即逢高賣出）。一窩蜂追逐名利、趨流行趨向
的人甚少獲得有價值的創意結果。創造力的投資理論指出六種互動的類型
有助於創意的表現：智慧的認知歷程、知識、智慧的型態、人格、動機、
與環境背景（Starko, 2010: 69）。

　　Sternberg（1988）認為智慧的要素對於創造力非常重要，諸如選擇性
的編碼、問題的界定、輻射式的思考策略、選擇性的組合、與選擇性的資
訊比較。知識量的多寡也會影響創造力。知識在創意表現方面扮演的角色
很像倒U字形。知識不足的人無法產生創意，知識太豐富的人反而限制了
創造力，因為他（她）無法發現新的見解。只有中等程度的人才最有助於
創造力的發展。Sternberg與Lubart相信創造力突顯心理認知的型態，偏好
創立自己的規則，挑戰非結構性的問題，喜愛投入法律事務諸如寫作、設
計專案、創立企業與教育制度等。他們發現創造力與模糊的容忍度、內在
動機與適度風險等人格特質有關。他們也發現工作取向的動機與環境變項
在支持創意活動的重要性。

七、Wallas的四階段模式

　　創造思考通常被認為是創造力的泉源。它可以彙集資訊，產生整體
新的瞭解、觀念、或理念。Wallas（1926）的創造思考歷程可分為四個
階段：準備期（preparation）、蘊釀期（incubation）、萌芽期（illumina-
tion）、及驗證期（verification），如圖12.1。在第一階段中，具有創意思
考者蒐集資訊並檢視，使用各種思考歷程。然而，他（她）會質問並探究
直到事象、事物、或理念之間的主要關係出現。通常，假設會浮現在他
（她）的腦海中，以質問的方式促使他（她）沉思。於是開始進入第二個
階段，蘊釀期。個體可能花點時間使意象從潛意識到表面。有時候，這個
階段甚為短暫，突然靈機一動，頓有所悟，進入第三個階段，萌芽期。在
此階段，個體甚有自信，緊接著新的質問及推敲。其次，個體開始尋求驗
證理念的方式，此即驗證期（Moore, 2009: 226）。

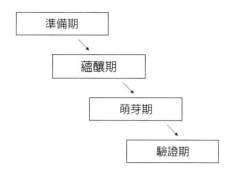

圖12.1　創造思考階段

資料來源：Moore (2009), p.228.

第三節　創造力的教學策略

　　最近幾年，翻轉教育成為教育領域熱門的議題。教師們可能會想到這個問題：教師究竟要如何進行教學才能翻轉教室，讓學生愛上學習？翻轉教育的目的之一就是改變教師的教學理念、教學型態、方法與技術，透過學生的互動，學生主動學習，增進學習的效果。然而，這並不意味著任何教師的教學都必須改變，而是教師們應該重新思考自己的教學有否需要改變？如果需要改變，應該如何改變？本節提供一些翻轉教室的策略。換言之，教師採用創造力的教學策略，讓學生更有創造力，就可以顛覆以往的教學型態。

　　教師教學時應該善加演練各種思考的技巧。常用的技巧包括比較、分類、估計、摘要、假設、綜合、排序、預測、評鑑、翻譯、重組、分別輕重緩急、設定標準、設定目標、解決難題、做決定、證明、提出假說、類推、想像、邏輯推演、辨認正反面、辨認宣傳、辨認後果、觀察、創造設計、及詮釋等27項。教學評量時，教師也應相機採用（Grice & Jones, 1989）。今舉數例，說明如下：

一、腦力激盪（brainstorming）

腦力激盪是最熟悉的策略，它是基於Osborn（1953, 1963）創用的延宕判斷的原理（principle of deferred judgment）：不可以遽下評論或評鑑想法的優劣，直到產生創意的理念。根據這項原理，理念產生當時不可以評論，但理念產生之後再評鑑優劣，更有豐碩的成果。它不是排除評論而是延緩批評。

腦力激盪是促進思考流暢的最佳方式，可用於各年級。教師給學生一個真實的或想像的問題或難題，要他（她）們儘量想出各種方式或解決的辦法。譬如，生物科教師問各組學生：「竹子有哪些用途？」經過腦力激盪，各組學生提出許多用途，諸如：當藝術品、造房子、橋梁、包粽子、製作教鞭、筆筒、掃把、斗笠、畚箕、籠子、拐杖、竹筍絲、筍乾等，不勝枚舉。

二、因果關係（cause-and-effect relationship）

教師提出具有彈性的話題，引導學生思考其因果關係，考慮其可能性。譬如：孔子說：「學而不厭，誨而不倦。」學不厭和教不倦，究竟何者為因？何者為果？教師誨人不倦係因學不厭？或教師學不厭係因誨人不倦？抑或兩者互為因果？經過一番思考，發現三者皆有可能。

三、分類（classifying）

在每組學生的面前有一堆水果。教師要學生仔細觀察，然後要求學生以各種不同的方法把它們分成兩類，看看哪一組學生想出來的方法最多，最有創意。最後，學生想出來的方法真是琳瑯滿目，發現可用顏色、形狀、大小、重量、長度、酸甜、出產季節、削皮與否、土產或進口……等方法分類。

四、做決定（decision making）

班上同學討論秋季旅行計畫。導師要同學提出旅行計畫的目的地。甲

生說臺灣北部，乙生說南部，丙生說東部，丁生說西部。導師說：「這四個目的地各有優缺點，尚應考慮一些重要的原則。請同學仔細考慮，旅行計畫究竟要考慮哪些原則？」經過充分討論後，學生們歸納出五項原則：安全原則、教育原則、經濟原則、需求原則、及制度原則（法令規定）。然後，導師要學生根據這些原則，做出最好的決定。仔細想一想，在這四個方案中，哪一個方案最符合這些原則？此種思考歷程可以引導學生做出正確的決定。

五、證明（verifying）

　　李生放學回家後，發現住家門窗破了一個大洞。李生很想探尋門窗破洞的原因。究竟是小偷光顧？或遭不良少年丟石頭打破？抑或風大震破？或其他不明原因？李生進入屋內仔細檢查，發現抽屜被撬開、衣櫥凌亂不堪，且撲滿存放的錢不見了。李生始確定門窗打破係歹徒所為。然而，歹徒究竟是誰？李生百思不得其解。數週後，李生無意中發現他家的照片竟然流落在王生手中。經追查後，王生供出潛入李家偷東西原委。本案終告塵埃落定、水落石出。這個案例說明問題發生後，要辨認問題的性質，提出合理的假設，擬定可行的解決辦法，選擇最佳的辦法，最後找出證據、驗證假設。

六、SCAMPER法

　　Eberle（1977）採取Osborn的理念，使用頭字語（acronym），編成容易記憶的方法，稱為SCAMPER法，可用來協助學生產生創意的點子。

　　S─替代物（Sustitute）：例如：使用其他的元素、材料取代原有的東西。許多的產品與大小問題的解決都是取代的結果。烹調時無糖可用，改用甘蔗汁取代，味道更甜美。

　　C─組合（Combine）：例如：把兩個零件或理念合併在一起。鉛筆與橡皮擦組合在一起就成為新產品。

　　A─改編（Adapt）：例如：改變某一些熟悉的部分，解決問題。許多流行歌曲都是以往的歌曲改編而來。

M—改變（Modify）：例如：修正目前使用的方式，變成其他的用途。Skinner的教學機（teaching machine）發明之後，改用電腦就成爲電腦輔助教學（computer-assisted instruction, CAI）媒體。

P—放置（Put）：例如：用不同的新方式，解決問題。資源回收的罐子可以堆積在一起，成爲一幅美麗的圖案作品。

E—消除（Eliminate）：例如：消除或省略不必要的部分，成爲新的面貌。詩人寫詩字斟句酌，字字珠璣，成爲千古不朽的作品。

R—重新排列或倒轉（Rearrange or Reverse）：例如：採用不同的方式，改變操作順序或逆向操作。左撇子用的剪刀、刀子、與花園修剪的工具，都是改變操作方式。

七、屬性列舉（attribute listing）

另一種產生創意點子的策略是屬性列舉法。使用此法，問題或產品可分成幾個重要的屬性。例如：負責研發糖果棒的部門先要判斷糖果棒的屬性爲何，然後考慮每一種屬性如何加以改變或組成另一種新產品。這些屬性可能包括形狀、外層、基本原料、填加物、大小、包裝、配搭名人買賣等。糖果棒的設計人可能不馬上計畫新產品上市，而改用變換糖果棒的形狀、原料、包裝、配搭名人促銷等屬性，推出火箭型的糖果棒，原料是花生、奶油、與果醬，或包裝內有小橘子餅乾，配合星期六上午卡通秀時間促銷（Crawford, 1954; Starko, 2010）。

八、隱喻法（metaphor）

盛唐時期偉大詩人李白的《靜夜思》以月光隱喻思鄉的情緒，寫出千古傳誦的作品：

床前明月光，疑是地上霜。舉頭望明月，低頭思故鄉。

隱喻的思考可用一種想法去表達另一種想法。一些創造力的理論都提到暗喻或明喻的思考。兒童產生與瞭解的暗喻類型隨年齡增長而改變。

幼兒可以有效地使用隱喻乃基於一些物理屬性與功能。到了小學階段，兒童可以用動物來比擬自己的感受，譬如以小鳥比擬自己無拘無束，自由自在，在空中飛翔。到了中學階段，學生更可以用抽象的思維，展現豐富的想像力，發展創造力。

第四節　創造力教學的建議

社會更趨複雜、多元、與開放，社會問題也層出不窮，更需要創意的解決方案。教師如何教導學生創意解決問題？Fleith（2000）、Sattler與Hoge（2006）、Tuckman與Monetti（2011）提出一些鼓勵創意解決的建議：

接納並鼓勵輻射式思考

1. 課堂討論的時候，問學生：「誰能提出不同的方式，看待這個問題？」

2. 不尋常的解決方案應予以強化，即使最後的成果不甚完美。

3. 讓學生選擇專題研究的主題或報告的方式。

容忍不同的意見

1. 要求學生支持反對的意見。

2. 確認不從眾的學生接受同等的權利與獎賞。

鼓勵學生信任自己的判斷

1. 當學生問一些教師認為他（她）們可以回答的問題時，重述或澄清問題並把問題引導他（她）們回答。

2. 指定不分年級的作業。

強調每個人在某些方式都有創造的能力

1. 避免描述藝術家或發明家的豐功偉業，當作超人的成就。

2. 讚賞每位學生作品的創意努力。

提供時間、空間與材料支持創意的方案

1. 蒐集已找到可供創作的材料——鈕扣、石頭、貝殼、紙張、珠子、種子、繪畫器材、泥土等——嘗試跳蚤市場與朋友捐獻。

2. 提供良好燈光設備的空間，兒童得以進行專題研究，來去自如。

3. 追蹤值得回憶的場合（遠足旅行、新聞事件、假日）。

充當創意思考的原動力

1. 可能的話，透過小組或班會討論時段。

2. 提出不尋常的班級問題解決方案，樹立創意解決問題的風範。

3. 鼓勵學生延緩判斷解決問題的建議，直到可能性予以考慮。

挑戰常規、探求不尋常的點子

1. 不要只是盲目依從，要問「為什麼」。

2. 做一些有創意的事情，例如使用不同的方式解決問題。

3. 放輕鬆，善用幽默感。

另起爐灶，重新思考問題

1. 先從正面思考問題，再從反面思考問題。

2. 以己度人，設身處地。

3. 思考一些有趣的問題。

使用腦力激盪術，集思廣益

1. 儘量提出各種不同的想法，暢所欲言。

2. 每一個可能的解決方案都要記錄。

3. 任何意見不做評估或評論。

第五節 實務演練

1. 請你訪問一位你認為有創意的人士，瞭解他（她）的創造歷程，並說明他（她）的創造模式。

2. 教師如何分辨有創意的學生？此類學生有何特徵？請列舉五項特

徵。

3. 創造力教學（teaching for creativity）與創意教學（creative teaching）有何區別？何者較為重要？

4. 教師如何培養有創意的學生？請舉出五種教學策略。

5. 創造力從何而來？請舉出三種模式。

6. 近年來，翻轉教育的理念甚囂塵上。教師如何採用創造力教學的理念，改變教學的策略，翻轉教室的活動？請舉出三個例子說明之。

7. 唐代田園詩人孟浩然的《春曉》：「春眠不覺曉，處處聞啼鳥。夜來風雨聲，花落知多少。」孟浩然以鳥鳴、風聲、雨聲、花落，描寫春天的景象，珍惜美好生命之情，溢於言表。詩中的意境以何種方式展現創造力？

A. 屬性列舉　B. 證明　C. 想像　D. 隱喻

8. 李老師要求班上學生在1分鐘之內，以「票」造詞，觀察哪一位學生造的詞最多。李老師發現敏華造的詞最多，共有12個：車票、飛機票、船票、鈔票、股票、飯票、郵票、選票、投票、鐵票、綁票、傳票。以造詞的多寡而論，敏華顯示何種行為特徵？

A. 獨創性（originality）　B. 變通性（flexibility）

C. 精詮性（elaboration）　D. 流暢性（fluency）

9. 林老師要求學生解答數學問題：「三角形的內角共有幾度？如何證明？」林老師命題的用意是要觀察學生何種行為特徵？

A. 流暢性（fluency）　　B. 變通性（flexibility）

C. 精詮性（elaboration）　D. 獨創性（originality）

10. 張老師認為「因材施教」，不只要因應學生的「素材」而已，尚須配合「教材」，運用「器材」，與日常生活的「題材」來施教，才能活化教學。以創造力的觀點言之，張老師展現何種行為特徵？

A. 獨創性（originality）　B. 流暢性（fluency）

C. 變通性（flexibility）　D. 精詮性（elaboration）

參 考 文 獻

Amabile, T. M. (1996). *Creativity in context*. Boulder, CO: Westview Press.

Berk, L. E. (2005). *Infants, children and adolescents*, 5th ed. Boston: Allyn & Bacon.

Crawford, R. P. (1954). *The techniques of creative thinking*. New York: Hawthorn Books.

Csikszentmihalyi, M. (1988). Society, culture, and person: A system view of creativity. In R. J. Sternberg (Ed.), *The nature of creativity* (pp. 325-339). New York: Cambridge University Press.

Eberle, R. E. (1977). *SCAMPER*. Buffalo, NY: DOK.

Fleith, D. (2000). Teacher and student perceptions of creativity in the classroom environment. *Paper Review, 22*, 148-153.

Getzels, J. W., & Jackson, P. D. (1962). *Creativity and intelligence.* New York: Cambridge University Press.

Grice, G. L., & Jones, M. A. (1989). Teaching thinking skills: State mandates and the K-11 curriculum. *The Clearing House, 62.*

Guilford, J. P. (1959). Three faces of intellect. *American Psychologist, 14,* 469-479.

Guilford, J. P. (1967). *The nature of human intelligence*. New York: McGraw-Hill.

Guilford, J. P. (1986). *Creative talents: Their nature, use, and development*. Buffalo, NY: Bearly.

Guilford, J. P. (1988). Some changes in the Structure-of-Intellect model. *Educational and Psychological Measurement, 48,* 1-6.

Isaksen, S. G., & Treffinger, D. J. (1985). *Creative problem solving: The basic course*. New York: bearly.

Joubert, M. M. (2001). The art of creative teaching: NACCCE and beyond. In

A. Craft, B. Jeffrey, & M. Leibling, (Eds.), *Creativity in education.* London: Continuum.

Lepper, M., Greene, D., & Nisbett, R. (1973). Undermining children's intrinsic interest with extrinsic reward: A test of the overjustification hypothesis. *Journal of Personality and Social Psychology, 28*, 129-137.

Moore, K. (2009). *Effective instructional strategies: From theory to practice,* 2nd ed. Los Angeles: SAGE.

Newton, L. (Ed.) (2012). *Creativity for a new curriculum: 5-11.* New York, NY: Rouledge.

Osborn, A. E. (1963). *Applied imagination* (3rd ed.). New York: Scribner's.

Parnes, S. J. (1981). *Magic of your mind.* Buffalo, NY: Bearly.

Perkins, D. N. (1988). Creativity and the quest for mechanism. In R. J. Sternberg & E. Smith (Eds.), *The psychology of human thought* (pp. 309-336). New York: Cambridge University Press.

Plucker, J. A., Beghetto, R. A., & Dow, G. T. (2004). Why isn't creativity more important to educational psychologists? Potential pitfalls and future directions in creativity research. *Educational Psychology, 39(*2), 83-96.

Runco, M. A. (2000). Creativity: Research on the process of creativity . In A. E. Kazdin (Ed.), *Encyclopedia of Psychology* (Vol. 2, pp. 342-346).

Sattler, J. M., & Hoge, R. D. (2006). *Assessment of children: Behavioral, social, and clinical foundations.* La Mesa, CA: Jerome M. Sattler Publisher.

Simonton, D. K. (1999). *Origins of genius: Darwinian perspectives on creativity.* New York: Oxford University Press.

Simonton, D. K. (2000). Creativity: Cognitive, personal, developmental, and social aspects. *American Psychologist, 55*, 151-158.

Simonton, D. K. (2004). *Creativity in science.* New York: Cambridge University Press.

Sternberg, R. J. (1986). Intelligence, wisdom, and creativity: There is better than one. *Educational Psychologist*, Summer, 175-190.

Sternberg, R. J. (1988). A three-facet model of creativity. In R. J. Sternberg (Ed.), *The nature of creativity* (pp.125-147). New York: Cambridge University Press.

Sternberg, R. J. (2001). What is the common thread of creativity? Its dialecticalrelation to intelligence and wisdom. *American Psychologist, 56*, 360-362.

Sternberg, R. J., & Lubart, T. I. (1991). An investment theory of creativity and its development. *Human Development, 34*, 1-34.

Sternberg, R. J., & Lubart, T. I. (1993). Creative giftedness: A multivariate investment approach. *Gifted Child Quarterly, 37*, 7-15.

Sternberg, R. J., & O'Hara, L. A. (1999). Creativity and intelligence. In R. J. Sternberg (Ed.), *Handbook of creativity* (pp. 251-272). New York: Cambridge University Press.

Storko, A. J. (2010). *Creativity in the classroom: Schools of curious delight,* 4th ed. New York: Routledge.

Tuckman, B. W., & Monetti, D. M. (2011). *Educational psychology.* Belmont, CA: Wadsworth.

Wallas, G. (1926). *The art of thought.* New York: Harcourt Brace.

Weisberg, R. W. (1993). *Creativity: Beyond the myth of genius.* New York, NY: W. H. Freeman.

第十三章

班級經營策略

　　教師的教學工作不純粹是教書也要教人。唐代韓愈曾說：「師者，所以傳道、授業、解惑也。」有些教師對於學生的不良行為視若無睹，既不管教也不輔導，顯然有失職責。本章就班級經營探討一些有效的經營模式與策略，或能改善班級的學習環境，提升學生的學習效能。

第一節　班級經營的涵義

　　班級經營（classroom management）一詞有別於班級紀律或班級訓導（classroom discipline）。經營係指教師創造並維持井然有序的學習環境策略，紀律則涉及教師對學生不良行為的反應（Jacobsen, Eggen, & Kauchak, 2009: 42）。研究顯示有效能的班級經營可以增進學生的學習，激發學習的動機，減少破壞的行為（Wang, Haertel, & Walberg, 1993: 262）。有效能的經營是有效能學校的重要特徵之一（Purkey & Smith, 1983）。井然有序的學習環境不是變魔術得來的。它必須精心規劃始能獲致。有效能的先決條件是健康的、積極的、與支持的班級氣氛，關懷的、堅定的、熱忱的、並有高度期望的教師特質，及經營與教學之間的良好關係（Jacobsen, Eggen, & Kauchak, 2009: 43）。

　　有些學生來自問題家庭，可能曝露於藥物濫用、暴力、性侵害、身心虐待、霸凌等行為。於是教師充當學生的監護人、兄長或姐姐、師傅、朋友、治療家、及諮商者的角色。這些角色界定教師的職責。紀律、班級經營、及處理策略至為重要。教師教學應以經營為先、教學次之。教師創造良好的班級環境氣氛，學生始得以專心學習。

　　學生的不良行為可能起於多種原因，除了個人因素，尚有社會的不良風氣與家庭的問題造成學生的不良行為。在思考這些不良行為之時，教師應該設法判斷其原因，對症下藥，消除其不良行為，而不只是矯正其行為。

　　因此班級經營成為教師必須經營的一門課程。教師應該瞭解確保班級環境安全的策略，包括物質的與心理的層面，改變學生不良行為的技術，營造井然有序的班級運作機制，與培養學生良好的積極的行為方法。

第二節　班級經營的模式

　　班級經營模式甚多，大致可依認知學派、行為學派、與人文學派的理論分類。認知學派包括團體動力模式、民主教學模式、教師效能模式、與司法判決模式。行為學派包括行為改變模式、果斷紀律模式、自治自律模式、與教學經營模式。人文學派則以學生中心模式與現實治療模式為代表。今分別敘述如後：

一、F. Redl與W. Wattenberg的團體動力模式

　　Redl與Wattenberg（1959: 262）主張團體的期望會影響個人的行為，而個人的行為也會影響團體的行為。譬如大家都在唸書，自己不唸書，覺得不好意思，只好也跟著唸書。教師必須承認團體動力學（group dynamics）或班級團體生活的影響，使用各種影響力的技術，鼓勵學生瞭解其行為與行動。教師瞭解學生的行為各不相同並且成為團體的一分子之後，可以協助學生的自我控制（self-control），使用愉悅—痛苦的原則（pleasure—pain principle）與情境的協助（situational assistance），改變學生的行為。譬如教師幫助學生克服功課的障礙，促使學生自我控制，使用幽默感，化解緊張氣氛。他們也體會到有效能的班級經營與優良的教學互為齒寒，彼此相依。愉悅的氣氛誘導學生良好的行為，而痛苦的經驗誘導學生避免不良的行為。Redl與Wattenberg指出愉悅—痛苦的原則不是意謂著教師火冒三丈，鞭打學生，也不是以報復的方式施以痛苦或懲罰。

　　Redl與Wattenberg（1959）的另一項理論是現實評估（reality appraisal）的概念。他們主張學生應該評估實際狀況以瞭解他（她）們的行動是否由智慧與良心所引導或由恐懼或偏見所驅使。為引導學生的行為，教師應該訴諸於學生的公平感，並且強化查明行動後果的能力。

二、R. Dreikurs民主教學模式

　　Dreikurs（1957, 1968）採取民主的教學與經營模式，指出班級經營的四個面向：確認並針對不良行為的錯誤目標，充當民主的、而非獨裁的、

或放任的教師，運用邏輯後果而非懲罰，與瞭解稱讚與鼓勵之間的差異。
今分別敘述如下：

1. 錯誤的目標：不良行為係因學生的錯誤目標所造成，包括引起注意、尋求權力、報復、與無助。

2. 民主的教學：教師在課堂教學與學生互動應該採取民主式而非獨裁式（例如我告訴你現在就去做；現在就做）或放任式（例如好吧！反正你想做總是好的，我猜想。我知道你將會做對事情，不是嗎？）。

3. 鼓勵學生：教師應該鼓勵學生（例如我想你會做功課，如果你好好嘗試一下）而非稱讚學生（例如你就是這樣的好學生──你總是做得恰到好處）。

4. 邏輯後果：教師應該訂定班規，學生違反班規與不良行為應依邏輯後果執行（例如製造髒亂，就要消除髒亂；亂丟紙屑，就要撿紙屑），而非懲罰（罰錢、記過）了事。懲罰應該少用，除非所有邏輯後果用盡。

Dreikurs（1968）認為教師採取民主的教學，必須具有一些信念：人的價值與尊嚴、人類生而平等、抉擇的自由、與人們值得信賴去做明智的選擇。對待兒童與年輕人，教師要有能力去培養與家長、師長與社區人士的關係。

三、T. Gordon的教師效能訓練模式

Gordon（1974）相信有效能的教師須具備專業知能，辨認問題與學生需求、改變班級環境、與教學實務的能力，以改進學生的行為。他強調教學效能（teaching effectiveness），呼籲有效能的教師要成為優良的班級經營者，執行良好的教學實務。教師也需要堅持學生自治自律，不能負起別人行為的責任。他不相信獎賞與懲罰的效能。教師要使用非控制的方法去改變學生的行為，讓學生接受「行為自負」（problem ownership）的理念，亦即學生的行為引起個人的問題，也可能引起教師與別人的問題，因此，學生要負起行為的責任。

Gordon（1989）認為矯正或預防不良行為最好的的辦法是使用他所稱的「移情的瞭解」（empathic understanding）。教師要瞭解學生個別的需

求、興趣、與能力。課程與教學的安排能適應學生個別差異，不致抹煞學生的成就、生產力、與創造力。

Gordon（1974: 136）的理論另一個概念是使用第一人稱「我─訊息」（I-message）的用語。他指出教師使用「你─訊息」，重點是學生本身，沒有傳達教師的感受。譬如，教師向學生說：「你最好靜下來！」造成有效經營的障礙。但如果教師採取「我─訊息」，改說：「教室聲音很吵鬧，我感到很挫折」即可表達教師對於行為的感受。

四、F. Gathercoal的司法判決模式

Gathercoal（2001）的班級經營模式是以美國憲法與權利法案（U. S. Bill of Rights）為基礎，包括專業倫理、有效的教育措施、與學生的憲法權利。它要求學生要接受行為的責任，也要求教師要創造一個尊重學生公民權利的環境。

Gathercoal（2001）認為學生記住一些法條規則遠比接受與服從道德與倫理規範困難。因此，他的司法判決模式建立在不複雜而可行的法規，學生可在教室做他（她）們想做的事，除非他（她）們的行為干擾別人的權利。

正如同美國憲法揭示的自由、正義、與平等的價值觀念，這些價值觀念也形成司法判決模式的基礎。然而，自由並不意味學生可以為所欲為。它的意義是學生享有思想與行動的自由，但只有在自己本身的利益不牴觸他人的福利需要為限。

教師採用司法判決模式，首先要向學生介紹美國憲法給予的權利，包含在自由、正義、與平等概念中的權利。這個歷程包括創造民主的學校氣氛，每位教師都要教這三個價值觀念並且以身作則，成為學生的典範。其次，教師要創造平等的學習環境，學生都有成功的機會。第三，教師要教導學生成為領導人物。學生的領導能力是學校經驗重要的一部分，可以導致正面的成果。最後，教師有責任培養民主的教室，學生知道他（她）們的權利獲得保障（Manning & Bucher, 2007: 181）。

依據美國《憲法》第1條、第4條、及第14條修正條款，學生的基本權

利包括言論、出版、結社、人身保護、訴訟、及免受歧視的權利。學校對於有關財產的損失、學生健康與安全、學習環境的保護、及支持合法的教育目的等具有強制性的權利。班規應該是保護學校及學生權利的規約。學生一旦違反班規，就應受到嚴重的後果，這樣可以協助學生學習到較好的行為方式（Edwards, 2000）。

五、B. F. Skinner的行為改變模式

Skinner認為人類行為可以透過科學行為原理的應用而獲得巨大的改善。他的研究影響了班級經營的領域，也成為舉世聞名的行為改變（behavior modification）技術模式（Manning & Bucher, 2007: 27）。

Skinner的科學實驗奠定他的理論基礎。他認為適當而立即的強化作用增強合適行為的再度發生。他也發現良好行為發生之後，透過強化的刺激，行為可以塑造而成。雖然持續不斷的強化可能有需要，行為一旦塑造而成，偶爾或間歇的強化也可以用來維持良好的行為。Skinner把這種歷程稱為積極強化（positive reinforcement）。為了刺激良好行為，他也採用消極強化（negative reinforcement）消除不良行為。

Skinner相信正確使用行為改變技術，可以塑造學生的行為。他認為人類大部分學來的行為是由積極獎賞塑造而成的。許多教師也同意他的看法，學生會不斷重複出現受過獎賞的行為，而停止忽視或不獎勵的行為。因此教師要判斷他（她）們所要的行為，選擇合適的強化物，塑造學生良好的行為。一旦強化作用發生，學生重複良好行為的可能性就增加。

Skinner認為教師面對學生的行為問題，行為改變技術乃是最有力的工具。教師善用行為改變技術的策略包括：增強原理（reinforcement）、消弱原理（extinction）、暫停活動（time-out）、獎賞與懲罰（punishment），即可樹立學生良好的行為與革除學生不良的行為。

然而，教師想要以懲罰來降低學生不良的行為，往往適得其反。這種非意圖的結果發生了，因為有些學生發覺教師懲罰學生的意圖受到強化。他（她）們的學生是否受到懲罰或強化，乃是教師行動的結果。教師可能把消極強化（negative reinforcement）與懲罰混為一談。實際上，消極強化

是用來增強某一行為，而懲罰是用來終止某一行為（Edwards, 2000）。

六、L. Canter與M. Canter的果斷紀律模式

果斷紀律（assertive discipline），或Canter模式，是班級經營的一種模式，為Lee與Marlene Canter所創。Lee Canter畢生致力於專業的研究，協助教師更有效地教導行為障礙的學生。Marlene Canter提升特殊教育訓練，不遺餘力。

如同Skinner的行為改變技術與積極強化原理，Canters也主張教師要善用獎賞與懲罰。他（她）們認為積極（正面）的行為應給予獎賞，而消極（負面）的行為應施以懲罰。譬如在回答問題之前，舉手發問的學生應給予獎賞；未經允許、不假思索就回答問題的學生應受到懲罰。

Canters（1992）指出教師班級經營使用的三種型態：第一種型態係非果斷的型態（nonassertive style），通常是沒有效的，無法建立明確的行為標準。譬如教師向學生說：「我再三要求你不要講話，而你繼續講話，請別再講話。」第二種型態是敵意的型態（hostile style）。懷有敵意型態的教師使用嫌惡的方式，大聲喊叫，帶有威脅與諷刺的語氣。此種型態具有潛在的情緒傷害與可能的虐待。譬如教師向學生說：「坐下！閉嘴！」第三種型態是果斷的型態（assertive style），教師能明確地、具體地把獎賞或後果加諸於學生身上。學生、家長、與學校行政人員都明白教師對學生的期望。果斷的教師不僅堅持他（她）們的期望要跟隨合理的後果，也要提供適合於不良行為學生的合理後果。果斷的教師常常使用Canter的破紀錄反應（Canters' broken-record response）法，在懇求後果之前，重複相同或類似的請求起碼三次。

Canters（1992）提出紀律階層（discipline hierarchy）的概念，告知學生不良行為的後果依情節輕重排序處理。她（她）們也認為教師與學生在教室各有其應有的權利。學生有受教的權利，教師不能否決其學習的機會。同樣地，教師也有教導的權利，學生不能干擾教學的進行。因此，教師在學校的協助之下，要指導學生訂定班規以資共同遵守。

七、H. Ginott的自治自律模式

Ginott（1972）的理論有一些基本理念，他對於溝通、自治自律、與讚賞有很強烈的看法。他認為教師要創造教室良好的氣氛，先要講求自己的形象，儀容要端莊。打扮像中學生不能提升專業的形象，反而傳遞錯誤的訊息。因此，教師的行為舉止要恰如其分，具有積極的態度，像個專業的教師。

他認為班級經營最重要的元素就是教師的自律（self-discipline），教師要以身作則，樹立良好的榜樣。糾正學生的不良行為時，教師的言詞要明確，針對問題的情境，而不攻擊學生的品格。他主張培養學生的自尊心，接受學生的道歉。

明確的溝通是Ginott的重要理念，尤其是師生之間的溝通。教師能清晰地表達他（她）對學生的期望，學生能欣然接受，即使學生犯錯或行為不檢時。當溝通的管道敞開時，學生的言行更合宜，學習更有效能。開放式溝通促進學生的自治自律。

Ginott（1972）對於鑑賞式讚美（appreciative praise）與評鑑式讚美（evaluative praise）做了區別。他認為教師要善用鑑賞式讚美，避免使用評鑑式讚美。事實上，讚美長久以來視為塑造行為的工具。他認為評鑑式讚美具有殺傷力，而鑑賞式讚美具有生產力。讚美要針對學生的努力與成就，而不針對學生的品格與人格。以學生清掃庭院為例，如果小孩把庭院清掃得很乾淨，家長可用鑑賞式讚美，對小孩說：「庭院看起來多麼清爽。樹葉一掃而光，垃圾清除乾淨，清潔用具擺放整齊。」如果家長改用評鑑式讚美，重點將轉到兒童的品格，對小孩說：「你就是這麼了不起的孩子」（Ginott, 1965: 40）。

Ginott的觀點在某些方面，反映了Redl與Wattenberg的自我控制與Gordon的「我─訊息」等理念。他認為教師應該使用積極的、有效的溝通，以提供有利的教室環境，鼓舞學生良好的行為，避免獨裁的行為，尋求懲罰的變通方式。教師對於學生的需求要保持敏感性，並且以語言與行動表達敏感性。因此，想要在課堂裡促進師生合作與和諧的教師，將可

能把Ginott的溝通理念發揮得淋漓盡致。另一方面，覺得必須獨裁、需要服從、與堅持期望、使用懲罰的教師對於Ginott的理論可能會覺得不舒服（Manning & Bucher, 2007: 79）。

八、Kounin的教學經營模式

Kounin（1970）相信有效教學行為的教師通常能教出品行較佳的學生。他發現使用有效教學經營的教師能使學生專注於課業並減少行為問題至最低的程度。依據他的理念，教師必須表現合適的教學行為，維持適當的教學衝勁，朝向團體焦點（group focus），規劃有助於學習與學生行為的學習環境。他的教學經營模式要求教師學習並使用有效能的教學技術。教師要學生負起行為的責任。

Kounin（1970）的教學經營模式注重合適的教學行為與有效的教學技術。他認為教師教學時，要有下列的本領：1.掌握全班學生的動靜（withitness），隨時處理班上學生的問題；2.阻止不良行為，採用殺雞儆猴的方式，產生連漪效應（ripple effect）；3.一心兩用（overlapping），同時處理兩種情境的問題。他也發現有些教師教學時採用一些無效的方式，應該避免下列教學行為諸如：1.炒冷飯，學生沒胃口（satiation）；2.開快車，學生囫圇吞棗（jerkiness）；3.心有旁鶩（stimulus bound），教學模糊焦點；4.打斷學習活動（thrust），學生無所適從；5.聲東擊西，搖擺不定（dangles and truncations）；6.翻來覆去，漫無頭緒（flip-flops）；7.小題大作，拖延時間（slowdowns）。

團體焦點包含兩個重點：團體警戒狀態（group alerting）與團體責任（group accountability）。前者指教師企圖讓學生參與學習的活動，維持注意力，學生戰戰兢兢、如履薄冰。後者指教師要讓學生負起課業的責任。一旦學生明瞭自己的責任，教師也知道每位學生進步的實況，學生的不良行為就會減少（Manning & Bucher, 2007: 103）。

九、R. Curwin與A. Mendler學生中心模式

Curwin與Mendler（1997）的班級經營理念建立在四個哲學基礎上：第一個基礎以學生為中心，強調學生的尊嚴、自尊、與整體福祉。他們認為教師必須傳送溫馨的感情讓教室成為具有基本人性需求的歡迎場所，鼓勵可接納的行為，並且設定有反應的學習氣息。教師在門口迎接學生，展現對學生關懷的態度，與學生分享感激的時光，擁抱他（她）們的興趣與關懷，傳送體貼的話語肯定他（她）們的努力，得體地使用幽默，並歡迎他（她）們的回饋（Manning & Bucher, 2007: 111）。

第二個基礎是注重民主的氣氛。Curwin與Mendler長久主張學生要參與訂定規則與行為綱要的歷程，提出違反班規的後果或矯正行為。此外，學生也應受到鼓勵，發展對教師的期望。

第三個基礎是教師要避免獨裁的立場。有些教師要求服從並且相信因為他（她）們是成人是教師，學生必須服從。獨裁專制的教師將會體驗堅持學生本位的民主觀點，有其困難。

最後第四個基礎是負責模式而非服從模式。重點是學生接納合適行為的責任，而非成人要求並接受服從。然而由於教導學生接納負責恐需曠日廢時，Curwin與Mendler相信重點應該放在長期的行為改善，而非短期的急功近效（Manning & Bucher, 2007: 112）。

根據前述四個基礎，Curwin與Mendler（1997）提出教師行為的七個基本原則：

1. 朝向長期的行為改變，而非短期的急功、近效。
2. 不做無效的事情。
3. 不以相同的方式對待每一個人，公平對待學生。
4. 訂定有意義的規則。
5. 以身作則，成為學生的典範。
6. 負責比服從更重要。
7. 有尊嚴地對待學生（Manning & Bucher, 2007: 111）。

十、W. Glasser的現實治療模式

Glasser（1965, 1997）認為學生是有理性的人，他（她）們能控制自己的行為。良好的選擇產生良好的行為。不良的選擇產生不良的行為。他相信學生有具體的人性需求與動機，而且應該負其自己行為的責任。他把控制理論（control theory）改稱為選擇理論（choice theory），教師的責任就在協助學生做出良好的選擇。學生一旦犯錯，就應接受合理的制裁，如有良好的行為，亦應得到合理的處置。他不贊成Skinner的獎賞與懲罰的作法。因此，他主張各班級應訂定班規，以資遵循，教師要糾正學生一些不受社會接納的行為。

他認為犯規的學生要透過現實治療法（reality therapy）予以導正。現實治療法的步驟如下：1.協助學生認清並描述錯誤的行為；2.要學生辨認行為的後果；3.要學生就行為的後果即不良行為做價值的判斷；4.協助學生擬定消除不良行為的方案（Edwards, 2000）。

Glasser（1993）重視優質學校（quality school），認為學校應該滿足學生的心理需求，把品質注入學生生活當中。品質是很抽象的術語，係指師生彼此關懷。學生滿足心理需求，更能夠選擇合適的行為。他指出品質學校可以產生優質的學業成就與良好的行為表現。他舉出一所學校一年內有許多學生休學，以優質學校的觀念，重視學生的心理需求，隔年休學不再成為學校的問題（Glasser, 1997）。

第三節　班級經營的措施

班級經營的有效措施可分為預防措施與干預措施。預防措施要先做好防範的工作包括建立班級常規、走動管理、教室布置、與親師溝通；干預措施要立即處理問題行為包括認知學派途徑與行為學派途徑（Jacobsen, Eggen, & Kauchak, 2009: 51）與人文學派的途徑（Knoll, 1981: 168）。今分別敘述如下：

一、預防措施

　　預防勝於治療，班級經營首在樹立良好的生活規範，學生循規蹈矩，沒有不良的行為發生。在預防措施方面，導師要負起更大的責任。其他任課教師也要協助導師共同防範學生的不良行為。下列是一些常用的防範措施：

班級常規

　　班級常規建立學生行為的準則。班規要明確陳述並要持續監控，可以預防學生不良行為的產生。班規應透過各班的班會分別訂定，班規不可以牴觸校規。，班規不宜過多，通常三至五條，約法三章即可。班規要用正面的、積極的陳述，不宜用反面的、消極的用語。譬如：「保持教室整齊清潔」，而不用「不可亂丟紙屑」，「愛惜公物」而不寫「不要破壞公物」等以引導學生表現良好的行為。

　　班規條文經班會討論通過後，可請班級幹部學藝股長或書法高手書寫，或電腦打字並張貼在教室前方明顯處，以資共同遵守。班規既經師生共同討論，全體師生必定具有隸屬感及參與感，大家更有責任去遵守。班規顧名思義，乃是班級的生活常規。有些學校以「生活公約」稱之。不論何種稱呼，班規均可由各班自行創造。但是，值得注意的是，班規最重要的精神是培養學生的自治自律，學校不宜越俎代庖。班規若由學校統一訂製，就不是「班規」，而成為「校規」了。

　　要使班規有效，還有一項工作必須提經班會討論，萬一學生違反班規，如何處理？因此，如何制裁違規的學生成為重要的一環。如果學生違反班規，導師仍然視若無睹，置之不理，則班風可能每下愈況，而班規可能視同具文。影響所及，學生就不會遵守班規，更遑論校規。學生畢業，走出校門，也不會去遵守法律，這就難怪公權力不彰了。

　　制裁違規的方式應合乎邏輯後果及教育原則，千萬不要動輒體罰或罰錢了事。導師要告誡學生，希望全班同學都能自尊、自重、自治、自律，嚴格遵守班規。違反班規就必須接受嚴重的後果，導師必須堅持到底。譬如學生亂丟紙屑，製造髒亂，該生就必須把紙屑撿乾淨，情形嚴重者，罰

掃教室或環境區若干天。製造髒亂，就要消除髒亂，這是「邏輯後果」；又如騷擾別人，就要隔離起來，讓學生體會到違反班規的嚴重後果。

班規並非一成不變，應隨時檢討、修訂。導師如發現某些班規行之無效，或某些不良行為持續發生，應即指導學生「修法」予以調整，以謀求補救，並保持彈性。為使班規不落空，班規應列為教室布置競賽的項目之一。

走動管理

傳統的教師教學時，一直站在講臺上課，甚至坐著上課。這樣，教師無法掌握班上學生的狀況。於是，有些學生打瞌睡，另有些學生看其他無關書刊、或滑手機。除非教師懷孕、重病、或不良於行，上課時應該在教室裡穿梭，注意每個學生的學習反應。如有學生上課分心、精神不集中，教師不妨走到該生面前，即可防範學生不良行為的發生。

教室布置

教室布置應視為班級經營的重要項目之一。教室充滿引人入勝、愉悅的氣氛，師生置身其中，可以創造良好的學習環境，提升教學的效果。教室其他材料的擺設也很重要。學生對於具有吸引力的學習材料會採取正面的反應，譬如利用教室的空間，設置學習角落（learneing corner）、擺設教學媒體與閱讀書刊、參考書的書櫃等。

在設計教室布置的時候，至少三項特性必須予以考慮：可見性（visibility）、接近性（accessibility）、與隔離性（distractivity）（Evertson, 1987）。

1. **教學區（instructional area）的可見性**：學生能看見黑（白）板及其他教學媒體的擺設嗎？教師能清楚地看到教學區的設備以利監控嗎？

2. **高流動區（high-traffic area）的接近性**：教學資料與用具方便學生取用嗎？譬如學生使用削鉛筆機會影響在課間的走動嗎？高流動區的工具使用儘量減低破壞性嗎？

3. **噪音區（noisy area）的隔離性**：潛在性的噪音區能否與其他區隔離？門窗可以任由學生移動嗎？

　　從圖13.1我們可以發現美國的小學教室布置與臺灣的學校教室布置有些不同。

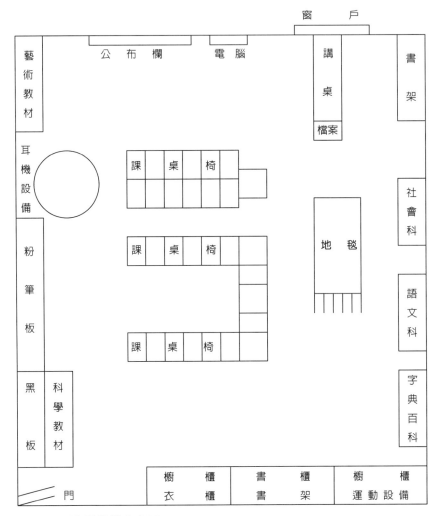

圖13.1　個別化教學教室布置

資料來源：Pate (1996), p.23.

　　臺灣學校的課桌椅擺設一向排列整齊，教室前方設有講桌並有座椅，有些學校的教室粉筆（黑、白）板底下，尚有比地板高幾公分的講臺，以顯示尊師重道，教師高人一等。然而，美國學校的教室課桌椅擺設多樣化，有馬蹄形、圓桌型、橢圓形、正方型、長方形等等以方便課堂討論。此外，美國學校充分利用教室空間，設置學習角落、書櫃、媒體資料、遊戲場地等。但是由於美國有些地區氣候寒冷，教室放暖氣，門窗較少，萬一發生偶發事件，逃生困難，不無遜色。

　　教室環境要有學習的氣氛，首先要把教室布置成為一個學習中心（learning center）。教室布置要以學生為本位，為學生著想。通常教室布置的項目包括：

　　1. **課桌椅的排列（講桌）**：排列方式力求變化，可採馬蹄形、圓形、直線形。

　　2. **學習角落（書櫃）**：可鼓勵師生捐書、向學校或社區圖書館借書。

　　3. **教學媒體（電腦）**：設置班級網站。

　　4. **班規（生活公約）**：經班會通過後，張貼教室明顯處。

　　5. **布告欄（成績欄）**：包括五育成績、各項比賽優異表現。

　　6. 清潔用具：掃把、水桶、畚箕、拖把、抹布……等保持乾淨。

　　7. **鞋櫃**：存放運動鞋、拖鞋等。

　　8. 其他。

親師溝通

　　親師溝通不是教學歷程的附屬品，而是整體教學工作的一部分。家長不投入子女的教育活動，效果自屬有限。教師應該鼓勵家長關心子女的課業，協助子女解決課業的困難，監督子女收看電視節目、使用電腦網路與手機情況、給予適度期望，以獲得學業的進步。研究顯示家長投入愈多，子女成就愈高，態度也更積極（Jacobsen, Eggen, & Kauchak, 2009: 59）。

　　親師溝通的方式很多，譬如親師溝通卡、聯絡簿、親師通訊（newsletter）、電話訪談、網路電郵（e-mail）、手機與答錄機留話（voice mail）、與親師會議等。對於溝通有障礙的學生家長，教師宜專程造訪，以瞭解實況，解決實際的問題。

二、干預措施

學生上課時常見的一些不良行為，諸如未經允許隨便講話、離開座位、不專心、丟紙條、沒帶課本作業用具、打瞌睡、吃東西、破壞公物、製造髒亂、講髒話、滑手機、及其他不軌的舉動等，真是五花八門。更嚴重的不良行為尚有頂撞教師、與他人起口角、打架滋事等，不勝枚舉。這些問題有些是情緒問題，有些是學生引起的，另有些是教師引起的。無論如何，教師面對這些不良行為，都應該即時妥善處理。

㈠ 認知學派途徑

認知學派的干預係指透過思考、察覺、信念、與期望，學生能幡然悔悟，遷善改過。

認知的途徑著重學生的瞭解，亦即學生必須瞭解行為舉止的方式，不可言行不一，說一套、做一套。如果教師期望學生負起行為的責任，溝通要明確，前後一致，否則學生將無所適從。認知的途徑基於此一理念：學生愈瞭解規則與程序，他（她）們愈可能服從教師的教導（Jacobsen, Eggen, & Kauchak, 2009: 77）。今舉兩例說明如下：

1. 興趣的提升（interest boosting）

如果學生上課無精打采，教師可針對學生的課業問一些問題或尋求學生的興趣。曾經有一位學生對恐龍入了迷，上課不聽講，拒絕寫作業，老是在課本上劃恐龍。雖然他的行為不妨礙其他同學的學習，但他整天沉迷於恐龍，不是作白日夢，就是劃恐龍，甚至蒐集了許多塑膠做成的恐龍。教師勸過他好幾次，仍然我行我素，毫無效果。最後，教師想出一個辦法，花了一個晚上，研究百科全書有關恐龍的資料。次日對這位學生表示，老師也對恐龍極感興趣，並且在大學修過。學生半信半疑。當老師提出一些有關恐龍的統計數字時，這位學生甚感驚訝，認為老師是一位恐龍專家。於是，老師就答應他，只要他上課認真聽講，他願意利用課餘時間

與他一起研究恐龍，終於革除他上課不專心聽講的毛病。

2. 以幽默化解尷尬的場面

學生調皮搗蛋是司空見慣的事，不足為怪。關鍵是教師能否有效處理這類的行為。

曾經有一位剛從大學畢業的教師，第一次上課的時候，她自我介紹，向學生說：「我的名字叫彭美香，擔任這一班的地理科教師。」言畢，學生哈哈大笑，教師甚為不悅，不明所以。於是她接著很兇的語氣說：「誰在笑？站起來！」全班頓時鴉雀無聲，沒有學生敢站起來。教師更為生氣，整節課就變成責罵學生。原來學生取教師的綽號：「爆米花」（「彭美香」聽起來像閩南語「爆米香」）。從認知學派途徑的觀點，學生有不良的舉動，教師當然要干預，瞭解不良行為真正的原因，適時開導。教師應該進行機會教育，告誡學生不可取笑別人的名字。名字通常是父母親或長輩取的，應該予以尊重。教師可向學生說：「如果各位同學上我的地理課，都很認真，作業都會寫，考試有進步，老師願意買爆米花當獎品。」學生聽了反而會覺得教師很溫馨，是一位值得尊敬的人，也就不再取笑教師的綽號。

㈡ 行為學派途徑

行為學派的干預途徑如同認知途徑的目標，都是培養學生良好的行為與消除不良的行為。然而，重點有別：認知途徑強調思考與瞭解，行為學派強調行為的本身，注重賞罰。學生表現良好的行為時，給予獎賞；表現不良行為時，施以懲罰。一般言之，獎賞比懲罰更受到喜愛。但如果完全排除懲罰，學生就會無法無天，為非作歹。因此，完全避免懲罰是不切實際的。教師要善用獎懲，懲罰要適可而止，不宜破壞班級氣氛。譬如有些教師看到學生的不良行為就破口大罵，只要告誡一番即可。懲罰要在不良行為發生之後立即進行，不宜延誤時效。懲罰有別於體罰，懲罰要有正當的程序，合乎獎懲辦法，體罰違反教育基本法，嚴令禁止。今舉兩例說明如下：

1. 有計畫的不理睬（planned ignoring）

這不是說教師對學生的不良行為可以置之不顧，而是刻意安排一種技巧，譬如小明上課不專心，一直玩弄鉛筆。這種行為不影響其他學生的學習，教師可不理他。有些教師碰到此種情境常大聲喊叫：「小明，你在幹什麼？站起來！」教師這樣做，必定分散其他學生上課的注意力，把目光集中在小明的身上，影響教學的進行，同時也強化小明的不良行為。這種情形，教師可改變教學的活動，叫幾位學生（包括小明在內）到黑（白）板作答，以轉移小明玩弄鉛筆的行為。這種處理技巧不展示他的不良行為，而是針對行為的動機。

2. 勸導學生戒菸

有些學生偷偷摸摸在學校抽菸。有一次，張老師發現李生在廁所抽菸，煙霧迷漫，造成空氣汙染。於是，張老師不動聲色，找他面談，問他吸菸的狀況。李生說他每週至少抽一包菸。張老師勸他慢慢減少吸菸的數量，先調整為每兩週吸一包，再改為每月抽一包，然後不再抽菸。張老師向他說：「什麼時候達成目標，請來告訴我。操行分數給你加分。」學期結束，他終於不再吸菸了。這個案例，張老師採用行為改變技術，運用強化原理，消失原理，改變學生的不良行為。

(三) 人文學派途徑

根據阿德勒學派心理學家（Adlerian psychologists）的研究，從問題行為發生當時的觀點來看，每一動作都是最適當的情境反應。學生發生不良行為的時候，似乎是得到最大程度的「心理慰藉」（psychological comfort）的時候（Knoll, 1981: 168）。教師明乎此，處理問題行為時，就不會一味地強迫學生就範。為了解決問題，教師必須試圖協助學生瞭解他（她）自己的行為並且選擇更可接納的行為方式，以滿足其「心理慰藉」。這類行為意味著學生具有某種消極的自我概念，而且伴隨著挫折的感情。教師處理這類行為不可草率。雖然教師必須對於行為的標準，採取堅定的立場，但是教師必須對學生表示同情。這類學生，除非有人關心他（她）、瞭解他（她）、協助他（她）從事有意義的活動，否則必將陷入

痛苦的深淵，而不能自拔。今舉兩例說明之：

1. 學生打架

有些學生喜歡打架滋事，這類學生認為讀書沒什麼興趣，只有打架似乎是他（她）最快樂的事。套上青少年用語，打架是讓他（她）最「爽」的事。從人文心理學的觀點，此類學生有嚴重的內在衝突（inner conflict），必須予以開導，宣洩內心的挫折與不滿。教師可輔導他（她）們參加正當的活動諸如打沙包、參加跆拳道、拳擊、或柔道等運動項目，取代打人的不良舉動。如果深具潛力，他（她）可能成為明日之星，參加亞運、奧運，揚眉吐氣，登上國際的舞臺。

2. 學生自殘

有一位女生在宿舍自殘，拿刀片割破手臂。同室室友發現她精神有點異常，向輔導室報告此事。學校立刻啟動輔導機制，探訪家長，瞭解其生活背景。原來該生是生長在破碎的家庭，父母親離婚，曾遭受親人的虐待，內心充滿怨憤與不滿。幸好學校輔導得宜，給她安全感並給予必要的協助，終於脫離恐怖的陰影。

第四節　班級經營的建議

依據Rischer（2008: 47-49）的看法，班級經營策略可以提升學生的學習成就。他認為教師的班級經營有五項策略。每項策略都有其重要性，但聯合使用有助於處理各種班級狀況。今分別敘述如下：

一、滿懷信心

教學要成功，教師就要全然相信自己。缺乏信心可能暮氣沉沉。學生很快認定他／她是無能的教師。此所以上課第一天要建立班規及對學生的期望。教師不容許學生操弄並利用教師的仁慈。

二、瞭解學生

瞭解學生的家庭及文化背景至為重要。今日社會趨向多元化。有效能的教師必須考量學生的宗教背景、語文能力、及其他社會風俗習慣等。教師無法全盤瞭解學生的價值觀念，但他／她必須接納並尊重學生所學習的一切。

三、審慎規劃

盡可能熟悉任教的課程。教學計畫越周詳越好。不要讓學生有太多的無聊時間，這樣會導致學生的不良行為。教師要安排一些有意義的教學活動讓學生進行學習與練習。

四、最壞打算

學生的行為無法預測。大部分的情況，學生的行為受到先前在家庭學到的價值觀念所影響。學生的情緒可能影響其對同學及成人的互動方式。認清學生的情緒徵候，可能有助於防範不良行為的發生。

五、前後一致

班級經營從開學第一天到學年結束最後一天，教師的管教方式前後要言行一致。

學生違規，教師要身先士卒，扮演訓導人員的角色，而不是把學生送給校長處理。不良行為的後果要受到處分，諸如罰勞動服務、剝奪休息時間、取消參加的權利，嚴重者給予記過、停學、甚至退學處分。

第五節　實務演練

1. 走動式班級經營策略

王老師教學，一向喜歡坐在講臺旁邊上課。有一天當他正在上課的時候，有兩位學生在玩弄把戲。李生坐在林生的後面。李生拿

了一根粉筆往林生的背部塗鴉。林生就向李生喝令不要在他的背部亂塗鴉。李生不聽林生的勸告,依然我行我素,照做不誤。這樣激怒了林生,簡直怒不可抑。這時剛好下課,班長喊著:「起立!敬禮!坐下!」王老師也就離開教室。但是,誰也料想不到,林生卻在休息時段,找了一把尖刀,就往李生猛刺下去。李生血流如注,趕忙急救送醫。教室竟然變成打鬥場所,怎麼會這樣⋯⋯?

現在請你思考一下,回答下列問題:

(1)你認為這場兇殺案件能否避免?王老師的班級經營策略究竟犯了什麼錯誤?如果你是王老師,你應該如何處理?

(2)這個案例給教師們有何啓示?

這個案例說明班級經營的重要性。王老師一直坐在講臺上課是不妥當的。他上課純屬「教書」,只教不管,沒有盡到輔導的責任。顯然王老師沒有深入瞭解「教、訓、輔」三合一的策略。如果他能採取「走動管理」的方式,看到兩位學生正在玩弄把戲,老師就站在他們的旁邊,就近看管。他們也就不會輕舉妄動、為非作歹。何況下課時,王老師如果能夠把兩位學生帶到辦公室,開導一番;林生的怒氣也就煙消雲散,不會引起兇殺案件了。

2. 教室布置有哪些特性?請列舉說明之。

3. 如果你(妳)擔任中小學校導師,如何指導班上學生訂定班規?訂定班規要注意哪些原則?請列舉並說明之。

4. 請列出國民中(小)學常見的班規五則。

5. 班級經營模式的派別甚多,請比較各派理論的異同。你(妳)認為哪一派理論最有效?請舉一個例子,驗證其理論的成效。

6. 對於不良行為的處理,認知學派的干預途徑與行為學派的干預途徑有何異同?

7. 有些女生上課時喜歡照鏡子,不專心上課。如果你(妳)碰到此類學生,如何處理?

8. 立志國民中學三年甲班導師王老師向學生說:「第一組同學清掃教

室非常努力，窗戶擦得發亮，課桌椅很整齊，教室一塵不染。」王老師的話屬於下列何種行為？

A. 鼓勵　B. 獎賞　C. 評鑑式讚美　D. 鑑賞式讚美

9. 李老師上課時發現小明正在低頭滑手機，不專心上課。你認為下列何種處理方式是錯誤的？

A. 暫時保管手機，下課時還給他

B. 走到小明旁邊上課

C. 向小明暗示：「把手機收起來！」

D. 沒收手機

10. 明禮國民中學舉辦教室布置比賽，班規列為重要項目之一。下列哪一班訂定的班規不合乎教育的原則？

A. 甲班：「愛惜公物。」

B. 乙班：「保持教室整齊清潔。」

C. 丙班：「午休保持肅靜。」

D. 丁班：「不可騎乘機車。」

參考文獻

Canter, L., & Canter, M. (1992). *Assertive discipline: Positive behavior management for today's classrooms.* Santa Monica, CA: Lee Canter & Associates.

Curwin, R. L., & Mendler, A. N. (1997). Discipline with dignity: Beyond obedience. *The Education Digest, 63*(4), 11-14.

Dreikurs, R. ((1957). *Psychology in the classroom.* New York: Harper & Row.

Dreikurs, R. (1968). *Children: The challenge* (2nd ed.). New York: Harper & Row.

Edwards, C. H. (2000). *Classroom discipline and management,* 3rd ed. New York: John Wiley & Sons, Inc. 43-258.

Evertson, C. (1987). Managing classrooms: A framework for teachers. In D. Berliner, & B. Rosenshine (Eds.), *Talks to teachers* (pp.54-74). New York: Random House.

Gathercoal, F. (2001). *Judicial discipline* (5th ed.). San Francisco: Caddo Gap Press.

Ginott, H. (1965). *Between parent and child*. New York: Avon.

Ginott, H. (1972). *Teacher and child*. New York: Mcmillan.

Glasser, W. (1965). *Reality therapy: A new approach to psychiatry*. New York: Harper & Row.

Glasser, W. (1993). *The quality school teacher.* New York: Harper Perennial.

Glasser, W. (1997). A new look at school failure and school success. *Phi Delta Kappan, 78*(8),597-602.

Gordon, T. (1974). *T. E.T.: Teacher effectiveness training*. New York: Wyden Books.

Gordon, T. (1989). *Teaching children self-discipline: Promoting self-discipline in children.* New York: Penguin.

Jacobsen, D. A., Eggen, P., & Kauchak, D. (2009). *Methods for teaching: Promot-*

ing student learning in K-12 classrooms, 8th ed. Boston: Pearson.

Knoll, S. (1981). A strategy for discipline. *Contemporary Education,* Spring, 168.

Kounin, J. S. (1970). *Discipline and group management in classrooms*. New York: Holt, Rinehart, & Winston.

Manning, M. L., & Bucher, K. T. (2007). *Classroom management: Models, applications, and cases*, 2nd ed. Columbus, Ohio: Merrill Prentice Hall.

Pate, S. S. (1996). *Social studies: Application for a new century.* Boston: Delmar Publishers, 23.

Purkey, S., & Smith, M. (1983). Effective schools: A review. *Elementary School Journal, 83*, 427-452.

Redl, F., & Wattenberg, W. W. (1959). *Mental hygiene in teaching*, 2nd ed. New York: Harcourt, Brace, & World.

Richer, A. D. (2008). Management strategies help to promote student achievement. *The Education Digest, 74(*3), 47-49.

Wang, M., Haertel, G., & Walberg, H. (1993). Toward a knowledge base for school learning. *Review of Educational Research, 63(*3), 249-294.

第十四章

輔導與諮商策略

　　如果學校能夠提供良好的學習環境，學生的潛能就可以獲得充分的發展，成為有用的人才。這好比學校是一片森林，種植成千上萬的植物。森林裡的環境可能適合某些植物，也有可能不適合另外某些植物。譬如，楊柳樹比橡膠樹更需要靠近有水的地方。有些樹喜歡生長在陰涼之處，有些樹需要生長在不同的土壤。有些樹每年秋天會落葉而進入冬眠狀態，也有些樹很少落葉，萬年長青。對於植物而言，生長環境需要水分、陽光、空氣、土壤、溫度、養分等要素取得平衡，才能生長茁壯（Buckler & Castle, 2014: 221）。對於學生而言，亦復如此。校園裡有各式各樣的學生。他（她）們都有個別差異（individual difference），學校能否給予學生適當的學習環境，因材施教，成為國家的棟樑，則是重要的課題。

　　得勝者教育協會（2007.12.17）的調查研究，發現一般國民中學一年級學生不論學校、家庭、或社會層面，都有一些困擾（見表14.1），顯見輔導工作的重要性與必要性。本章針對身心障礙學生、資賦優異學生、與生涯發展等方面的輔導，分別敘述。

表14.1　國中一年級學生十大困擾

項　目	百分比（%）
我擔心考不上理想的學校	61.6
我總覺得社會治安太差	54.7
我很在意他人的眼光	54.4
我的父母反對我現在談戀愛	52.8
我對我的成績不滿意	52.0
我經常覺得睡不飽	50.3
我覺得功課和考試太多	49.8
我不覺得讀書是件快樂的事	48.9
我的情緒常受環境或事情的影響	47.3
我覺得同學上課很吵	44.9

資料來源：得勝者教育協會（2007.12.17），聯合報，C3。

第一節 身心障礙學生

學生學習困難的因素很多。腦部受到傷害，喪失部分功能是可能的原因之一。本節針對一些特殊狀況的學習需求，包括學習障礙學生（students with learning disabilities）、過動症學生（students with hyperactivity）、溝通障礙學生（students with communication disorders）、情緒障礙學生（students with emotional difficulties）、拒學症學生（students with school refusal behavior）、暴力攻擊的學生（students with aggressive behaviors）、智能障礙學生（students with intellectual disabilities）、健康有缺陷學生（students with health and sensory impairments）、與資賦優異學生（students who are gifted and talented），分別敘述如後：

一、學習障礙學生

㈠ 定義與特徵

「學習障礙」一詞沒有一致的定義，大部分的專家學者認為學習障礙係指學生的學習表現顯著地低於所期望的水準。許多教育心理學家相信學習障礙有生理的與環境的因素，諸如腦部受傷、出生前曝露於有毒的環境，母親懷孕時抽菸、吸毒、酗酒、營養不良、鉛中毒、居家環境不良，甚至教學品質低落等（Smith, 2004）。遺傳的因素也扮演重要的角色。如果父母有學習障礙的情形，子女學習障礙的機率是30%至50%（Friend, 2011）。

學習障礙可分為三種類型：發展性的說話與語言障礙、學術性的障礙、與其他障礙（National Institute of Mental Health, 2004）。學業成績低落可能是學習障礙的信號。學習障礙的學生並不全是一樣。最普遍的特徵是一個或一個以上的學習領域有困難，行為過動與衝動、身心機能不協調、注意力不集中、視覺與聽覺資訊的組織與解析不佳、學習動機缺乏、交友困難等問題（參見表14.2）。然而，學習障礙的學生不見得都有這些問題，同一位學生可能閱讀落後三年而數學超出班上同學水準（Hallahan & Kauffman, 2006）。

表14.2　學習障礙學生的閱讀問題

閱讀焦慮

· 勉強閱讀
· 哭泣或逃避閱讀的舉動
· 閱讀時情緒緊張

認字困難

· 插入不正確的單字、跳字
· 字母或數字顛倒讀，如「32」唸成「23」
· 發音錯誤
· 句子裡的單字順序顛倒，如「I can ride bikes.」唸成「I can bikes ride.」
· 閱讀緩慢而且不流暢

字彙技巧不佳

· 無法閱讀新字彙
· 字彙有限

無法瞭解或記憶所學

· 無法回憶閱讀的文章
· 無法推論或指出大意

資料來源：Woolfolk, 2013, p.137.

　　研究顯示大部分學習障礙的學生都有閱讀的困難。Woolfolk（2013：137）舉出一些常見的閱讀困難如表14.2。數學的計算與解題是第二個學習障礙的問題。在幼童學習數學計算題之前，需要額外的練習以便自動地把數字與數量聯結。對學習障礙的學生而言，寫作常常是文句不通，不知所云；說話也會猶豫停頓、沒有組織。他（她）們傾向於被動學習，部分原因是不知如何學習。

(二) **輔導策略**

　　早期診斷至為重要，不要讓此類學生有挫折感、心灰意冷。學生不瞭解他（她）們何以有此問題，成為學習無助（learned helplessness）的犧牲者。學習障礙學生為了謀求補償自己的問題，而發展出惡劣的學習習慣，或開始逃避某些課業。為防止此類事件發生，教師應該洽請合適的專業輔導人員盡早協助處理。

　　學習障礙是看不見的。學生的學業成績低落可能是學習障礙的一項

指標，但不是所有的學習問題都是由於學習障礙。依據美國心理衛生研究院（National Institute of Mental Health），學習障礙可分成三種類別：發展性的說話與語言障礙、學術性的障礙、與其他的障礙。發展性的說話與語言障礙包括發音、語言表達、與接收等障礙。發音不清可透過說話治療矯正。表達或溝通障礙阻礙學生參加學校活動的能力。接收語言障礙或無法理解別人的說話也是認知發展的障礙。說話治療對於改進語言的障礙相當有效。學術性的障礙包括閱讀、寫作、與數學方面有困難（O'Doonnell., Reeve, & Smith, 2009）。

　　針對學習障礙學生，Friend（2011）提出兩個有效的途徑，最好同時使用。第一個途徑是直接教學（direct instruction），教師教導學生要把教材分成細小單元，每一小步都要學生練習，然後立即回饋，教師並給予輔導與協助。第二個途徑是策略教學（strategy instruction）。策略是具體的規則，著重在注意與完成課業，譬如TREE的教學策略，可用來協助小學生說服的寫作。這些策略必須使用直接教學法——說明、舉例、練習、回饋等步驟來教導學生。

　　*T*opic sentence（主題句）：說出你所相信的。

　　*R*easons（理由）：說出三個以上的理由，爲何你相信這個。讀者相信嗎？

　　*E*nding（結尾）：結束！

　　*E*xamine（檢驗）：檢查三段文章。

二、過動症學生

㈠ 定義與特徵

　　你是否曾經聽說過「過動症」（hyperactivity）這個術語嗎？這是一個新概念；半世紀以前沒有「過動兒」（hyperactive children）。此類兒童，像Mark Twain的《老人與海》故事中人物，叛逆、懶惰、或坐立不安的性格（Nylund, 2000）。任何學校恐怕都有過動傾向的學生。美國心理治療學會（American Psychiatric Association, APA）建立診斷的類別，稱爲「注意力缺陷過動失調症」（attention-deficit hyperactivity disorder,

ADHD）。的確，ADHD已成為全世界普遍的問題。

過動症不僅是一種特殊的狀況，而且兩種問題可能或不一定同時發生──注意力失調與衝動過動的問題。美國大約有一半被診斷ADHD的兒童具有兩種狀況。APA（2000: 78）把過動症解釋為「不注意、衝動與／或過動的一種普遍類型，比一般觀察到的兒童發展層級更常發生而且更為嚴重。」認定過動症的指標是：

1. **不注意**：不能密切注意班級的活動、功課的細節、教師指示、與班級討論；不能寫功課、筆記、指定作業；容易分心、遺忘。

2. **過動**：叛逆，並且侷促不安；不能待在指定的座位；不能緩慢移動；像是汽機車疾駛而過；喋喋不休。

3. **衝動**：不加思索回答問題；爭先恐後；打斷說話及活動。

英國的研究人員報導稱：食品的添加劑與防腐劑對於過動症有連帶關係。一些人造食品的著色劑與其他的添加劑會使3至9歲過動症兒童的行為更加惡化。Stevenson等人測試300多位兒童，當他們喝的果汁飲料混和食品著色劑與防腐劑時，他們的行為顯示有顯著的差異。這些研究發現不利的影響不僅見之於過動症的兒童，一般大眾亦復如此。食品添加劑是否影響兒童的行為，數十年來一直是爭議不斷。Feingold指出不僅人造著色劑與添加劑，而且一般蔬果的天然化學成分也都會影響兒童行為。然而一些研究則不認同此種概念，認為食品的添加劑只有對於過動症的兒童有影響。兒童通常對食品的混和物反應不良（Fox, September 5, 2007）。

兒童有時候會顯示其中某些行為，但過動症的兒童可能在7歲前就有這些症候，症候發生在各種場合，不只在學校。這些症候群導致學習與交友相處的問題。研究顯示過動症候群早在3歲即開始顯現（Friedman-Weieneth, et al., 2007）但是過動症通常在學校才被診斷出來。

Friend（2011）指出過動症的兒童，男生多於女生。女生如同男生也有相同的症候，只是以較不明顯的方式表現，因此不常被認定為過動症，也因而錯失了合適的協助。

幾年前，大部分的心理學家認為由於兒童進入青春期，ADHD案件減少，但證據顯示此類問題會持續至成人期。由中學到高中，課業的壓

力增加與社交關係的迷惘，更使過動症的學生難於適應。兒童期被認定為過動症的學生到了成人期，約有30%不再有症狀，25%有持續的行為問題，諸如藥物濫用或犯罪行為，另約有25%患有憂鬱症（Rosenberg, et al., 2011）。

㈡ 輔導策略

　　教師發現兒童上課的時候，顯現興高采烈、手舞足蹈、坐立不安的行為。教師發問的時候，他（她）會不加思索、爭先恐後、搶答問題。依據專業的判斷，如果7歲以前有這些行為症候的兒童，而且繼續這些行為至少6個月，教師應即洽請鑑別輔導委員會予以鑑定是否過動兒童。

　　對於過動症的學生，尋求醫師的協助，給予藥物治療，似有必要。但是此種途徑引起若干爭議，贊成者認為藥物治療有助此類學生行為獲得控制，或減輕問題行為。反對者認為藥物治療不是第一個處理方式，藥物通常有副作用，例如心跳加速、血壓升高、失眠、與嘔吐等（Smith & Tyler, 2010）。研究顯示藥物對於過動行為的改善，很少引起學業或同儕關係的改善。由於過動行為獲得舒緩或改善之後，家長及教師以為病症已治癒，不再注意學習方面的協助（Bailey, et al., 2009）。

　　比較正確的處理方式是雙管齊下，先由專業醫師協助，給予診斷與藥物治療，並由學校專業輔導教師介入，給予學習方面的協助。Fabiano等人（2009）從1967到2006年間的174篇有關研究歸納結論指出，行為治療對於過動學生是有效的。一群瑞典的研究人員也指出行為治療法注重接納與改變過動的症候與行為之間取得平衡是有效的（Hirvikoski, et al., 2012）。

　　教師在教學方面給予學生的作業分量不宜過多，時間不宜過長。問題要簡短，做完要有明確的結果。另一個可行途徑是把學習與記憶結合動機的訓練，目標是協助學生培養「技巧與意志」（skill and will）。

三、溝通障礙學生

㈠ 定義與特徵

介於6至21歲之間的溝通障礙學生是特殊教育的第二大群體。這些學生可能有語言障礙、與說話障礙情形。溝通障礙的起因甚多，因為許多人都涉及學習語言與使用語言。聽力受損的兒童不能正常地說話。腦部受傷可能造成腦神經的問題而干擾說話或語言。

一般溝通障礙可分為說話障礙（speech disorder）與語言障礙（language disorder）兩種。前者係指說話時無法有效發音；後者指與同年齡及文化族群學生比較，在語言的瞭解或表達能力方面有明顯的缺陷（Owens, 2012）。沉默寡言、使用簡單的字或簡短的句子、或僅依賴姿勢去溝通的學生，應該洽請合格專業人員觀察或測試。

最常見的說話障礙是發音不清與口吃。發音不清包括曲解唇音（如sometimes唸成thumtimes）、以一個音取代另一個音（如chair唸成shair）、加一個音（如chair唸成chuch air）、或省掉一個音（如chair唸成chai）（Rosenberg, et al., 2011）。

口吃通常出現在3至4歲的兒童。口吃的原因尚不清楚，可能起因於情緒或腦神經的問題或學來的行為。如果兒童的口吃延續一年以上，就要洽請說話治療專家診斷與治療。早期療育將有很好的效果。

說話障礙的第三種類型是發聲問題（voicing problems），包括使用不當的基音、音質、音量、或聲調說話。有這些問題之一的學生應該洽請說話治療專家診斷與治療。認清問題是第一個步驟。教師要留心一些經常不說話的學生，觀察他（她）們到底是害羞或有語言的困難。

㈡ 輔導策略

教師教學時避免給學生壓力，以免造成緊張。發問時，只問一些能用簡單字句回答的問題。教師更要注意上課時不可羞辱學生，也要避免同學的取笑只因為他（她）口吃。Woolfolk（2013: 144）指出教師在課堂裡要使用正面的語言，鼓勵此類學生朝向正常的語言發展，她歸納一些研究的發現，提出改進語言發展的建議如表14.3：

表14.3　鼓勵兒童語言發展的建議

- 談論一些讓兒童感到有趣的事情。
- 順著兒童的心緒。回應他（她）們的啓動與批評。
- 別問太多的問題。如有必要，可用疑問副詞發問，譬如：*How did/do....*, *Why did/do...*與 *What happened...*可造成較長的解釋答案。
- 鼓勵兒童發問。開放而誠實地回應。如果你不想回答，也要說明原因。
- 使用悅耳的聲調。你不必是個喜劇人物，但你必須很輕鬆，而且幽默。兒童很喜愛成人有點蠢的樣子。
- 別有判斷性或拿兒童的語言開玩笑。如果你批評兒童的語言太超過，或設法找出／糾正兒童的過錯，兒童就不再與你交談。
- 允許足夠的時間讓兒童回應。
- 以禮對待兒童，不可打斷兒童的交談。
- 把兒童找來在家庭或教室討論。鼓勵參與並傾聽他（他）們的意見。
- 接納兒童與他（他）們的語言。擁抱與接納可以走長遠的路。
- 提供兒童使用語言的機會，並讓語言發揮作用，以完成他（他）們的目標。

資料來源：Woolfolk (2013), p.144.

四、情緒障礙學生

㈠ 定義與特徵

　　情緒障礙學生在正常班級最難教，也是教師最感頭痛的問題。如果此類學生沒有得到適當的協助，可能每況愈下，甚至演變成社會問題。在美國，此類學生在學期中約有三分之一的學生被逮捕，並有一半的學生離開學校後3至5年沒有工作（Rosenberg et al., 2011）。因此，早期介入至爲重要。

　　教育專業人員把「情緒障礙」或「行爲失常」（behavioral disorder）解釋爲「干擾個體的成長與發展及／或別人生活的偏差行爲」（Woolfolk, 2013: 144）。美國IDEA法案（Individuals with Disabilities Education Improvement Act, IDEA）描述情緒困擾爲「涉及不適當、不愉快或憂鬱、恐懼與焦慮、及關係困擾的行爲。」美國心理學會（American Psychological Association, APA）與醫學界把行爲困擾稱爲精神失常（mental disorder）（Friend, 2011）。

表14.4　情緒障礙與行為失常的例子

・焦慮失常。當學生體驗到來勢洶洶的恐懼感或恐怖感時，就會發生焦慮失常的情形。被
　迫妄想症（obsessive-compulsive disorder, OCD）的學生一直擔心某一特定的的問題。恐懼
　症（phobia）的學生對特定的事物會害怕如蜘蛛，或拒絕上學；與精神創傷後的壓力失常
　（posttraumatic stress disorder, PTSD），學生會重現於噩夢之中，或浮現所目睹的創傷事
　件。
・破壞行為失常。此類行為包括三種：過動症、挑釁行為、與行為失態，如打架、霸凌、虐
　待動物或人物。
・飲食失常。最常見的行為是厭食症（anorexia nervosa），即使飢餓，拒絕飲食。
・心情失常，也稱情緒失常。此類行為包括憂鬱症與躁鬱症，心情起伏不定。
・肌肉抽蓄。此類學生可能會眨眼、不斷以鼻子吸氣、臉部或身體其他部位抽蓄及聲帶抽
　蓄，如狗叫或褻瀆的行為。

資料來源：Woolfolk (2013), p.145.

　　然而，教師有時會發現一些具有攻擊性、焦慮、退縮、或憂鬱的
學生，或常常無法遵守規定、精神不集中、無法與人相處的學生。學習
障礙、智能障礙、或過動症的學生也會有情緒障礙與行為失常的情形
（Woolfolk, 2013: 144）。常見的情緒障礙與行為失常的例子如表14.4。

　　憂鬱症（depression）是一種心情失常（mood disorder）的類型。患者
覺得沒有價值，相信事情不會變好，行為舉止懶散有一段時日。青少年如
有此症狀2週以上，他（她）可能得了憂鬱症。患者有時也會食慾不振，
晚上無法入眠的情況（Santrock, 2001: 214）。

　　憂鬱症常發生於青少年期，而且女生多於男生（Culbertson, 1997）。
專家們認為性別差異可能由於女性傾向於把事情反覆沉思，小題大作；而
男性傾向於把負面的情緒轉移分散。在青春期，女性的自我意象也比男性
的自我意象更負面些（Nolen-Hoeksema, 1990）。

　　焦慮症（anxiety）涉及一種模糊不清、高度不愉快的害怕與憂慮的感
覺（Kowalski, 2000）。兒童面臨人生的挑戰，擔心生活的問題與課業的
問題，無可厚非。但有些兒童過度擔心此類問題，而且持續一段時日，干
擾學習，影響學校功課。如果兒童顯示恐懼與害怕的情緒，教師應與家長
討論，尋求專業醫師與輔導人員的協助。

　　依據Gosch與Flannery-Schroeder（2006）的研究，焦慮症的種類很

多，至少有8個類型。除了被迫妄想症（obsessive-compulsive disorder）、拒學症（school refusal behavior）、懼學症（school phobia）、精神創傷後的壓力失常（posttraumatic stress disorder）、與恐慌症（panic disorder）之外，尚有概念化的焦慮失常（generalized anxiety disorder, GAD）、社交恐懼症（social phobia, SP）、與分離焦慮失常（separation anxiety disorder, SAD）等。

㈡ 輔導策略

　　情緒障礙與行為失常的學生像一顆不定時炸彈，何時引爆尚不知。因此，教師要格外小心，平常要多觀察學生的行為舉止。如有必要，可洽請各地區心理衛生中心學校或當地醫療體系，把高危險群的學生診斷出來，給予治療，並配合學校的輔導機制，實施個案輔導。家長的配合及社區醫療單位的追蹤輔導也很重要。只要各單位密切配合，相互支援，當可發揮應有的功能。

　　彰化基督教醫院司法精神醫學中心主任王俸鋼指出數月前美國食品藥物管理局（FDA）通過一種穿戴式頭套，運用電場、磁場相生原理，讓裝置產生磁場，以影響大腦皮質層的腦波，用來治療憂鬱症及過動症，不過臺灣尚未應用（陳雨鑫、鄭涵文，2015.2.28）。

　　使用認知治療技術來處理焦慮症乃基於此一信念：焦慮源自於非理性或不良適應的想法與信念。焦慮症的兒童常常曲解資訊的處理、對於沮喪事件存有記憶的偏見、對於有威脅的暗示過度敏感、對於模糊不清的情境視為威脅（Vasey & MacLeod, 2001）。因此，使用認知治療技術以改變焦慮的不良適應，勢在必行。Kendall（2001）使用「思想泡沫」（thought bubble）來改變兒童的想法。他設計各種不同的卡通，把人們的想法與陳述顯現在泡泡裡放在頭上，然後隨即問兒童說：「你的思想泡泡是什麼？」一旦兒童能辨認自己頭上的「思想泡泡」，他（她）們也就教會了思想的理性分析。他（她）們會想一想：他（她）們的預測可能發生嗎？他（她）們以前曾經發生嗎？如果發生，真的會很糟嗎？有沒有另外的方式看待此一情境？經過這樣的分析，兒童會產生因應情境的的想法與技巧

來面對焦慮的想法。

為了有效處理類似案件，Swanson（2005）提供若干可行的建議，以供教師們參考：建構適當的環境，減少視覺與聽覺的刺激；公布每月及每天的行程表，作息有明確的時間表；訂定生活常規及遊戲規則，以便有所遵循；給予選擇的自由，提供一些變通辦法，讓此類學生也可以順利完成作業或課業。

有心理疾病的學生，教師及家長要特別防範他（她）們的自殺行為。當然，並非情緒障礙的學生都會自殺、自殘，但憂鬱症的學生自殺案件比率甚高。自殺的風險因子包括憂鬱、藥物濫用、家族自殺、處於壓力、追求完美的傾向、相信死後會更好、家人拒絕或衝突（Friend, 2011）。自殺通常是生活問題的反應。自殺有一些警訊，譬如飲食或睡眠習慣的改變、性情及活動層次的轉變、不喜歡交友、與孤獨等傾向。家長及教師不可掉以輕心。

五、拒學症學生

拒學症（school refusal behavior）常與懼學症（school phobia）、逃學、曠課、或翹課（truancy）、缺課（absence）等行為相提並論。實際上，這五種狀況有些差異。學生到校上課（attendance）理所當然，但有些學生因某種原因譬如生病請假，不能到校上課，稱為缺課；無故不到學校上課，在外遊蕩稱為逃課、曠課、或翹課；如有情緒原因懼怕到校上課，稱為懼學症；如果另有其他複雜原因拒絕到校上課就成為拒學症。此外，連續三天以上無故不到學校上課者形成中途輟學（drop-outs）。無論如何，除了因故請假者外，未到校上課者（absentee），學校不可等閒視之，都應深入瞭解與輔導。

㈠ 定義與特徵

傳統的逃學，上學時有一些嚴重的沮喪與相關問題，此種焦慮型的缺課（anxiety-based absenteeism）有許多名稱，包括心因性逃學（psycho-neurotic truancy）、拒學、懼學、與分離性焦慮（separation anxiety）。

心因性逃學有它的內在化徵候如害羞、焦慮、內疚、與尋求注意的行為（Partridge, 1939）。帶有焦慮型缺課的拒學症類似心因性逃學。懼學症則帶有嚴重的分離性焦慮與過度依賴母親的徵候（Johnson, Falstein, Szurek, & Svendsen, 1941）。分離性焦慮係指發展性的擔憂遠離家門或照顧者，通常被認為是不到學校上課的主要原因（Estes, Haylett, & Johnson, 1956）。

　　拒學症大部分發生在10-13歲左右，剛要進入中學階段。然而任何青少年可能會拒絕上學，尤其第一次轉換新學校的時候（Kearney, Lemos, & Silverman, 2006: 90）。拒學症的學生顯現重疊的徵候。通常內在的徵候包括一般性與社交性的焦慮、害怕學校的刺激、憂鬱並有自殺的念頭、疲勞、擔心、生理上的抱怨、神經過敏、與關心別離等。外在的徵候包括不從眾、違抗、攻擊性、脾氣暴躁、主動逃避、逃離學校或家庭、拒絕移動、與依附別人。在許多的案例中，內在的徵候與外在的徵候同時發生（Kearney, Lemos, & Silverman, 2006: 91）。

　　拒學症學生的害怕包括擔心學業成績不及格、被人取笑、遭受同學、教師的虐待、考試、告誡、在別人面前表演、生病、轉班、與離開家門或主要的照顧者。然而，大多數的拒學症行為沒有特定的恐懼，也少有特定的懼學症。一般生理上的抱怨包括胃痛、頭痛、腹痛、暈眩、噁心、嘔吐、盜汗、顫抖、呼吸短促、與氣喘等。憂鬱的徵候在拒學症的行為方面也很普遍，常常與焦慮糾結產生強烈的負面情緒。有些拒學症的學生顯現外在的行為是有其用意的，例如強迫家人順從他（她）的需求，留在家裡不上學、誇大不舒服、以逃避引起焦慮的情境、引發停學、引起注意、或得到獎賞等（Kearney, Lemos, & Silverman, 2006: 91）。

㈡ 輔導策略

　　拒學症的干預措施包括兒童本位、家長本位、家庭本位的措施、與學校的輔導措施（Kearney, Lemos, & Silverman, 2006: 96）。今分別敘述如下：

　　以兒童為本位的治療技術常常包括心理教育與自我監控、生理控制練習、認知治療、與曝露練習（exposure-based practices）。心理教育係指教

導兒童及家人有關拒學行為及伴隨焦慮與憂鬱的本質。重點擺在教導兒童有關缺課的形式與功能，及其生理、認知、與行為等方面的情緒狀態。此外，當事人要不斷監控情緒狀態的類型與治療進展情形。生理控制練習包括肌肉鬆弛訓練與呼吸訓練。認知治療對於非理性思考的學生特別有用。認知治療涉及辨認曲解的思想、透過自我反省評估這些思想、改變這些思想以符實際、並給予強化。曝露練習採用漸進法重新引導當事人到學校上學。剛開始可能只到校上課1小時，然後逐漸增加每天上課時數，直到恢復常態，習慣於校園環境為止（Kearney, 2005）。

家長本位的干預措施包括權變管理、建立家規、改進命令、並且有時強迫就學。權變管理係指協助家長建立家規，尤其有關兒童早晨上學前的兒童行為規範，與獎懲規定。幼兒可採用代幣方式獎賞，青少年則多用讚美與其他強化方式。強迫就學僅用於最後一招，如果兒童多日未上學，如果兒童對上學沒有焦慮，與如果家長與校方人員合作無間，則不妨使用。

家庭本位的干預措施包括權變契約與溝通技巧訓練。權變契約指家長與兒童簽訂書面合同，著重上學的誘因，可增強家庭問題解決的歷程並且減少衝突。契約可與溝通技巧訓練相聯結，家庭成員可用合適的方法，傾聽、解讀、並回應別人的陳述。當然，成功的契約有賴於兒童真正地到學校上課，因此護送兒童上學也許有其必要。

學校的輔導措施要結合導師、專業輔導教師、與相關人員的共同努力。他（她）們應該接受焦慮管理技巧訓練，向家長提出有關邏輯後果的策略建議。事實上，許多療程在學校實施可能很有效果。這樣做可以增強學校的曝光率，強化督導的權責，必要時尚有多元的治療途徑（指心理衛生專業人員及校方人員）。強化督導的權責可以嚇阻學生翹課，要求教師撰寫輔導日誌對於輔導工作甚有助益。另一個重要途徑是主動排除學生上學的障礙。譬如，校方人員定期檢視兒童學業進步情形，並且隨時調整功課表，或進行補救教學。改進教學方法也很重要，有些學生拒絕上學是因為課程無法適應學生的需求。學校要提供誘因，鼓勵學生參加社團活動，善用獎賞，以增進合乎社會的行為。

六、暴力攻擊的學生

㈠ 定義與特徵

　　暴力攻擊的學生（students with violent and aggressive behaviors）係指對別人具有敵意、傷害、或破壞行為的學生（Kendrick, Neuburg, & Cialdini, 1999）。攻擊行為視為故意的行為，在幼年時期，兒童的攻擊行為從輕度到中度的程度，至為普遍，例如3歲的幼兒會搶走別人的玩具。然而，大部分的兒童會培養必要的自我調適技巧，適當地控制衝動的行為與情緒，但有些兒童卻無法做到。許多人相信攻擊行為是對周遭環境或事件的反應。例如10歲的學生在校有行為困擾，發現他的父母離異，開始對同學與成人展現攻擊與破壞的行為（Christner, Friedberg, & Sharp, 2006）。

　　Christner、Friedberg與Sharp（2006）指出攻擊行為有許多類型。攻擊行為由負面情緒所引起，稱為敵意型的攻擊（hostile aggression），或情緒型的攻擊（emotional aggression），旨在傷害人或物，傷害的行為係由憤怒的情緒所引起。然而，並非所有的攻擊行為都具有敵意或憤怒的情緒。有些攻擊行為屬於工具型的攻擊（instrumental aggression），並非要傷害人，而是用來獲取外在的獎賞或遂其所願，完成某一目標。例如校園霸凌施暴者企圖向同學勒索財物。他（她）的意向並非要傷害人，也非由憤怒的情緒所引起，他（她）只想要獲取財物。Dodge（1991）認為攻擊行為另有兩種類型：反應型攻擊（reactive aggression）與主動型攻擊（proactive aggression）。前者係由情緒所驅使，後者由工具所使然。反應型攻擊容易激起憤怒的情緒與攻擊的行為，而遭受同儕的拒絕：主動型攻擊傾向於霸凌的行為，攻擊他人時少有情緒性。此外，Crick與Grotpeter（1995）提出關係型攻擊（relational aggression），係指有意破壞別人的友誼關係，或藉由同儕團體，散播八卦新聞，挑撥感情。

㈡ 輔導策略

　　Parker與Asher（1987）認為攻擊行為與藥物濫用、青少年犯罪、心理變態、少女懷孕、學業成績低落、社會暴力、與反社會行為有連帶關係。基於此一認識，強化各級學校的輔導功能，防範暴力攻擊事件實為刻不

容緩的要圖。立法院乃制定《學生輔導法》，並於2014年11月12日公布實施。未來中小學每校至少要設1名專任輔導教師，每所大專至少要聘社工師或心理師等一名專業輔導。教育部表示預計十年內，中小學輔導教師將動用60億元，逐年增至逾8千人（聯合報，2014.10.29）。

學校處理攻擊事件最常見的方法是懲罰，諸如申誡、記過、記大過、留校察看、或退學等處分。但是，依據Christner等人（2006: 205）的看法，懲罰傳遞錯誤的訊息，受處分的學生會認為有權力的人才能控制別人。於是青少年一窩蜂追求權力，企圖控制別人，也因此強化了他（她）們的錯誤信念。彼等認為有暴力攻擊傾向的學生應該透過輔導機制，施以憤怒控制訓練（anger control training）、社交問題解決（social problem solving）、與親職訓練（parent training programs）。

憤怒控制訓練是一種認知與行為治療，用於無法處理憤怒情緒或攻擊行為的青少年。此種訓練包括一套治療流程，重新建構學生的認知歷程與培養自我控制，協助學生改變攻擊事件的評價、採取因應策略諸如正面的自我談話與自我學習，舒緩身心。

社交問題解決是另一項認知治療技術，可以減少攻擊性與反社會行為的發生。認知歷程如感受、自我陳述、歸因、與問題解決技巧都是社交問題的核心。此種訓練涉及技巧的培養，宜針對學生如何面臨社交情境所衍生的缺陷與曲解。輔導人員應該強調學生所面臨的情境而非情境的成果，教導學生按部就班逐步解決人際關係問題，並且透過遊戲、角色扮演、模仿、暗示等方式處理問題行為。

親職訓練是一項用來處理憤怒或攻擊行為的方式。事實上，親職訓練是普遍採用的家庭治療的干預方式。父母親與臨床治療人員見面，學會行為技術，以改變負面或失常的行為。雖然有許多不同的親職訓練模式，一些共同的特徵是：干預主要針對家長，他（她）要直接執行在家療程；家長要以新方式辨認、界定、與觀察問題行為；干預包含社交學習原則、程序與適度的獎賞。

七、智能障礙學生

㈠定義與特徵

　　智能障礙（intellectual disability）以前稱為心智遲緩（mental retardation）或稱為認知障礙（cognitive disability）。智能障礙是一個比較能接受的名詞；心智遲緩則含有令人討厭、汙衊的術語。美國智能與發展障礙學會（American Association on Intellectual and Developmental Disability, AAIDD, 2010）把智能障礙界定為「在智能功能與適應行為方面，突顯在概念、社交、與實際的適應技巧上有明顯限制之一種障礙。此種障礙發生在18歲之前」。

　　智能功能通常是用智力測驗測量，IQ低於70以下。但是IQ低於70以下的組距仍不足於診斷兒童是否有智能障礙。必定還有行為適應、每日獨立生活、與社交功能等問題。僅依賴智力測驗分數來界定智能障礙會產生論者所稱的「6小時心智遲緩的兒童」，即學生被視為智能障礙只在上學的部分時日而已（Woolfolk, 2013: 149）。因此，AAIDD建議採用分類的機制，根據支持的總量，分為間歇性（即有壓力時才有需要）、限制性（持續協助，但在限制的時間如就業訓練）、密集性（每日照顧如住在某一群族之家）、與普遍性（全面照顧）（Taylor, Richards, & Brady, 2005）。

　　智能障礙通常由基因問題所引起。此類學生的臉部與常人不同，他（她）們的手臂與腿部比正常人短。另外，智能障礙由生物原因但非遺傳因素所引起的諸如嚴重的營養不良，或母親懷孕時酗酒，或難產時長時間缺氧都會造成智能障礙（Ormrod, 2012: 169）。

　　輕度智能障礙學生部分或全部時間在正常班級上課。他（她）們可能有閱讀與語言的困難、記憶力不佳、抽象概念無法吸收。然而，經過教師細心的照顧與指導，他（她）們的學業會有進步。

　　教師不可能接觸需要密集性或普遍性協助的學生，除非學校參加全融合的計畫，但他（她）們可能接觸需要間歇性或限制性協助的學生。低年級學生可能只比同儕學習緩慢一點而已，他（她）們需要更多的時間與練

習，他（她）們可能有學習困難，無法舉一反三，完成更複雜的功課。

(二) 輔導策略

協助智能障礙的學生，教師教學時可參採下列建議（Woolfolk, 2013: 150）：

1. 根據每位學生的優缺點，研擬具體明確的目標。不論學生是否知道，他（她）都要準備就緒學習下一個步驟。

2. 根據成人的生活需求，學習實用的技能。

3. 分析學生即將學習的課業──確認成功的具體步驟，不要忽視任何計畫中的步驟。

4. 簡單寫出並呈現目標。

5. 以小部分、合乎邏輯的步驟，呈現教材。進行下一步驟之前，密集練習所學過的教材。使用教學資源，譬如在課堂裡電腦操作練習，或做練習題，或請志工及家庭成員課後輔導。

6. 按部就班，不要跳過任何步驟。IQ中等以上的學生可以從一個步驟到另一個步驟形成概念橋，對於正在學習的東西，做出後設認知的判斷；但IQ中等以下的學生需要逐步進行，而且概念橋要很明確。

7. 用各種不同的方式呈現相同的理念，譬如口語的、視覺的呈現、講義等。

8. 如果學生跟不上，回到更簡單的層次。

9. 特別小心引起學生動機並維持注意力。允許並鼓勵不同的表達方式──寫作、口頭回應、姿態表示等。

10. 找資料不要侮辱學生。故事書裡的人物及內容常會損及學生的人格尊嚴。

11. 注重一些標的的行為或技巧，這樣教師與學生有機會體驗成功的喜悅。每位學生需要正強化。

12. 要當心IQ中等以下的學生必須反覆練習，教師要教他（她）們如何學習，也必須常常溫習功課。

13. 密切注意社交關係。只把IQ中等以下的學生放在正常班級裡，不

能保證他（她）們被接納與能夠結交朋友。

14. 建立同儕互相學習的機制，並且訓練班上學生充當指導者與被指導者。

八、健康有缺陷學生

㈠ 定義與特徵

健康有缺陷的學生包括患有腦性麻痺、癲癇症（epilepsy）、自閉症（autism）、選擇性默語症（selective mutism）、氣喘、愛滋病、糖尿病、視覺與聽覺損傷的學生。茲以腦性麻痺、癲癇症、自閉症、與默語症為例，說明如後。

腦性麻痺的學生由於出生前或出生後腦部損傷，影響身體運動的協調。症狀輕微的學生，行動略顯笨拙，嚴重者身體無法自行活動。最普遍的腦性麻痺是痙攣性癱瘓。許多腦性麻痺的學生也有次級障礙。此類學生除了腦性麻痺外，尚有視覺神經損傷或言語障礙的問題，有些學生有輕度或重度的智能障礙。

癲癇症是對腦部異常的神經化學物質的反應。癲癇症的學生有週期性的發作，但非所有的發作都是癲癇症的結果。暫時的狀況如發高燒、傳染病、退縮等都會引起發作。大部分癲癇症大發作伴隨著無法控制的肌肉痙攣，持續2至5分鐘，可能膀胱失控、不規則的呼吸、接著呼呼大睡或昏睡。恢復意識後，學生可能顯得疲倦、心思混亂、需要額外睡眠。

自閉症是一種腦神經發展失常，影響社會的互動與溝通。它的特徵是行為、興趣、與活動不斷地重複。此種狀況通常在3歲前就開始明顯（American Psychiatric Association, 2000）。研究顯示10,000人中約有7人在18歲以下會得自閉症。一般而論，男生比女生更有可能得自閉症（男女比例約為4：1）。自閉症發生的原因可能是母親懷孕時胎兒的血管收縮素（serotonin）過高，導致腦神經電路系統受損。遺傳因素在某些自閉症的類型可能扮演重要的角色。兄弟姊妹之間的自閉症發生率比較高（Karade, 2006）。自閉症的學生可能無法發展語言，常使用一些詞不達意的單字或片語。當父母親對他（她）說話的時候，他（她）能瞭解但無法回

應。有時候，他（她）能溝通的唯一方式是大聲尖叫（Grandin, 1992）。

Asperger徵候群是另一類型的自閉症，它的特徵類似於自閉症，他（她）們的智能在中上，沒有語言遲滯的現象，但有使用的困難。社交語言的缺乏，影響交友與社交關係（Mackelprang & Salsgiver, 2009: 273）。

選擇性默語症的學生在學校不太容易辨認出來，直到他們進入社交場所，像學校。Kussmaul（1877）把默語症界定為個體在某些情境默默無語，即使他（她）有說話的能力。此種障礙稱之為aphasia voluntaria，強調個體的想法是一種不說話的決定。後來，Tramer（1934）稱之為選擇性的沉默（selective mutism），他相信此類兒童「選擇」不說話。它的特徵是在特定的社交場合，兒童選擇不說話。例如：兒童在家說話，但在學校話說得少，甚至不說話（引自Mulligan & Christner, 2006: 108）。

默語症的特徵之一是「行為抑制」（behavioral inhibition），似乎與懼怕、害羞等人格特質有關。此外，行為受到抑制的兒童心跳速率會加速，一旦抑制減低，心跳速率也隨之降低（Ballenger, 1990）。默語症的兒童有語言障礙，也十分普遍。

(二) 輔導策略

大部分的癲癇症發作可以用藥物控制。如果學生在教室伴隨痙攣發作，教師必須採取行動，以免學生受傷。主要的危險是學生猛烈抽動會撞擊硬體如牆壁、桌椅等。

如果學生癲癇症發作，教師應保持鎮靜以免其他班上學生驚慌呼叫，不可限制患者的移動，輕輕地把他（她）低放在地板上，遠離家具或牆壁。解開圍巾、領帶、或任何影響呼吸的東西，把患者的頭部輕輕轉向邊，頭部以下蓋上柔軟外套或毯子。不可把東西塞住患者的嘴巴。有些人認為癲癇症發作會吞舌頭是不正確的。不要嘗試人工呼吸，除非患者發作後不再開始呼吸。

癲癇症並非都是劇烈的發作，有時候，患者可能目瞪口呆，六神無主，無法回應問題，不知發生何事。這些症狀尚屬輕微，不易察覺。學生在課堂作白日夢，似乎不知道做什麼事。此時，教師應即洽請學校專業輔導教師或護士協助。

默語症的輔導方式大都採用行為治療法，如積極強化（positive rein-forcement）與減敏技術（desensitization techniques）。一項用來評估焦慮的工具是感覺溫度計（feeling thermometer），可以協助兒童辨識情緒的強度，因為他（她）們得以用非語言的方式做出反應。消除焦慮是有效的輔導與諮商方式。輔導人員要提供兒童可以放鬆心情而且舒適的場所。遊戲與繪畫等非語言的活動可以用來釋放兒童的情緒。

對於患有慢性病的學生，譬如心臟病，教師不可動輒罰跑運動場，以免發生休克。體育課或需劇烈運動的課程都要留心學生的身心狀況。教師對於此類學生，應該找家長詳談，告知如何處理類似情況並尋求有關資源的協助。

視覺障礙包括弱視，藉輔助工具如放大鏡或放大字體印刷即可閱讀。對於可教育性的視障生，必須透過聽覺與觸覺作為主要的學習管道。特殊的教材與設備有助於學生在正常班級上課。

聽覺障礙包括重聽，也需要輔助工具幫助學習。以往教育家們爭論口語途徑或雙手操作途徑何者為佳。常用的口語途徑有唇讀（lip read-ing）；雙手操作途徑有手語與手指拼字。研究顯示採用雙手操作的途徑在學科方面及社交成熟度優於口語途徑。目前的趨勢是兩者混合使用（Hallahan & Kauffman, 2006）。

對於身心障礙學生，學校必須擬定個別化教育計畫（Individualized Education Plan, IEP）。個別化教育計畫是一種書面的陳述，特別針對身心障礙學生提出的教育方案。通常IEP應包括：1.敘明學生的學習狀況，2.因應學生特殊需求而採取的措施，3.設計合適課程，因材施教。

第二節 資賦優異學生

一、定義與特徵

在正常的班級裡也許有資賦優異的學生，而教師渾然不知，因此喪失協助的機會，殊為可惜。如果教師能夠早日發現，給予適當的照顧與協

助，說不定這些學生都是明日之星，有朝一日可以揚眉吐氣，登上國際的
舞臺。

　　資賦優異學生包括一般智能資賦優異、學術性向資賦優異、藝術才
能（音樂、美術、體育）資賦優異、創造能力資賦優異、領導能力資賦優
異、與其他特殊才能資賦優異學生。資賦優異（giftedness）的定義很多。
Gardner（2003）認定人類具有八種智慧；Sternberg（1997）提出三種智慧
模式。Renzulli與Reis（2003）認為資賦優異可分為三個層次：中等以上的
普通能力、高層次的創造力、與高層次的工作承諾或達成任務的動機。美
國「不放棄任何兒童法案」（No Child Left Behind, NCLB Act, 2002）把資
賦優異學生界定為「凡在智能、創造力、藝術、領導力、或特殊的學術領
域方面，證據可以顯示高成就能力者，與需要特殊服務或活動而不屬於學
校例行性所提供的，足以充分發揮其能力者」（p. 544）。William與Mary
學院資賦優異教育中心根據IQ測驗分數，做了資賦優異的區隔：130分以
上屬於資賦優異，145分以上屬於高度資賦優異，160分以上屬於特別資賦
優異，175分以上屬於完全資賦優異（Kronholz, 2011）。

　　真正資賦優異的學生不是單指不費力氣，就可以學得很快的學生。
3至4歲以前的兒童只要少許教導，閱讀就很流暢。他（她）們能夠像成
人一樣，有技巧地彈奏樂器；可以把參觀雜貨店變成一道數學難題；而
且當朋友對於加法大感頭痛時，他（她）們卻對代數入了迷（Winner,
2000）。

　　Terman等人（1925）發現學術性資賦優異的兒童身材比較大，長得比
較壯，也比一般兒童更健康。他（她）們走路比較快，而且更有運動細
胞。他（她）們的情緒比同儕更穩定，長大後變得更能適應。他（她）們
的青少年犯罪、情緒障礙、離婚、吸毒等比率都很低。

　　Winner（1996）是一位創造力與資賦優異的專家。他指出鑑定資優學
生有三個規準：1.早熟（precocity），2.依照自己的節拍行進（marching to
their own drummer），3.無師自通、熱愛學習（passion to master）。除了這
三個規準之外，研究人員發現第四個規準就是資訊處理的能力，資優生處
理資訊快速，推理能力較強，使用更好的策略，更能監控瞭解（Santrock,

2001: 218）。

資賦優異究竟是先天的遺傳因素或是後天的環境因素造成的？研究顯示只有認真工作，不見得造就世界級的網球選手或變成牛頓。先天的因素扮演重要的角色。先有天賦的才能再有後天的培養。兒童先有高水準的表現，然後父母親大力投資；發展他（她）們的才能（Winner, 2000）。最近的研究顯示資賦優異兒童，至少在數學、音樂、視覺藝術方面具有特殊能力者，可能擁有不尋常的頭腦組織──可能有優點與缺點。數學、音樂、視覺藝術資優顯然與優越的視覺空間的能力相互聯結，並且增強右腦的發展。頭腦的差異說明資優兒童、天才兒童、博學之士不是憑空而來，而是與生俱來擁有不尋常的頭腦，在某一特殊的領域可以快速學習（Woolfolk, 2013: 157）。

二、輔導策略

拋開Terman的研究發現，不是每位資賦優異的學生在適應力與情緒發展方面都很優越。事實上，資賦優異的青少年，尤其女生，更可能鬱鬱寡歡；而男女兩性可能會感覺無聊透頂、挫折、與孤單。同學們可能熱衷於棒球或擔心數學不及格，而資賦優異的學生卻著迷於莫札特，關心社會議題，或全然專注於電腦、戲劇、或生態。資賦優異的兒童可能沒耐性對待朋友、父母、甚至不能與他（她）們分享興趣或能力的教師（Woolfolk & Perry, 2012）。

有些教育家們相信對於資賦優異的學生，教學可以加速度進行；另有些教育家們寧願採用增加深度、廣度的方式，給學生另加的、更高深的、更有挑戰性的課業。這兩種方式都適合資賦優異的學生（Torrance, 1986）。處理的方式是把課程濃縮，評估學生對教材的瞭解程度，然後只教尚未達成的目標。這樣教師可以消除一半的的課程內容，卻無損於學習；省下來的時間可用來學習加深、加廣、新穎的教材。跳級也是加速學習的變通方式，國小、國中、高中可縮短修業年限。高中資優生可到大學選修大學課程，一旦考取大學，可免修這些學科，將有更多的時間，選修喜愛的學科，發展專長。

教學方法方面，教師應該鼓勵抽象思考、創造力的培養、閱讀高層次的原版書刊，並且獨立研究。資賦優異的學生最好採用能力分組，高能力的學生集聚一堂，集思廣益，腦力激盪，可以學得更多。此外，教師應該要有想像力、彈性、容忍力、與不受這些學生能力的威脅。

第三節 生涯發展

生涯（career）在一生中扮演重要的角色。工作是發展專業知能的主要管道。知道一個人的職業也就知道其他的人格特徵。智慧與職業相互聯結，需要高層次的教育。在社會情境裡，人們的地位部分係由職業所決定。換言之，工作是內在的自尊與身分的來源，也是個人融入社會的手段（Andersen & Vandehey, 2012: 3）。

國民中小學九年一貫課程目標揭示「增進自我瞭解，發展個人潛能」與「提升生涯規劃與終身學習能力」。高級中等學校課程綱要也指出各校應將「生涯發展」重要議題納入相關的課程中，並應將「生涯規劃」列入選修課程，顯見生涯發展與規劃的重要性。然而尚有部分學生對於生涯發展與規劃茫然不知，更顯示中等學校的生涯發展輔導有其必要性。本節先論述生涯發展的理論模式，再論述個別與團體輔導諮商的技巧，以供教師們參考。

一、Holland的工作適應理論

Holland（1959）首先提出人格與環境對應理論（Person-Environment Correspondence, PEC），後來稱之為工作適應理論（Theory of Work Adjustment, TWA）。他發現員工的人格因素與工作因素有連帶關係。順從人格基本類型的人傾向於選擇有類似特徵工作的職業。PEC理論說明了工作環境如何影響員工與員工如何對工作的大環境造成衝擊。兩種理論提供了生涯輔導諮商有用的概念（Andersen & Vandehey, 2012: 37）。

Holland（1973）的生涯發展模式，按照工作的技能、活動、與場合，把職業分成六類。他也把人格類型分成六類，與工作環境相對應。

這六種類型簡稱為RIASEC，亦即實際的（realistic）、探究的（investigative）、藝術的（artistic）、社交的（social）、企業的（enterprising）、與傳統的（conventional）類型。他用六角形來表示六種人格類型與職業類型如圖14.1。

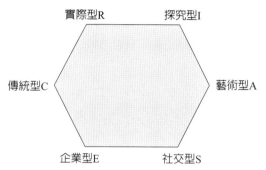

圖14.1　六種人格類型

資料來源：Andersen & Vandehey, 2012, p.40.

圖14.1顯示六種人格類型之間的關係。字母群愈靠近表示類型愈相似，字母群離得愈遠表示類型差異愈大。第一種類型為實際型R，在左上方，各類型依序為：實際型R、探究型I、藝術型A、社交型S、企業型E、與傳統型C。如果某人的人格類型是社交型S，就有社交的特徵；她又喜愛創造，她就屬於藝術型A，可標示為SA。但她也具有領導力，有企業型的特徵，則此人可標示SAE，顯示她的人格類型有一致性。但如果某人的人格類型是SRC，即表示實際型的人格特徵有別於社交型的人格特徵，他的偏好呈現不一致性。茲將六種工作環境與六種人格類型略述如下（Andersen & Vandehey, 2012: 38）：

㈠ RIASEC的工作環境

1. **實際型**：勞力型的工作環境，需具備機械、技術能力，腳踏實地、按部就班，工作場所包括加油站、加工區、機械廠、農場、建築場地、理髮廳等。

2. **探究型**：須具備抽象思考與創造的能力、智力與分析的能力，工

作對象是理念、事物而非人物。工作場所是研究室、實驗室、圖書館,工作團隊是科學研究群。

3. **藝術型**:須具備創意與解析藝術的能力,工作通常需長時間專心投入。工作場所是戲院、音樂廳、舞廳、圖書館、美術畫廊、或音樂工作室。

4. **社交型**:須具備解析與改變人類行為的能力,並有志於照顧關懷他人。工作需有長期的人際關係、互動與彈性。工作場所是學校、諮商室、心理輔導室、休閒中心。

5. **企業型**:須具備口語的能力技巧,指揮、說服他人。工作需指揮、管制、或規劃活動,能言善辯,長袖善舞。工作場所是政治圈、廣告界、銷售業。

6. **傳統型**:工作環境是依照既定程序,有系統、具體、例行性的工作。工作場所是銀行、會計公司、檔案室、機關文書處理。

(二) RIASEC的人格類型

1. **實際型**:偏好外顯的,或有系統的物體、工具、機械操作活動;逃避需要主觀、智力或藝術表達、或社交技巧的活動。實際型的人崇尚自然、腳踏實地,適合從事農業、技術、技術型貿易、與工程等職業。

2. **探究型**:偏好動腦筋的活動、文字、符號;偏愛與觀察、調查有關的科學性質的職業。探究型的人喜愛理論、概念、閱讀、數理、與外語,適合從事科學與學術生涯。

3. **藝術型**:偏好模稜兩可、自由自在、沒系統的活動,使用物體、口語、或人類物質,創造藝術品;藝術型的人依賴主觀的印象或幻想,尋求問題的解決;喜愛音樂、藝術、文藝、與戲劇的職業。

4. **社交型**:偏好與人互動的活動,具有堅強的社交技巧與社交活動的需求;社交型的人偏愛教育、治療、與宗教有關的職業如教會、社區服務、音樂、閱讀、與戲劇;喜歡服務他人並參與互惠型的社交活動。

5. **企業型**:偏好領導、追求組織目標、公開演說、與經濟所得的活動。企業型的人看重冒險性、支配性、與熱忱的品質;渴望成為具有影響

力、有名望的領導人物，適合擔任銷售、督導、經營、與領導的職業。

6. **傳統型**：偏好外顯的、按部就班的、有系統的資料操作的活動；傳統型的人衣著端莊、保守，創造良好印象；適合擔任文書、有組織的、與計算的工作。

二、Super等人的生涯發展階段理論

Super（1957）於1950年代後期完成生涯類型的研究，但僅適用於二十世紀中葉白種人男性上班族。到了1960年代，隨著婦女追求生涯發展，男性生涯發展類型已普遍不適用。其後數十年，多元文化族群的需求甚囂塵上。因此，Super的理論概念需要重新修正。Savickas（2005）與Super共同修正發展理論，把社會／認知建構理論應用於原先的主張並且增加內容結構，使生涯認同的建立與如何適應於變遷更加明確。最後，Blustein（2006）彙整生涯發展理論、社會學、組織心理學、與經濟學的概念，發展出一本工作心理學，給生涯諮商人員提供更廣闊的視野，並給社會政策許多的啟示。

Super的生涯發展階段理論貢獻良多，他的理念擺脫特質因素的途徑，影響半世紀之久。他的生涯發展階段分為五個階段（Super, Savickas, & Super, 1996）：

1. **成長階段**（Growth stage）——出生到14歲：人生第一個階段稱為成長階段，代表兒童早期的發展，身體能力養成，學習技能奠定自我概念的基礎。工作態度與工作意象也逐漸形成。

2. **探索階段**（Exploratory stage）——14到25歲：在此階段，個體領會到職業。起初，成人的角色是想像中的一部分。其次，年輕人進入暫時的職業選擇時期，更接近於實際。最後職業選擇確定。

3. **確立階段**（Establishment stage）——25到45歲：在此階段，個體進入「三十而立」之年，走進就業市場。嘗試錯誤的經驗讓人得以斷定第一次的選擇是否正確有效的出路。如果需要改變出路，就會「跳槽」尋找更好的出路。隨著經驗的累積，工作穩定下來並且適應人格類型的環境。

4. 維護階段（Maintenance stage）──45到65歲：在此階段，個體繼續發展技能與興趣，以獲得成功與滿足。事業的進展可能停滯不前而需要進修，或轉換「跑道」到另一個領域工作。

5. 養老階段（Disengement stage）──65歲到終了：到了最後階段，個體進入「耳順」之年，等待退休養老，工作意願減低，最後選擇離開工作職場。

三、Lent等人的社會認知生涯理論

社會認知生涯理論（social cognitive career theory, SCCT）係依據Bandura（1996）的社會認知理論，應用學習原理來描述個體的生涯興趣、選擇、與表現的發展（Lent, Brown, & Hackett, 1994; Lent & Brown, 1996）。SCCT視生涯發展為個人、行為、與環境之間的複雜互動。互動的因素與Bandura（1986）的三個互惠因果的模式有關。基本上，個體有獨特的內在認知與情意的狀態。這些內在的狀態可能或不可能與外顯的行為相聯結，但與外在環境的暗示，預期行為的獎賞與懲罰相聯結。因此，個體對外在特定行為的暗示而反應。外顯行為會影響內在的狀態並引起反應。同時，外在環境發送暗示有可能改變內在的狀態與外顯的行為。此外，個體也會發送暗示到外在的環境。不用說，個體、環境、與行為等三個因素彼此互動與相互影響。在生涯發展方面，SCCT把這三個領域界定為自我效能（self-efficacy）信念、成果期望（outcome expectations）、與個人目標（personal goals）（Andersen & Vandehey, 2012: 87）。

自我效能界定為個體對自己的計畫能力與提出正確行動的評估，它會引導成功的表現與目標的達成。它是建立在過去的經驗而非潛能。「知道」自己所做的與「希望」自己可以成功是有差別的。

成果期望是個人對於事情將會變得如何而有所期待。成果期望建立在過去的經驗並在類似的情境觀察他人。如果高度技巧的人失敗，觀察者不可能有正面的期望。另一方面，沒有技巧的人反而成功了，更有技巧的觀察者可能認為是成功。在生涯方面，高度的成果期望可以激勵個人繼續克服障礙，而低度的成果期望會導致放棄工作，或逃避工作。

　　個人目標透過組織與輔導而達成。也就是說個人朝著達成目標的方向努力。這些努力可能包括專門的訓練、或教育、實習、或練習。此外，許多的目標是長遠的，需要不斷的反覆嘗試，始能成功。個人目標有助於提供方向與努力不懈的動機。

　　SCCT強調兩個額外的觀念：成就的水準與堅持性。自我效能、成果期望、與個人目標相互衝擊，也受到這兩個觀念的衝擊。自我效能與成果期望相互結合去影響個人目標。如果目標訂得很高，他（她）被期望有高度的成就水準。如果目標訂得很低，他（她）被期望的成就水準也低。堅持性引導自我效能與正面的成果期望。於是，自我效能、成果期望、個人目標、成就的水準、與堅持性就互相影響（Andersen & Vandehey, 2012: 89）。

四、生涯輔導與諮商技巧

　　從上述各種生涯發展理論，我們可以發現人生歷程可分成許多發展階段，尤其接受學校教育之後，進入探索階段，學生的生涯發展與輔導，教師更是責無旁貸。下列一些生涯輔導與諮商技術可供參考（Andersen & Vandehey, 2012: 173）：

㈠ 擴大自我認識的技巧

　　生涯發展的輔導與諮商應從擴大自我認識（self-awareness）開始，建立正確的自我概念（self-concept），堅定自我效能（self-efficacy），逐步引導學生邁向人生的坦途。常用的輔導與諮商技巧如下：

　　1. 生涯族譜（career genogram）

　　許多生涯發展的學者認為生涯族譜可用來探討家庭對於生涯認同的影響（Gibson, 2005; Issacson & Brown, 1997）。團體輔導時，教師可要求學生列出家庭成員的姓名並說出每位成員的的職業。族譜成員可用符號表示如圖14.2：

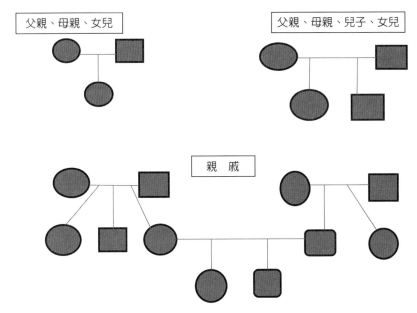

父親、母親、女兒

父親、母親、兒子、女兒

親　戚

圖14.2　家庭族譜

資料來源：改編自Andersen & Vandehey (2012), p.173.

　　通常，當事人開始列出父親的姓名（以正方形表示），再列出母親的姓名（以圓形表示），父親與母親之間劃一道水平線，表示配偶。父親與母親之間劃一道垂直線，連接子女。圓形表示女兒，方形表示兒子。在姓名底下，寫下年齡與職業。

　　當事人說出家庭成員與職業後，諮商員鼓勵當事人述說一些故事，並反映價值觀、感情、與表達的意義。諮商員也可以問一些開放性的問題，以獲得更完整的敘述。如有錯誤的觀念亦可一併檢驗。

　　Gibson（2005）把家庭族譜改編成家族樹（family tree），以供小學輔導之用。教師採用此種技術，要注意當事人家庭狀況譬如單親家庭或隔代教養等。然而，探討家庭成員的工作可以增強學生與家人分享的感覺，或看出學生獨特的興趣。

　　2. 生活回顧（life reviews）

　　Savickas（1997）使用生活回顧技術引導當事人回顧童年時期的記憶。他開始要求當事人說出三個童年時期的記憶。他相信此種記憶是當

事人未來奮鬥的藍圖。人們追求理想，提供人生的方向。當事人敘述完畢後，Savickas要求當事人寫出標題，以動詞描述行為，顯示記憶的重點。有些標題指出人生的方向，日後可能成為職業的活動。然後，Savickas要求當事人舉出並描述三個崇拜的人物。

諮商員解析當事人所描述的崇拜人物有幾種方式。第一，人物的特質可視為當事人認為可以解決個人先入為主見解的特徵。第二，崇拜的人物通常有描述的指標，這些指標就成為當事人追求的目標。最後，諮商員要注意當事人所忽略的人物特質。

把主題與崇拜人物相連接，諮商員可要求當事人指認生涯感到有趣的事情。Savickas認為職業的興趣可以把個人的需求與外在社會的貢獻聯結在一起。換言之，職業的興趣可以看出當事人未來對社會的貢獻。

3. 生涯想像（career imaginings）

鼓勵自我探索最簡單的想像方式是職業的白日夢（occupational daydreams），在判斷Holland的人格類型之前，諮商員把當事人引導進入職業興趣類別，充分討論後，問當事人有關的白日夢。

生涯想像的練習通常見之於工作手冊與諮商手冊中。引導意象的技術非常簡單，直接要求當事人想像未來的生涯，或精簡成為心裡的想像練習。典型的引導式想像可使用放鬆心情的技術，讓當事人自由自在，深呼吸，閉上眼睛，完全放鬆情緒，進入沉思的狀態。諮商員要求當事人想像將來有一天會像什麼樣子，然後鼓勵當事人述說想像中的體驗與對未來生涯的看法。

4. 隱喻（metaphors）

諮商員使用故事的比喻，提供一種觀點，有助於當事人面對人生。通常，隱喻含有間接的涵義，當事人記下訊息，可應用於日常生活當中。隱喻毋須具體的解釋。事實上，讓當事人自行解讀也許更有效果。故事從不充分討論，但說故事在態度上的改變可能發生。有時候，諮商員可以促進當事人創造自己故事的歷程。

日常生活的經驗可以當作故事的基礎。例如：兒童把白色油漆與紅色油漆混和在一起，變成粉紅色的油漆。此種發現可以傳達無意中發現的喜

悅。人生有許多第一次的經驗，譬如第一次上學、第一次綁鞋帶、第一次與異性朋友見面等都會留下深刻的印象。心理意象在人生中十分普遍。生涯本身就是一條通路或通道。隱喻很容易編成人生的旅程。羅盤當作一種信號，引導個人的生涯抉擇。地圖當作通往生涯目的地的計畫。水晶球或時間隧道可以加入未來的幻想，想像另外的時空。

5. 辨認生涯發展的技巧

技巧辨認的方法可以協助當事人判斷合適的生涯通路。技巧視為激勵員工或銷售給員工或客戶的基本要素。在變遷的經濟環境，此種方法最可能適應未來工作職場的需求。對於變換工作跑道的人，跳槽的技巧可以解決公司的問題，乃是最成功的創造工作方式。生涯諮商員可能認為教導學生辨認技巧，當作生涯發展歷程的一部分，而非過度強調職業的頭銜。

6. 價值觀（values）

價值觀可以解釋為含有思想與情意元素的人格建構。因此，價值觀視為可向別人訴說重要理想而採取的舉動。問問當事人的價值觀與別人或家庭成員的價值觀有何不同，有時成果至為豐碩。諮商員可以問當事人何種價值觀可教給兄弟姊妹或兒童。有些當事人就會描述某種價值觀與另一價值觀衝突，因而產生分辨抉擇的輕重緩急之需求。

7. 職業卡片篩選（occupational card sorts）

職業卡片篩選涉及職業的分類。通常三行分別指定為喜歡、不喜歡、與漠不關心。然後，當事人把卡片放在其中一行有標示職業頭銜的位置上。當事人並解釋為何特殊職業放在「喜歡」或「不喜歡」這一行。諮商員可以寫下當事人的陳述並注意興趣與偏好的類型，以供日後討論與輔導之需。

8. 成功的界定（defining success）

協助當事人界定個人成功的準則可以防止中年得了「萬事皆有」病。如果成功只靠外在的來源來界定，生涯就不能自我表述。雖然價值澄清通常含在生涯諮商裡的一部分，當事人可以陳述價值觀，譬如良好的親職或協助他人。探討當事人如何看待成功，與同儕相互比較，可以形成回答別人探求的語言，並鼓勵當事人自我決定。

　　9. 生涯檔案紀錄（career portfolio）

　　檔案紀錄是一本有關生涯資訊的紀錄，描述個人各種的資歷、目標、工作樣本、感想、教育計畫、日記、測驗結果等。這個概念改變傳統的履歷，以各種的資料描述自己。生涯檔案紀錄可以當作生涯輔導的工具，當事人可以認清工作努力的價值。

　　10. 生涯支助團體（career support groups）

　　支助團體常為求職者定期見面、分享資訊、與彼此瞭解而組成。透過工作的搜尋，支助團體提供協助。支助團體的領袖、專家給予建議，引進新的技巧或提供經驗，給予當事人生涯發展的協助。

第四節　實務演練

1. 對於學習障礙的學生，教師應該洽請專業醫師治療或由專業教師給予學習技巧的協助？你認為醫師給藥丸（pills）與教師給技巧（skills）何者有效？為什麼？

2. 拒學、懼學、與逃學有何不同？背後原因為何？輔導策略為何？

3. 過動症（hyperactivity）的指標有哪些？請列舉說明之。

4. 自閉症（autism）與選擇性默語症（selective mutism）有何區別？請列舉特徵說明之。

5. 資賦優異的學生有哪些特徵？教師如何辨別真正資優與假性資優的學生？鑑定資賦優異有哪些規準？

6. 資賦優異究竟是先天的遺傳因素或是後天的環境因素造成的？請說明之。

7. 生涯發展的輔導與諮商可用哪些技術？請舉出三種有效的方式。

8. 國民中小學九年一貫課程綱要目標之一要提升生涯規劃的能力。教師如何協助學生進行生涯規劃？

9. 2014年5月21日某大學生在臺北捷運板南線車廂隨機砍殺乘客，造成4人死亡，22人受傷慘案。心理評估報告指出兇嫌「國中時曾邀同學到家裡玩，結果卻沒人出現，讓他大受打擊，導致他刻意與同儕保

持距離，卻故意穿睡衣到校，吸引同學注意，顯現以自我為中心的反社會人格」（吳珮如，2015. 1. 27）。你認為兇嫌可能屬於哪一類型的學生？

A. 學習障礙學生　　B. 過動症學生

C. 溝通障礙學生　　D. 情緒障礙學生

10. 小明上課的時候，顯現興高采烈、手舞足蹈、坐立不安的行為。教師發問的時候，他不加思索、爭先恐後、搶答問題。從這些行為的徵候，小明可能是哪一類型的特殊兒童？

A. 學習障礙學生　　B. 情緒障礙學生

C. 溝通障礙學生　　D. 過動症學生

11. 王老師發現阿華上課沉默不語，顯現焦慮、退縮的行為，常常無法遵守規定、精神不集中、無法與人相處。依此推測，阿華可能是哪一類型的特殊兒童？

A. 學習障礙學生　　B. 溝通障礙學生

C. 情緒障礙學生　　D. 自閉症學生

12. 依據D. E. Super（1957）的生涯發展階段理論，國民中學學生的生涯發展進入哪一個階段？

A. 成長階段　　B. 維護階段　　C. 確立階段　　D. 探索階段

參考文獻

一、中文部分

吳珮如（2015.01.27）。**人魔鄭捷難斷「能否教化」**。臺北：蘋果日報，A4。

陳雨鑫、鄭涵文（2015.02.28）。**控腦波可治癲癇憂鬱**。臺北：聯合報，A6。

得勝者教育協會（2007.12.17）。**國中生的困擾**。臺北：聯合報，C3。

聯合報（2014.10.29）。**立法院三讀通過學生輔導法**。臺北：聯合報，教育版。

二、英文部分

American Association on Intellectual and Developmental Disability, AAIDD (2010). *Definition of intellectual disability.* Available online at: http: //www.aamr.org/ content_100cfm?navID_21.

American Psychiatric Association (2000). *Diagnosticans statistical manual of mental disorders*, (4th ed.) , DSM-IV-TR. Washington, DC: American Psychiatric Association.

Andersen, P., & Vandehey, M. (2012). *Career counseling and development in a global economy* (2nd ed.). Belmont, CA: Brooks/Cole.

Bailey, U. L., Lorch, E. P., Milich, R., & Charnigo, R. (2009). Developmental changes in attention and comprehension among children with attention deficit hyperactivity disorder. *Child Development, 80*, 1842-1855.

Ballenger, J. (Ed.) (1990). *Neurobiology of panic disorder.* New York: Wiley & Liss.

Bandura, A. (1986). *Social foundations of thought and action: A social cognitive theory.* Englewood Cliffs, NJ: Prentice Hall.

Blustein, D. L. (2006). *The psychology of working: A new perspective for career development, counseling, and public policy*. Mahwah, NJ: Lawrence Erlbaum Associates.

Buckler, S., & Castle, P. (2014). *Psychology for Teachers.* London: SAGE.

Callahan, C. M., Tomlinson, C. A., & Plucker, J. (1997). *Project START using a multiple intelligences model in identifying and promoting talent in high-risk students.* Storrs, CT: National Research Center for Gifted and Talented, University of Connectinut Technical Report.

Christner, R. W., Friedberg, R. D., & Sharp, L. (2006). Working with angry and aggressive youth. In R. B. Mennuti, A. Freeman, & R. W. Christner, (Eds), *Cognitive-behavioral interventions in educational settings: A handbook for practice*. New York: Routledge.

Crick, N. R., & Grotpeter, J. K. (1995). Relational aggression, gender, and social-psychological adjustment. *Child Development, 66*, 710-722.

Culbertson, F. M. (1997). Depression and gender. *American Psychologist, 52*, 25-31.

Dodge, K. A. (1991). The structure and function of reactive and proactive aggression. In D. J. Pepler & K. H. Rubin (Eds.), *Development and treatment of childhood aggression* (pp. 201-218). Hillside, NJ: Erlbaum.

Estes, H. R., Haylett, C. H., & Johnson, A.M. (1956). Separation anxiety. *American Journal of Orthopsychiatry, 26,* 682-695.

Fabiano, G. A., Pelham, W. E., Coles, E. K., Gnagy, E. M., Chronis-Tuscano, A., & O'Connor, B. C. (2009). A meta-analysis of behavioral treatments for attention-deficit/hyperactivity disorder. *Clinical Psychology Review, 29*, 129-140.

Friedman-Weieneth, J. L., Harvey, E. A., Young-swirth, S. D., & Goldstein, L. H. (2007). The relation between 3-year-old-children's skills and their hyperactivity, inattention, and aggression. *Journal of Educational Psychology, 99*, 671-681.

Friend, M. (2011). *Special education: Contemporary perspectives for school pro-*

fessionals (3rd ed.). Boston, MA: Allyn & Bacon.

Fox, M. (September 5, 2007). *Food additives may cause hyperactivity: Study*. Reuters.

Gibson, D. M. (2005). The use of genograms in career counseling with elementary, middle, and high school students, *Career Development Quarterly, 53,* 353-362.

Gosch, E., & Flannery-Schroeder, E. (2006). School-based interventions for anxiety disorders. In R. B. Mennuti, A. Freeman, & R. W. Christner, (Eds), *Cognitive-behavioral interventions in educational settings: A handbook for practice*. New York: Routledge.

Grandin, T. (1992). An inside view of autism. In E. Schopler & G. B. Mesibov (Eds.), *High-functioning individuals with autism* (pp.105-126). New York: Plenum Press.

Hallahan, D. P., & Kauffman, J. M. (2006). *Exceptional learners: Introduction to special education*, (10th ed.). Boston, MA: Allyn & Bacon.

Hirvikoski, T., Waaler, E., Alfredsson, J., Pihlgren, C., Holmstrom, A., Johnson, A., & Nordstrom, A. L. (2012). Reduced ADHD after structured skills training group: Results from a randomized controlled trial. *Behavioral Research and Therapy, 49*, 175-185.

Holland, J. l. (1973). *Making vocational choices: A theory of career.* Englewood Cliffs, NJ: Prentice Hall.

Issacson, L. E., & Brown, D. (1997). *Career information, career couseling, and career development.* Boston: Allyn & Bacon.

Johnson, A. M., Falstein, E. I., Szurek, S. A., & Svendsen, M. (1941). School phobia. *American Journal of Orthopsychiatry, 11*, 702-711.

Karade, S. (2006). Autism: A review for family physicians. *Indian Journal of Medical Sciences, 60*(5), 205-215.

Kussmaul, A. (1877). *Die stoerungen der sprache* (1st ed.) (Disturbances in linguistic function). Basel, Switzerland: Benno Schwabe.

Kearney, C. A. (2005). *Social anxiety and social phobia in youth: Characteristics, assessment, and psychological treatment*. New York: Kluwer Academic/Plenum.

Kearney, C. A., Lemos, A., & Silverman, J. (2006). School refusal behavior. In R. B. Mennuti, A. Freeman, & R. W. Christner, (Eds.), *Cognitive-behavioral interventions in educational settings: A handbook for practice*. New York: Routledge.

Kendall, P. C. (2001). Flexibility within fidelity. *Child and adolescent psychology newsletter, 16*(2), 1-5.

Kendrick, D. T., Neuburg, S. L., & Cialdini, R. B. (1999). *Social psychology: Unraveling the mystery.* New York: Allyn & Bacon.

Kolb, D. A. (1984). *Experiential learning: Experience as the source of learning and development.* Upper Saddle River, NY: Printice Hall.

Kowalski, R. M. (2000). Anxiety. In A. Kazdin (Ed.), *Encyclopedia of psychology.* Washington, D C, and New York: American Psychological Association and Oxford University Press.

Kronholz, J. (2011). Challenging the gifted: Nuclear chemistry and Sartre draw the best and brightest to Reno. *Education Next, 11*(2), 1-8.

Lent, R. W., & Brown, S. D. (1996). Social cognitive approach to career development: An overview. *Career Development Quarterly, 44*(4), 310-321.

Lent, R. W., Brown, S. D., & Hackett, G. (1994). Toward a unifying social cognitive theory of career and academic intersest, choice, and performance. *Journal of Vocational Behavior, 45*(1), 79-122.

Mackelprang, R. W., & Salsgiver, R. O. (2009). *Disability: A diversity model approach in human service practice*, 2nd ed. Chicago, IL: Lyceum Books.

Mulligan, C. A., & Christner, R. W. (2006). Understanding and treating selective mutism. In R. B. Mennuti, A. Freeman, & R. W. Christner, (Eds.), *Cognitive-behavioral interventions in educational settings: A handbook for practice*. New York: Routledge.

National Institute of Mental Health (2004). *Attention deficit/hyperactivity disorder*. October 24, 2004.

No Child Left Behind Act (2002). P.L. 107-110, Title IX, Part A, Section 9101 (22), pp. 544, 20, U. S. C. 7802.

Nolen-Hoeksema, S. (1990). *Sex difference in depression.* Stanford University Press.

Nylund, D. (2000). *Treating Huckleberry Finn: A new narrative approach to working with kids diagnosed ADD/ADHD*. San Francisco: Jossey-Bass.

O'Doonnell, A. M., Reeve, J., & Smith, J. K. (2009). *Educational psychology: Reflection for action*, 2nd ed. NJ: John Wiley & Sons.

Ormrod, J. E. (2012). *Essentials of educational psychology: Big ideas to guide effective teaching*, (3rd ed.). Boston: Pearson.

Parker, J. G., & Asher, S. R. (1987). Peer relations and later personal adjustment: Are low-accepted children at risk? *Psychological Bulletin, 102*, 357-389.

Partridge, J. M. (1939). Truancy. *Journal of Mental Science, 85,* 45-81.

Renzulli, J. S., & Reis, S. M. (2003). The schoolwide enrichment model: Developing creative and productive giftedness. In N. Colangelo & G. A. Davis (Eds.), *Handbook of gifted education* (pp.184-203). Boston, MA: Allyn & Bacon.

Riessman, F. (1966). Styles of learning. *NEA Journal, 3*, 15-17.

Rosenberg, M. S., Westling, D. L., & McLeskey, J. (2011). *Special education for today's teachers: An introduction*. Boston, MA: Allyn & Bacon.

Santrock, J. W. (2001). *Educational psychology*. Boston: McGraw-Hill Company.

Savickas, M. L. (2005). The theory and practice of career construction. In S. D. Brown & R. W. Lent (Eds.), *Career development and counseling: Putting theory and research to work.* New : John Wiley & Sons.

Silver, H., Strong, R., & Perini, M. (1997). Integrating learning styles and multiple intelligences. *Educational Leadership, 55*(1), 22-27.

Smith, C. R. (2004). *Learning disabilities: The interaction of learner, task, and setting* (5th ed.). Boston, MA: Allyn & Bacon.

Smith, D. D., & Tyler, N. C. (2010). *Introduction to special education: Making a difference*, (7th ed.). Columbus, OH: Merrill..

Swanson, T. C. (2005). Providing structure for children with learning and behavior problems. *Intervention in School and Clinics, 40*, 182-187.

Sternberg, R. J. (1997). *Successful intelligence*. New York, NY: Plume.

Super, D. E. (1957). *The psychology of careers*. New York: Harper & Row.

Super, D. E., Savickas, M. L., & Super, C. M. (1996). The life-span, life-space approach to careers. In D. Brown, L. Brooks, and Associates (Eds.), *Career choice and development* (3rd ed., pp.121-177). San Francisco: Jossey-Bass.

Taylor, R. L., Richards, S. B., & Brady, M. P. (2005). *Mental retardation: Historical perspectives, current practices, and future directions.* Boston, MA: Allyn & Bacon.

Terman, L. M., Baldwin, B. T., & Bronson, E. (1925). Mental and physical traits of a thousand gifted children. In L. M. Terman (Ed.), *Genetic studies of genius* (Vol. 1). Stanford, CA: Stanford University Press.

Torrance, E. P. (1986). Teaching creative and gifted learners. In M. Wittrock, (Ed.), *Handbook of research on teaching* (3rd ed.). New York: Macmillan.

Vasey, M. W., & MacLeod, C. (2001). Information-processing factors in childhood anxiety: A review and developmental perspective. In M. W. Vasey and M. R. Dadds (Eds.), *The developmental psychopathology of anxiety* (pp. 253-277). New York: Oxford University Press.

Weatherley, C. (2000). *Leading the learning school: raising standards of achievement by improving the quality of learning and teaching.* Willston, VT: Network Educational Press, 17.

Willingham, D. T. (2004). Reframing the mind. *Education Next, 4*(3), 19-24.

Winner, E. (1996). *Gifted children: Myths and realities.* New York: Basic Books.

Winner, E. (2000). The origins and ends of giftedness. *American Psychologist, 55*, 159-169.

Woolfolk, A. (2013). *Educational psychology* (12th ed). New Jersey: Pearson.

Woolfolk, A., & Perry, N. E. (2012). *Child development.* Boston: Allyn & Bacon.

教學評鑑篇

第十五章

多元評量

　　自從二十世紀以來，評量方法的改變從口試到筆試，從質化到量化，從簡答題到多重選擇題，其目的莫不在增加效率並使評量系統更客觀、更公平、更可行。時至今日，教學評量仍是大眾注目的焦點。國民中小學學生成績考查準則及高級中等學校學生成績考查辦法，詳細規定教師得使用各種有效的評量方式，考查學生的學習表現。教育部宣布自2014年實施十二年國民基本教育，活化教學列為重要目標之一，多元評量更有其利用之價值。本章從教學評量的重要元素、基本概念、多元評量的定義、理論基礎、應用、及改進途徑，分別論述。

第一節　教學評量的重要元素

　　教學是一種複雜的歷程，究竟包含哪些要素？有些學者認為教學至少涉及五個要素——學生、教師、教材、環境、及時間（Hyman & Rosoff, 2000: 193）。但大體上，教學的歷程涉及學生、教師、教學目標、教材設備、教學方法、及教學評量，如圖15.1。今說明如後：

一、學生

　　教學的主要對象是學生。沒有對象，教學必成為自導自演，紙上談兵，不切實際。教學時，教師必須先瞭解學生的起點行為（entering behavior）及個別差異，判斷學生的能力水準，才能因材施教。

二、教師

　　教學的主角是教師。他（她）應該扮演良師的角色，傳道、授業、並解惑。現代的教師同時要扮演「十項全能」的角色：廚師、人師、經師、工程師、設計師、醫師、園藝師、幽默大師、魔術師、及裁縫師（張清濱，2008a: 125）。

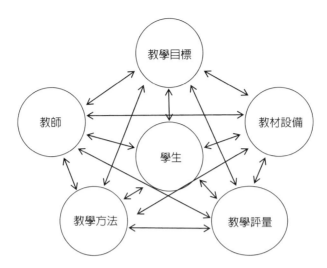

圖15.1　教學要素之間的關係

三、教學目標

　　教育的目的何在？教學的目標為何？這是教學歷程必須考慮的要素。教學沒有目標如無舵之舟，茫茫然沒有方向，隨波逐流。教學前，教師應把握教學的目標，安排教學活動，以達成預期的效果。

四、教材設備

　　教學的材料（teaching materials）通常包括教材及視聽媒體器材。教學前，教師對於教材應有透徹的瞭解並應準備有關的教學媒體。如無媒體器材可資應用，師生亦可製作教具，可能的話，得由學生自備。

五、教學方法

　　教學方法包括教學策略、方法、技術或技巧。教學方法很多，譬如問題教學法、思考教學法、小組教學法、練習法、討論法、探究法、欣賞法、協同教學、合作學習、及電腦輔助教學等。教師應該判斷何種學科採用何種教法才適當。

六、教學評量

學生學習有無困難？教學目標是否達成？教學效果如何？唯有實施教學評量，教師才能瞭解學生學習的情形。通常教學開始前，教師應該進行診斷性評量（diagnostic evaluation）；教學過程中，教師要進行形成性評量（formative evaluation）；教學結束，教師也要進行總結性評量（summative evaluation）。

第二節 教學評量的基本概念

一、教學評量的目的

在教學歷程中，學生有必要瞭解他（她）們學得如何，教師也有必要瞭解他（她）們教得如何。教學評量本身就是達成目標的一種手段。它的目的約有下列六點（張清濱，2008b: 432）：

㈠ 瞭解學生的起點行為

教師面對一群未曾教過的學生，不知道他（她）們的準備度（readiness）如何，教師可進行簡單的測驗，即可瞭解他（她）們的起點行為（entering behavior）。對於新生及未曾教過的學生，學期開始之初，教師更應進行教學評量。

㈡ 診斷學生學習的困難

學習的範圍甚廣，學生學習後到底有何困難？什麼地方有困難？譬如國中、高中一年級學生，有些學生不會發音，另有些學生不會拼字，也不懂文法等。教師可透過評量發現問題之所在。

㈢ 協助學生學習

教學評量最主要的目的是要幫助學生學得更好。從評量的過程中，教師可發現學生學習的優缺點，重新建構課程與教學，設計合適的教學活動，讓學生更容易學習。

㈣ 評定學生的學習表現

　　教學告一段落，教師應就教學的範圍施以評量，以瞭解學生的學習結果及表現。學習表現包括知識、技能、態度、理想、情操、勤惰等。教師應就其學習的程度，評定其等第或分數。

㈤ 檢討教學的得失

　　從學生的學習表現，教師應就評量的結果，檢討教學的得失。在教學的過程中，教師的教學有哪些優點？有哪些缺點？評量的難易度是否適當？哪些學生學會？哪些學生還不會？原因何在？都應加以分析，以作為改進教學之參考。

㈥ 提升教學的品質

　　評量的最終目的是改進教學，提升教學的品質。評量的本身是一種手段，改進教學才是目的。評量的結果應當告知學生本人及家長，給予回饋。對於成績較差的學生，教師應施以補救教學，提升其能力與水準。

二、教學評量的原則

　　教學評量時，教師要先考慮命題方式為何？包括哪些範圍？評量的對象是誰？評量的工具如何完成？如何評分？下列十個原則可供教師們參考（張清濱，2008b: 434）：

㈠ 評量要依據教學目標

　　評量的主要功能在於判斷教學目標是否達成。在評量的過程中，不論是教師評量學生或學生自我評量，目標必須具體、明確。因之，教學目標應以行為目標（behavioral objectives）的方式敘寫。評量應根據教學目標轉化成評量的題目。

㈡ 評量要兼顧認知領域、技能領域、及情意領域

　　教師的觀點往往左右評量的內容。如果教師注重態度與價值觀念的培養，則評量將著重於學生在課堂上發展這些態度與價值的程度。如果教師注重於認知領域，則評量注重於學習單元中知識的獲得。但是，學習是完

整的活動，知識、思考的歷程、技巧、態度、價值、及行為的改變一樣重要，不分軒輊。雖然，某些學科的教學目標有輕重緩急之分，但在教學評量時，卻不宜有所偏廢。

㈢ 評量要適應學生的個別差異

評量的題目要顧及學生的程度。如果評量是針對同一年級的學生，試題的難易度要適中，應以大多數的學生程度為準。如果評量是針對資賦優異的學生，試題就要有挑戰性。如果評量是針對智能不足的學生，試題難易度就要淺顯易懂。

㈣ 評量是繼續不斷的歷程

教師應經常考查學生，教學前、教學中、及教學後都可以評量學生。診斷性評量可辨別學生個人及團體的需要。形成性評量可看出學生每天進步的實況。單元結束所做的總結性評量則可瞭解單元目標是否達成。這三種評量方式，教師教學時應相機採用。

㈤ 評量是師生共同合作的歷程

教師、學校行政人員、學生、甚至學生家長都應參與評量的工作，因為他們對於學校計畫均有密切的關係。教師與學生共同評量有助於目標的澄清。團體評量與自我評量有賴於教師的指導及學生的合作。家長應多參與討論其子女的學習情況。視導人員與其他有關的學校行政人員亦應提供協助，並與教師合作，設計有效的評量工具。

㈥ 評量應在各種不同的情境實施

學生的態度、興趣、觀念的改變、及技能的增進在團體設計、討論、報告中可予以評估。學生在戲劇、韻律、及角色扮演所表現的行為也可顯示其學習增長的情形。學生必須在各種不同的場合予以評量，始能判定學習是否改變其行為。

㈦ 評量應利用各種不同的方法

教師可利用許多不同的工具及評量的技術，以蒐集有關教學結果的資料。常用的評量方式有觀察、討論、面談、個案會商、個案研究、教師自

編測驗、師生合編測驗、標準化測驗、問卷、社交距離測驗、查核法、學習日誌、日記、軼事紀錄等。教師使用何種方式評量，要看評量的目標如何以爲定。教師不可僅使用一種方式去評量某一目標。即使教師使用查核表、等級量表或測驗，教師也可同時使用觀察法。混合使用各種方法比單獨使用一種方法要好些。

㈧ 教師應提供學生自我評量的機會

透過自我評量，學生可分析自己的技能、態度、行爲的優、缺點與需要。當他們評估個人與團體努力的結果時，他們也就培養個人的責任觀念。自我評量促進自我學習。

㈨ 評量應力求客觀、公正、公平

評量試題的題意要明確，不可模稜兩可。試題也要顧及不同的族群、性別、語言、地區、及文化的差異，不可厚此薄彼。見仁見智及容易引起爭議的題目均應力求避免。

㈩ 評量應與教學密切結合

評量應該是教學的一環。成功的教師會觀察並記載學生學習進展的情形。他們會根據評量的結果，改進教學。評量可提供立即回饋，師生均有裨益。

三、教學評量的特性

良好的教學評量要考慮五個C：符合性（congruence）——評量的項目要符合教學的目標；完整性（completeness）——評量的試題要涵蓋整個教學的層面；一致性（consistency）——評量的試題在不同的時間施測，能得到一致的結果；確信性（confidence）——試題的內容信用可靠；成本性（cost）——試題所花的成本費用是合理的（Smith & Ragan, 1999: 95）。具體地說，任何評量的工具至少要具備四個特性：可靠性、標準性、效用性、及可行性（reliability, standardized, validity, practicality, RSVP）（Ormrod, 2009: 361）。今略述如下：

(一) 可靠性（reliability）

如果評量能一致地測量到所要測量的項目，並且具有很高的可信度，則此種評量是可靠的。我們可以相信如果我們明天或下周給予相同的測驗，學生基本上在兩次評量仍然可以得到相等的分數。評量工具沒有信度通常由於試題缺乏客觀性、評量工具過於冗長、題意不明、或行政上的缺失使然。

(二) 標準性（standard）

評量的試題要能夠做縱的及橫的比較，以顯示有無進步。縱的比較係指同一系統在不同的時段內比較，譬如甲校前年、去年、與今年畢業生基本學力測驗成績的比較，250分以上的比率提升或下降？橫的比較係指不同的系統在相同的時段內比較，譬如甲校今年的畢業生基本學力測驗成績與他校、他縣市比較。

評量的結果要能夠相互比較，除了要有信度及效度外，試題尚應力求標準化。施測的內容、程序、及計分的準則都以相同的方式處理。標準化減少錯誤的機會，達到公開、公平、公正的標準。

(三) 有效性（validity）

如果評量能真正地評量到或測量到所要評量的項目，那麼這個評量是有效度的。每一道試題都要符合與所要評量的目標。每一目標所命擬的試題都是代表可能發展哪些目標的試題。如果試題不能測驗到所要測量的項目，則此種評量是沒有效度的。

心理學家指出效度可分為三種：1.預測效度（predictive validity），即評量工具能預測未來的表現，例如智力測驗分數能預測學生未來的學業成就；2.建構效度（construct validity），即評量工具能否測量特殊的人類特質或特徵，例如智力測驗能否真正測量智力，或人格測驗能否測量人格特質；3.內容效度（content validity），即評量的內容及題目能代表所要測量的全部知識及技能。

(四) 實用性（practicality）

　　要增加試題的實用性，最好發展評量的效度與信度，評量的試題儘可能接近實際的生活情境。試題生活化可以使學生應用學習過的知識與技能。然而，創造效度與信度的願望和評量情境的現實性是有落差的。評量的資源有其限制：學生沒有足夠的評量時間，教師也沒有充分的閱卷時間。

　　總而言之，在這四個特性中，效度最為重要。教師必須使用評量的技術，評量學生的成就是否達成教學目標。然而，信度是效度的必要條件。評量要產生有效的結果，只有當評量也能產生一致的結果——施測的程序、計分的標準力求公正客觀。信度不能確保效度。但標準化可以增進評量結果的可靠性。實用性唯有在效度、信度、及標準化沒有重大缺失時始可考慮。

第三節　多元評量的涵義

　　多元評量係指評量的目標、內容、方式、情境、次數、人員都是多元的，即使評量標準、答案也應該是多元的。茲列述如下：

一、評量目標多元

　　教學評量應把握各類目的及目標，以檢驗目的及目標是否達成。目標包括學校教育目標、課程目標、學科目標、單元目標及行為目標等。每一類目標都是多元的，絕非單元的目標。就以國民教育階段九年一貫課程為例，即有十項課程目標（教育部，2012）：

1. 增進自我瞭解，發展個人潛能。
2. 培養欣賞、表現、審美及創作能力。
3. 生涯規劃與終身學習。
4. 表達、溝通與分享。
5. 尊重、關懷與團隊合作。
6. 文化學習與國際瞭解。

7. 規劃、組織與實踐。

8. 運用科技與資訊。

9. 主動探索與研究。

10. 獨立思考與解決問題。

國民教育階段九年一貫課程目標再衍生國民中、小學各學習領域目標、各學科目標。每一學科也有單元目標及行爲目標。一般言之，宗旨及目的皆指遙遠的、抽象的、非短期內可達成的，如憲法及教育宗旨的目的。目標則指近程的、具體的、短期內即可達成的，如學習領域目標、學科單元目標、及行爲目標。教學及評量是否已經涵蓋課程的重要目標？是否符合小班教學的基本目標？教師命題時即應把握多元化的教學目標，轉化成評量試題，以檢驗教學目標是否達成，評量始不致有所偏失。

二、評量內容多元

學習領域包括認知領域、技能領域及情意領域。認知領域又分爲記憶、瞭解、應用、分析、評鑑、創造等層次，如表15.1。技能領域也分爲技巧、模仿、機械、練習創作等層次。情意領域則可分爲情緒、情操、態度、價值觀念等層次。

表15.1 教師發問與題型分析

開始時間	發問類別計數	總　數	百分比
評鑑	xx	2	7%
綜合		0	0%
分析	xx	2	7%
應用	x	1	4%
理解	xxxxxxxx	8	30%
知識	xxxxxxxx xxxxx	14	52%

發問總數：　　　　　結束時間：　　　　　日期：

任課教師：　　　　　班級：　　　　　科目：　　　　　觀察者：

資料來源：改編自Glickman, et al. (1998), Sullivan, et al. (2000), p.86.

　　記憶是學習的基礎，沒有記憶，就很難學習。但是，記憶不等於學習，它只是認知領域的一部分。傳統上，教學評量往往偏向記憶，很少評量高層次的認知，諸如分析、整合、歸納、評鑑、創造的能力，難怪一般學生普遍欠缺批判思考及創造思考的能力。

　　任何學科都有技能的成分，有些是生活技能的一部分。譬如，語文學科教導學生說話的技巧及作文的技巧，社會學科傳授社交的技巧，自然學科辨認環境生態的技巧等。教學要與生活結合，評量就應與生活知能結合。

　　認知領域屬於智商（intelligence quotient, I.Q.），而情意領域涉及情緒智商（emotional intelligence qoutient, E.Q.）。有些教師往往忽略情緒智商的教學與評量，因而學生缺乏毅力、耐力及挫折容忍力，容易自暴自棄，隨波逐流。

表15.2　知識向度與認知歷程向度的目標分類

知識向度	認知歷程向度					
	1.記憶	2.瞭解	3.應用	4.分析	5.評鑑	6.創造
A.事實知識	目標1					目標3
B.概念知識	目標2			目標4	目標5	
C.程序知識						
D.後設認知						

資料來源：Anderson, L. W. and Others (2001), p.217.

　　評量應兼顧三大學習領域，教學評量不能只著重認知領域，忽略技能領域及情意領域，否則會淪為「智育掛帥」的弊病，培養一批「五育不全」的人。多元化的評量內容自應儘量兼顧多元智慧的八項智慧：語文、邏輯數學、空間、肢體運動、音樂、知人、知己、及自然觀察的智慧等。今以汽車駕駛為例，說明教學評量的方式如下：

1. 認知領域

(1)記憶：能說出常見的汽車廠牌三種。

(2)瞭解：能指出一種汽車廠牌的特徵。

(3)應用：能運用駕駛的原理、原則、知識，駕駛一種廠牌的汽車。

(4)分析：能拆卸一種廠牌汽車的零件，分辨其功能。

(5)評鑑：能判斷何種廠牌的汽車性能最優越。

(6)創造：能創新一種汽車的零件或廠牌。

2. **技能領域**：駕駛技術純熟，從不違規。

3. **情意領域**：能心平氣和，遵守交通規則，小心駕駛，照顧自己，關心別人。

三、評量方式多元

評量的方式約可分為四種：1.口試或筆試，如論文式問題、簡答式問題、口頭辯論、訪談等。2.成品製作，如美術工藝作品、學習檔案紀錄、研究報告等。3.實作演示，如實驗、操作、表演、朗讀、修理、開車等。4.選擇答案，如多重選擇或是非題、電腦化測驗等。

四、評量情境多元

評量不限於固定的場所，教室內、教室外、校園內、校園外，都可視實際的需要，進行教學評量。譬如交通安全測驗，不能只在教室紙筆測驗，尚應觀察學生在馬路上的行為，是否遵守交通規則，有無違規情事？又如英語會話測驗，教師也可利用電話，與學生用英語交談，亦可測出英語會話的能力。

學校是社會的縮影；教育即生活。學校環境應布置具有教育意義的生活環境。譬如學校可設計模擬超級市場，陳放各種日常生活用品諸如：肉類、食品、蔬菜、水果、飲料等，讓學生學習；也可把教室布置成為模擬超級市場，當作教學與評量的場所。臺中市立篤行國民小學教學評量即採取跨科、跨領域的方式，結合數學、道德與健康教育等科設計模擬超級市場，要求學生進行採購的活動。該校三年級教學評量，教師把班上學生分成幾個小組，每一組學生發給500元紙鈔，抽出題目後開始購物。採買的食物，必須符合均衡飲食的原則。結帳時則要正確付款，同時自行找

錢。每個過程，同組學生都要相互討論：一餐的飲食是否均含有蛋白質、脂肪、維生素、澱粉、礦物質、水分等，及預算是否夠用等問題。教師從中評量學生的學習成果（葉志雲，1999.12.15）。譬如學生買的食品不均衡，都是吃了會發胖的食物，則健康教育不及格；要是價錢算錯，數學不及格；如果「以少報多」，道德教育就算不及格。此種評量方式，兼顧過程與結果，統整多元智慧，融合有關學科，真正寓「教」於「樂」。

五、評量次數多元

教學評量是繼續不斷的歷程。它不是一個月考一次或一學期考幾次而已。認真的教師教學前通常會問學生幾個問題，實施診斷性評量（diagnostic evaluation），以瞭解學生的起點行為（entering behavior）；教學中隨時檢查學生是否聽得懂，實施形成性評量（formative evaluation），以掌握學生學習的狀況；教學後教師應統整教材，實施總結性評量（summative evaluation），以檢驗學生是否達成教學目標。

教學評量多元化也可指次數多元。譬如，某校月考或期考考完，學生覺得成績不滿意，可向學校教務處登記，再考一次。以成績最高的那次分數計算，但題目不一樣，難易度卻相同。一些在及格邊緣的學生自認只要再努力一點，就會及格，要求再考一遍。另有些自認有80分以上實力的學生，卻只考到65分，也要求再考一遍。果然，這些學生第二次考試的成績普遍都有進步。原來他（她）們都進行自我補救教學，把疏忽的地方改正過來，沒唸熟的地方，徹底把它弄懂。此種評量方式頗能引導學生進步，提升其程度與水準。

六、評量人員多元

教學評量不純粹是教師的事。它涉及教師、學生、家長及有關學校行政人員。因此，教學評量可由學生自我評量、同儕評量、教師評量、家長評量。評量人員增加，評量的效度、信度就提高。茲以自我評量為例，說明如次：

平常考試完畢，教師可把試卷發給學生，要求他（她）們根據正確的

答案,評閱自己的試卷,打分數。在評量的過程中,學生可以真正瞭解自己做錯的地方,而尋求改進。但也有學生塗改答案,企圖矇騙教師,以求較高的分數。針對此種情況,教師可改變評量技術。考完後,教師先把每位學生的試卷答案影印下來,然後再把試卷發還給學生,要他(她)們打分數。俟收回後,再行核對試卷與原先影印下來的試卷,有無塗改,即可知道班上哪些學生不誠實,考試會作弊。因此,自我評量不僅可幫助學生瞭解自己,也可當作誠實測驗。教師如要知道班上學生考試是否會舞弊,使用此法,不誠實的學生也就無所遁形。

通常有些學生自我評量時,表現平庸卻為自己打很高的分數;亦有學生表現優異,卻為自己打很低的分數。這顯示學生的價值判斷呈現兩極化。前者表現出很有自信心,但也看出此類學生有優越感,不切實際、浮華不實的個性;後者表現出缺乏自信心,而且有自卑感,妄自菲薄,總以為自己不如人。這些都是一般教學評量不易評量到的地方。

同儕評量可提供學生互相學習的機會。譬如檔案紀錄評量,教師可讓學生互相觀摩,俾能「見賢思齊,見不賢而內自省」,而且可以培養學生評鑑的能力。學生三五成群相互評量也可以培養學生的價值判斷能立即做決定的能力。然而,自我評量及同儕評量僅是評量的歷程,不能當作評量的結果。學生的學習表現最後應由教師確認。

七、評量答案多元

評量的題型日趨多元,答案也朝向多元。多重選擇題從中選擇正確的答案,即是一個明顯的例子。正確答案也許不只一個,此種題型頗能給予學生較多的思考空間。

小班教學注重創造能力的培養。評量也應該多採用擴散式思考(divergent thinking),不宜偏限於封閉式的固定答案。下列問題可供學生思考:

1. 請用4,6,7,2等四個數字,把它們放在下列四個空格內,使它的和最大?(Shepard, 1995)。

正確答案：72及64；或74及62。

2. □＋□＝5，可能有幾種不同的答案？

正確答案：無限個。整數有：0，5；5，0；1，4；4，1；2，3；3，2等。

其他答案：尚有小數、分數、正、負數……等。

第四節 多元評量的理論基礎

教師為何要用多元評量的途徑評量學生的學習成就？多元評量的途徑為何受到學校的重視？要探討這些問題，可從近數十年來心理學家、哲學家、社會學家、及教育家們的研究，看出端倪。下列六種學說及理念說明多元評量的重要性，也奠定多元評量的理論基礎，多元評量乃應運而生。

一、多元智慧理論

Gardner（1983）指出人類的智慧至少有七種：邏輯——數學的（logical-mathematical）、語文的（linguistic）、音樂的（musical）、空間的（spatial）、肢體——動覺的（bodily-kinesthetic）、知己的（intrapersonal）、及知人的（interpersonal）智慧。後來，他又提出第八種智慧——自然觀察的智慧（the naturalist）（Gardner, 1995）。

Gardner的多元智慧理論給學校教育人員一個重要啟示：3R's教育或核心課程雖有一席之地，藝能科目諸如音樂、美術、體育、及社團活動例如交友及人際關係仍不可偏廢。人生中有許多的際遇與機會。擅長跳舞、歌唱、打球、烹調、機械操作者可以登上世界的舞臺，揚眉吐氣。對於中途輟學或不擅於傳統紙筆測驗的學生，學校如果能改用另類評量，給予表現的機會，照樣會有揮灑的空間。因此，教師若要開發人礦，啟發學生的潛能，就要善用多元評量。

二、學習型態理論

學習型態（learning styles）係指學生學習偏好的方式，也可界定爲「個人認識及處理資訊的形式」（Kellough & Kellough, 2003:29）。Riessman（1966）從感官的觀點，研究學生的學習型態，發現每位學生都有不同的學習型態。他把學習型態分爲三種類型：1.視覺型（reading）：此類學生視覺反應敏銳，善於閱讀，一目十行，過目不忘；2.聽覺型（listening）：此類學生聽覺反應靈敏，長於傾聽，輕聲細語，風吹草動，都可聽得一清二楚；3.動作型（doing）：此類學生手腳特別靈活，敏於操作，喜歡打球、運動、吹奏樂器、做實驗、及操作機械等。

學生偏愛的學習型態取決於遺傳與環境因素。有些學生在正式場合學習成效最好，另有些學生喜歡在非正式、輕鬆的場合學習，亦有些學生需要按部就班地學習。學習型態會隨著環境的因素而改變。教師的教學與評量應該採取多面向的角度看待學習型態。因此，教師應該運用觀察法及非正式的途徑去判斷學生的學習型態。教學評量宜設計各種不同的情境，評量學生的能力與表現。

三、社會互動理論

依據建構主義（constructivism）論者的研究，瞭解（understanding）存在於環境的互動中（Savery & Duffy, 1995）。換言之，學習是在環境的互動中產生的。環境包括學生周遭的人、時、地、事、物。在學校的環境裡，影響最大的因素包括：1.教師與學生之間的互動，2.學生與學生之間的互動，3.校園景觀與學生之間的互動，4.學校設施與學生之間的互動，5.學校組織氣氛與學生的互動，6.生活經驗與學生之間的互動（張清濱，2008a: 233-234）。教師教學評量時，往往著重課堂內的學習，而忽略課堂外，甚至校園外的學習活動。因此，教學評量應與生活情境相結合。

四、行為目標分類

行爲目標（behavioral objectives）是一種操作型的目標陳述。它是以

學生的行為，準確地描述教學後，期望學生獲得可觀察的學習結果及標準（張清濱，2009: 150）。這些目標可依學習領域及層次分為：認知領域（cognitive domain）、情意領域（affective domain）、及技能領域（psycho-motor domain）。行為目標的分類成為建立測驗題庫及測量各種教育目標的工具。

Bloom（1956）首先提出此一理念，延攬一群美國測驗專家於1949年開始進行研究，終於在1956年出版教育目標的分類第一冊。他們把認知領域的目標分為六類及層次：知識、理解、應用、分析、綜合、評鑑。事隔45年，Anderson與Krathwohl等人（2001）完成修訂目標的分類，把學習目標修訂為記憶、瞭解、應用、分析、評鑑、創造，稱之為修訂版的教育目標分類法。

認知領域的目標分類完成後，Krathwohl等人（1964）把情意領域的目標分為接受或注意、反應、價值的評定、價值的組織、品格的形成。Simpson（1972）也把技能領域分為七個類別及層次：知覺、準備狀況、在指導之下練習反應、機械或重複練習、複雜的明顯反應、調適、創作。

行為目標的分類給教師們一個重要的啟示：學習是多面向的。雖然各學科的學習重點不盡相同，但都包含認知領域、情意領域、及技能領域。這三大領域又細分為許多層次。教師們應該捫心自問，教學時有否遺漏某些領域或層次？教學評量是否包含主要的學習領域及層次？

五、五育均衡發展

《國民教育法》第一條揭示：「國民教育依中華民國憲法第一百五十八條之規定，以養成德、智、體、群、美五育均衡發展之健全國民為宗旨」（總統府，2011）。國民教育以達成「全人教育」為理念，以培養「五育均衡發展」為目標。九年一貫課程綱要即依據國民教育目標分為十項課程目標：1.增進自我瞭解，發展個人潛能；2.培養欣賞、表現、審美及創作能力；3.提升生涯規劃與終身學習能力；4.培養表達、溝通和分享的知能；5.發展尊重他人、關懷社會、增進團隊合作；6.促進文化學習與國際瞭解；7.增進規劃、組織與實踐的知能；8.運用科技與資訊的能

力；9.激發主動探索和研究的精神；10.培養獨立思考與解決問題的能力（教育部，2012）。

這些目標都需要透過各領域課程的實施，始能達成。因此，教師採取何種有效的教學方法並採用何種評量的方式，顯得格外重要。譬如，要達成「發展尊重他人、關懷社會、增進團隊合作」的目標，教師宜多採用合作學習（cooperative learning）及小組教學（small group instruction）的方式，教學評量也要兼顧小組成員的自我表現及團體表現。

六、資訊科技發展

科學技術的發展，突飛猛進，一日千里。教育工學（educational technology）的發展改變教學的型態。課程與教學走向多元化、資訊化、網路化、數位化、及國際化。教學媒體不再只是黑板及粉筆而已。各種教學媒體諸如網際網路、社群網站、教育雲端線上作業、電腦化教學（computer-based instruction）、電腦輔助教學（computer-assisted instruction）及多媒體在教學上的應用，如雨後春筍，相繼問世。

隨著資訊科技的發展，教學評量採用線上評量（online assessments）、電腦化測驗（computer-based assessments, computer-based testing），更加普遍（Oliva & Gordon, 2013: 366）。教學要以學生為中心，教學評量就應該以學生為本位，把每一個學生帶上來。電腦化適性測驗（computerized adaptive testing, CAT）正可滿足這方面的需求。

電腦化適性測驗不同於電腦化測驗。電腦化測驗只是使用電腦作答，把電腦當作測驗的工具。電腦化適性測驗係依據考生的能力水準，循序作答的一套測驗。測驗時，考生坐在電腦機前依電腦軟體顯示出來的題目，依序作答。通常第一道試題難易適中，如果考生答對，則第二道試題難度升高。第一道試題如果答錯，則第二道試題難度降低。依此類推，直至電腦能判斷考生的能力為止，測驗即告結束（Straetmans & Eggen, 1998; 張清濱，2009: 395-396）。

由於資訊科技的快速發展，在二十一世紀中，教育機構勢必投入更多的人力、物力，發展並設計各類科電腦化測驗。將來各類型考試也許將漸

漸採用電腦化適性測驗。

第五節　多元評量的應用

多元評量方式不勝枚舉，除了利用紙筆測驗之外，教師可設計各種不同的評量方式。本節介紹五種評量方式，包括檔案評量、實作評量、真實評量、契約評分、及電腦化適性測驗。

一、檔案評量（portfolio assessment）

「學習檔案紀錄評量」又稱「個人檔案紀錄評量」或稱「卷宗評量」，可用來檢驗學生學習的實況。在美國，此法一直作為實作評量的基本方法，蓋因學習檔案紀錄無所不包，舉凡各種類型的實作評量、觀察、師生會商及有關學生的學習等訊息皆屬之。它具有下列各項優點（Grounlund, 1998）：

1. 可以顯示學習進步的情形（例如寫作技巧的改變）。
2. 展示最好的作品，對於學習有積極的影響。
3. 前、後作品的比較，而非與別人比較，更能引起學習動機。
4. 學生篩選自己的作品並自作決定，可以增進自我評量的技巧。
5. 可以適應個別差異（例如學生可依自己的能力、程度、速度，進行學習）。
6. 學生、教師及有關人員可以明確得悉學習進展的實況（例如不同時段所蒐集的寫作樣品可以相互比較）。

教師於學期開始，第一次上課時，即可告知學生本學期的學習目標、內容及評量的方式，要求學生上完當天的課，就要記錄當天學習的情形。教師可指導學生記錄三件事情：(1)知（Knowing）——上了今天的課，我知道了什麼？把它寫下來。(2)行（Doing）——上了今天的課，我會做什麼？把它記錄下來。(3)思（Thinking）——上了今天的課，我想到了什麼？感想如何？鉅細靡遺，加以批判思考。隔了一段時日，教師宜檢視學生學習進步情形，並可作為學習及生活輔導之資料。

　　學習檔案是一種多向度的評量包括認知、技能、情意領域，也兼顧過程與結果，具有多元化、個別化、適性化、生活化、彈性化的特質。學習檔案沒有固定、標準的形式，通常包括封面設計、目錄及頁碼、自我介紹、課程綱要、筆記、講義、學習單、課外研讀、日記、心得及感想、特殊優良紀錄、得意作品、實習、研究報告及其他等。學生可依自己的興趣，發展自己的潛能。譬如擅長電腦者，可建立電子的學習檔案；擅長繪畫者，可以插畫方式呈現；工於詩句者，可穿插打油詩、現代詩、五言詩等；喜歡攝影者，亦可穿插照片、海報等。

　　學習檔案紀錄是一本個人學習的實錄，也是一本學習的寫真集，可以看出學生努力及成長的情形。傳統測驗較難測出的創造力、想像力及好奇心，學習檔案則可充分發揮出來。

　　學習檔案紀錄可依不同的學科記錄。譬如一所美國小學四年級的學生，他的語文科學習檔案包括：1.目錄——列出學生所記錄的內容；2.學生認為最好的作品；3.一封信——學生寫給任課教師或評閱者，說明為何選出這些作品及其過程；4.一首詩、或一篇短篇故事；5.一篇個人的回應——針對某一事件、或有趣的事物，提出自己的看法；6.一篇散文——從英語科之外的任何學科，寫一篇短文（Black, 1996）。

　　學期結束，教師可把班上學生隨機分組，每組四人，每位學生先自我評量，再由小組相互評量，評定1，2，3，4名次，最後由教師評量、確認。教師可依學生學習努力的情形，設定1 = 90，2 = 85，3 = 80，4 = 75，亦可設定1 = 90，2 = 80，3 = 70，4 = 60作為學期（平時）成績的一部分。

　　學生的寒暑假作業也可採取學習檔案的方式記錄。譬如，一個不愛唸書的學生，只喜歡看電視。寒暑假除了看電視之外，無所事事，不知如何過日子。既然喜歡看電視，教師不妨鼓勵他（她）看電視。但每天看什麼電視節目？從電視節目中，知道了什麼？學會了什麼？想到了什麼？有何感想？發現哪些優點與缺點？有什麼批評？都可以鉅細靡遺，一一寫下來。寫了一個寒假或暑假，他（她）可能成為電視專家或電視評論家。

　　此種檔案紀錄頗能與多元智慧理論相結合，至少涉及語文的智慧、邏輯的智慧、音樂的智慧、空間的智慧、知己的智慧及知人的智慧等。譬

如看了一齣電視劇後，寫下一則心得報告，顯現語文的智慧；根據劇情，提出假設，發展邏輯思考的智慧；欣賞之餘，創作一首歌，展現音樂的智慧；畫一幅畫，表達心中的意境，這是空間的智慧；瞭解自己的長處，喜愛看電視，這是知己的智慧，而能與人分享，則是知人的智慧（李平譯，1997）。

二、實作評量（performance assessment）

實作評量旨在運用各種方式，評量各種能力及技巧，要求學生展示知識應用，而非僅展示知識的本身（Long & Stansbury, 1994）。教師可要求學生撰寫一篇論文、團體做科學實驗、以寫作方式提出申辯如何解答數學問題、或保存最好的作品等。相形之下，標準化的紙筆測驗，通例只要求學生個別作答，從選擇題中選出答案，似乎不適合這些需求。

實作評量不是教學評量的一種新策略。以往善於教學的教師即經常採用觀察、實驗、寫作及實際操作等方式判斷學生進步的情形。目前許多學校採取有系統的轉變，擺脫選擇式測驗，改用實作評量的方式，作為測量教學及驗證績效的工具。

實作評量與真實評量（authentic assessment）常交互使用，惟二者有別。依據Meyer（1992）的研究，前者著重在學生接受測驗時的反應種類；後者則強調學生接受測驗時的反應情境，亦即在現實的情境中產生。

實作評量包含一系列的歷程。這些歷程具有下列四個部分：學生必須展示所教的歷程；展示的歷程細分為較小的步驟；展出的歷程可直接育予以觀察；按照小步驟的表現，判斷其成績。基於上述的認知，實作評量必須符合下列四個特點（Airasian, 1994）：

1. **應具有明確的目的**：實作評量首應確定評量的目標是什麼，通常以行為目標的方式敘寫，並且要能涵蓋主要的教學目標。

2. **辨認可觀察的實作行為**：目標確定後，教師應考慮以何種行為最能展示學習的歷程及結果。這些行為必須是客觀的、可觀察的及可測量的。

3. 能提供合適的場地：可觀察的行為必須在合適的場地進行，也許課堂、實驗室或工廠等。教師應設計合適的場地，評量學生展示的行為。

4. 備有預擬的評分或計分標準：譬如演說的實作評量，可把演說的行為細分為五個部分：(1)眉目傳神（making eye contact）；(2)口齒清晰宏亮（speaking clearly and loudly）；(3)抑揚頓挫（changing voice tone to emphasize points）；(4)呈現論點（presenting arguments）；(5)總結論點（summarizing main points）。這五項行為就成為評量演說的標準，裁判可用來觀察並判斷演說的表現。

三、真實評量（authentic assessment）

真實評量係指學生的學習活動盡可能接近現實的世界，著重學生接受測驗時的反應情境，亦即在現實的生活情境中產生。真實評量是標準參照評量，不是常模參照評量。它可以用來辨認學生的優點與缺點，但不排列名次相互比較。

真實評量類似實作評量，著重在學生的表現（performance）；學生要在現實的情境裡以合適的方式，展示自己的知識、技巧、或能力。譬如學生在模擬的超級市場學習英語會話，展現英語會話的技巧。依據Wiggins（1998）的研究，真實評量具有六個特性：

1. 評量切合實際：它反映出「真實世界」使用的資訊或技巧的方式。

2. 評量需要判斷：它要解決非結構性的問題，答案可能不只一個。

3. 評量要學生去「做」主題：即透過學習的學科程序。

4. 評量在類似的情境中完成：相關的技巧在類似的情境中展現。

5. 評量需要展現複雜問題的處理技巧：包括涉及判斷的問題。

6. 評量允許回饋、練習、及第二次解決問題的機會。

四、契約評分（grade contracts）

契約評分是一種標準參照評量。通常，任課教師在學期開始前，即明確擬訂學生一些基本的學習目標，另加上一些高層次的目標。學生在開學

時必須按照自己的能力，會同任課教師，就A、B、或C三種等級，任選其一，簽訂契約，作為該生努力的目標。值得注意的是：此法沒有D及F級，因為教師不鼓勵學生失敗。如果李生簽訂契約C，學期結束，只要他（她）達成最基本的目標，即可得到C等成績。如果王生簽訂契約B，則他（她）除了完成最基本的目標外，尚須完成一部分高層次的目標。又如張生簽訂契約A，則他（她）必須完成最基本的目標及高層次的目標。此法的優點是：只要努力，均有機會得到A；學習動機是自我導向；教學目標明確；培養責任感；個別化學習；自我鞭策，不與同學競爭；驅除壓迫感及恐懼感，建立自信心（Partin, 1979: 133）。

此法頗適用於低成就的班級，尤其適用於高智商而低成就的學生，重新建立自信心。但是，一些自不量力的學生可能好高騖遠，簽訂A級。學期結束，卻無法完成所定的目標，造成挫折感（張清濱，2007: 395）。

五、電腦化適性測驗（computerized adaptive testing, CAT）

電腦化適性測驗不同於電腦化測驗。電腦化測驗只是使用電腦作答，把電腦當作測驗的工具。電腦化適性測驗係依據考生的能力水準，循序作答的一套測驗。測驗時，考生坐在電腦機前依電腦軟體顯示出來的題目，依序回答。通常第一道試題難易適中，如果考生答對，則第二道試題難度升高。第一道試題如答錯，第二道試題難度降低。依此類推，直至電腦能判斷考生能力為止，測驗即告結束。運用電腦施測，具有下列各項優點（Straetmans & Eggen, 1998）：

1. 依需要傳輸測驗。
2. 圖表、聲音、影像、文字可以合併呈現，與實際生活情境無異。
3. 電腦本身即可評閱試題，教師不必閱卷。測驗結束，電腦即自動完成計分，省時省力。
4. 教師不必命題，由學科專家及電腦軟體專家精心設計，免除出題及製作試卷的功夫。
5. 測驗更準確，更有效率，更能測出學生的程度。
6. 不用紙筆測驗，節省大量紙張，符合環境保護的概念。

7. 減少作弊、左顧右盼的機會。前後左右考生的試題可能不盡相同。

採用此法施測，除了運用電腦外，測驗之前，學校應先建立標準化的題庫及測驗計分法。因此，在二十一世紀中，教育機構應投入大量人力、物力，發展並設計各類科測驗。將來各類型考試也將漸漸採行電腦化適性測驗。

第六節 改進評量的途徑

多元智慧、學習型態、社會互動、行為目標分類、五育均衡發展、及資訊科技發展等理念建構多元評量的理論基礎。多元評量可視為評量的目標、內容、方式、情境、次數、人員、答案都是多元的。教育部要求中小學教師活化教學，教師應該善用有效的評量工具，評量學生的學習成就。下列各項建議值得省思：

一、多元評量宜重視心理歷程而非僅以標準答案為已足

有些教師往往採取一成不變的評量方式，不允許學生也不鼓勵學生用不同的方法去解答問題，結果抹煞學生的潛能。因此，教學評量不以正確答案為已足，尚應評量其解答的歷程，瞭解其解決問題、做決定及判斷的能力。譬如數學測驗，兩位學生的答案皆相同；但在解題歷程，張生比李生思考較為嚴謹，解題方法亦較為高明，則教師應給張生較高的分數，才能反映出學生的程度（張清濱，2009:33）。

二、多元評量宜兼顧批判思考與創造思考能力的培養

許多文獻把思考分成兩種類型：批判思考（critical thinking）及創造思考（creative thinking）。Ruggiero（1988）即以哲學的及心理學的觀點來說明兩種類型的區別。哲學家偏重批判思考，Ennis（1985）指出：批判思考乃是邏輯的、反省的思考歷程，著重在何者可信及何者可為。認知心理學家則側重創造思考。在尋求解決方案的時候，人們需要一種臨機應

變、急中生智的能力。這種能力就是創造力（creativity）。它是一種具有想像力的活動，而能產生既有創意又有價值的結果。deBono（1985）乃稱之為「衍生的思考」（generative thinking）。

Bloom等人（1956）曾把認知領域的教育目標分成六類：知識、理解、應用、分析、綜合、評鑑。後來Anderson等人（2001）修訂為：記憶、瞭解、應用、分析、評鑑、創造。其中分析、綜合、及評鑑就是批判思考的能力；分析是演繹法，綜合是歸納法，評鑑是價值判斷。評量就應兼顧這些能力（參見表15.1與表15.2）。

Guilford（1950）認為學生要有創造力，擴散（開放）式思考（divergent thinking）是很重要的。它是尋求不同想法或解決辦法的能力。他把這種能力分析成為三種特性：1.流暢性（fluency）——發展許多理念、觀念、或想法；2.彈性（flexibility）——容易調整方向及做法；及3.獨創性（originality）——產生或使用不尋常點子的能力。譬如教師要求各小組學生把各種不同的水果分成兩類，看看哪一組的分類方法最多（流暢性）？方法最獨特，與眾不同（獨創性）？（如圖15.2）。

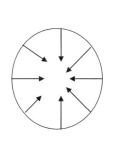 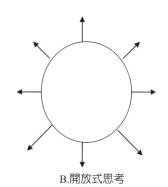

A.封閉式思考　　　　　　　　B.開放式思考

圖15.2　封閉式思考與開放式思考

例：A.封閉式思考（有固定答案）　　B.開放式思考（無固定答案）

A-1　$2 + 3 = \Box$　　　　　　　　B-1　$\Box + \Box = 5$

A-2　五育指哪些？　　　　　　　B-2　五育中哪一育最重
　　　　　　　　　　　　　　　　　要？為什麼？

| A-3 成熟的橘子是什麼顏色？ | B-3 水果分類的方法有哪些？ |

二、多元評量宜革除「智育掛帥」導向

　　學校教育受到升學競爭的影響。多年來，考試領導教學，影響所及，教師命題泰半著重認知領域，忽略情意領域及技能領域，以致群性及德育不彰。即便認知領域，學校教師也都偏向低層次的認知，甚少測驗高層次的認知能力，學生普遍欠缺解決問題的能力。記憶是學習的基本條件，沒有記憶，學習就不可能發生。但是，記憶不等於全部的學習。學習包括知識、技能、態度、觀念、情操等。各類型考試如能採用多元評量，就不會埋沒學生的才能。

三、高中職及大學校院入學門檻宜考量學生在校多元表現

　　高中多元入學方案自2014年起採用國民中學會考成績。會考旨在測驗學生學習的結果，考試科目包括國文、英語、數學、社會、自然與寫作測驗，考試內容應該把國中的基本能力轉化為會考的試題。考試的題型也應該增加非選擇題。特色招生考試應該減少基礎性題目，增加具有挑戰性及創意性的題目，以增加難度，提高鑑別度。高中職及大學校院推薦甄選入學應該參採學生在校的多元表現，以落實多元評量的理念。

第七節　實務演練

1. 教育部實施十二年國民基本教育，活化教學為其目標之一。學校如何實施多元評量？請舉出五種多元評量方式。
2. 高中職及大學校院推薦甄選入學應否參採學生在校的多元表現？請分析其利弊得失。
3. 教師命題時應把握哪些重要原則？請列舉五項原則說明之。
4. B. S. Bloom（1956）的原版認知領域目標分類與L. W. Anderson等人（2001）的修正版認知領域目標分類有何異同？請分別列舉說明

之。

5. 王老師擬出一份英語試題，對三年一班學生進行兩次測試，發現前測（pre-test）與後測（post-test）成績的一致性很高。由此判斷，此份試題具有何種特性？

A. 標準性（standard）　　B. 實用性（practicality）

C. 有效性（validity）　　D. 可靠性（reliability）

6. 依據L. W. Anderson等人（2001）的認知領域認知向度分類法，下列何者難度最高？

A. 事實知識　B. 概念知識　C. 程序知識　D. 後設認知

7. 依據L. W. Anderson等人（2001）的認知領域目標分類法，下列哪一層次的試題難度最高？

A. 應用　B. 分析　C. 評鑑　D. 創造

8. 教師想要瞭解學生的英語能力，第一次上課時可實施何種評量？

A. 形成性評量　B. 同儕評量　C. 自我評量　D. 診斷性評量

9. 下列何種評量的類型可當作誠實測驗？

A. 總結性評量　B. 形成性評量　C. 同儕評量　D. 自我評量

10. 下列何種評量的類型最能評估學生的辯論能力？

A. 形成性評量　B. 檔案評量　C. 總結性評量　D. 實作評量

11. 下列何種評量的類型最能評估學生的運動能力？

A. 形成性評量　B. 檔案評量　C. 總結性評量　D. 實作評量

12. 下列哪一道題目最能激發學生的創造力？

A. $3+5=\Box$　B. $3+\Box=8$　C. $\Box+5=8$　D. $\Box+\Box=8$

參考文獻

一、中文部分

李平譯（1997）。經營多元智慧。譯自Armstrong, T. (1994). *Multiple intelligences in the classroom.*臺北：遠流，154-155。

教育部（2012）。國民中小學九年一貫課程綱要。臺北：教育部。

張清濱（2007）。**學校經營**。臺北：學富文化事業有限公司，385-398。

張清濱（2008a）。**學校教育改革：課程與教學**。臺北：五南，246-257。

張清濱（2008b）。**教學視導與評鑑**。臺北：五南，434。

張清濱（2009）。**教學原理與實務**。臺北：五南，335-338。

葉志雲（1999.12.15）。**教室變超市，學生採買當考試**。臺北：中國時報。

總統府（2011）。**國民教育法**，載自全國法規資料庫。臺北：總統府。

二、英文部分

Airasian P. W. (1994). *Classroom assessment,* (2nd ed). New York: McGraw-Hill.

Anderson, L. W., Krathwhol, D. R., Airasian P. W., Cruikshank, K. A., Mayer, R. E., Pintrich, P. R., Rath, J., & Wittrock, M. C. (2001). *A taxonomy for learning, teaching, and assessing: A revision of Bloom's taxonomy of educational objectives.* New York: Longman.

Black, S. (1996). Portfolio assessment. In R. Fogarty (Ed.), *Student portfolios: A collection of articles*, 2nd printing. Arlington Heights, Ill.: IRI/Skylight Training & Publishing, Inc. 47-56.

Bloom, B. S. et al. (1956). *Taxonomy of educational objectives: Cognitive domain.* New York: David.

deBono, E. (1985). The Cort thinking program. In J. W. Segal, S. F. Chipman, & R. Glaser (Eds.), *Thinking and learning skills, Vol. 1: Relating instruction to research.* Hillsdale, J.: Erbaum.

Ennis, R. (1985). Logical basis for measuring critical thinking skills. *Educational Leadership,* October, 44-48.

Gardner, H. (1983). *Frames of mind: The theory of multiple intelligences.* New York: Basic Books.

Gardner, H. (1995). Reflections on multiple intelligences: Myths and messages. *Phi Delta Kappan, 77*(3).

Ground, N. E. (1998). *Assessment of student achievement*, (6th ed.). Boston: Allyn & Bacon, 157-161.

Guilford, J. (1950). Creativity. *American Psychologist, 5*, 444-445.

Hyman, R., & Rosoff, B. (2000). Matching learning and teaching styles. In F. W. Parkay & G. Hass, (Eds.), *Curriculum planning: A contemporary approach*, (7th ed). Boston: Allyn and Bacon.

Kellough, R. D., & Kellough , N.G. (2003). *Secondary school teaching: A guide to methods and resources,* (2nd ed.). Columbus, Ohio: Merrill Prentice Hall.

Krathwohl, D. R. et al. (1964). *Taxonomy of educational objectives, handbook II: Affective domain*. New York: David Mckay.

Long, C., & Stansbury, K. (1994). Performance assessments for beginning teachers. *Phi Delta Kappan, 76,* 318-322.

Marsh, C. J., & Willis, G. (2003). *Curriculum: Alternative approaches, ongoing issues*, (3rd ed.). New Jersey: Prentice Hall.

Meyer, C. A. (1992). What's the difference between authentic and performance assessment? *Educational Leadership, 49*(8), 39-41.

Oliva, P. F., & Gordon, W. R. (2013). *Developing the curriculum,* (8th ed). New York: Pearson Education, Inc.

Ormrod, J. E. (1992). *Essentials of educational psychology*, (2nd ed). Columbus, Ohio: Pearson.

Partin, R. L. (1979). Multiple option grade contracts. *The Clearing House*, November, 133-135.

Riessman, F. (1966). Styles of learning. *NEA Journal, 3*, 15-17.

Ruggiero, V. R. (1988). *Teaching thinking*. New York: Harper & Row.

Savery, J. R., & Duffy, T. M. (1995). Problem-based learning: An instructional model and its constructivist framework. *Educational Technology, 35*(5), 31-37.

Shepard, L. A. (1995). Using assessment to improve learning. *Educational Leadership, 52*, 40.

Simpson, J. S. (1972). *The classification of educational objectives in the psychomotor domain: The Psychomotor Domain 3*. Gryphon House, 43-56.

Smith, P. L., & Ragan, T. J. (1999). *Instructional design*. New York: John Wiley & Sons, 2-29.

Straetmans, G. J. M., & Eggen, T. J. H. M. (1998). Computerized adaptive testing: What it is and how it works. *Educational Technology, 38*(1), 45-52.

Wiggins, G. (1998). *Educative assessment: Designing assessments to inform and improve student performance*. San Francisco: Jossey-Bass.

第十六章

教學績效評估

前一章已針對學生的學習評量詳加論述，本章進一步探討教師的教學績效評估，下一章討論教師的專業發展評鑑。從學生的學習評量、教師的教學績效評估、與行政的專業發展評鑑，檢驗學校教育的績效。

第一節 教學績效評估的概念

教育評鑑乃是檢驗學校行政、教師教學、與學生學習等向度組合而成的一套機制。Blandford（2000: 146）指出績效評估有助於學校的校務發展、教師的專業成長、及學生的學習成就。有效的教育評鑑還可以促進教育機會的均等。她提出一個等邊三角形的「三合一」概念如圖16.1，顯示學生的學習、教師的教學、與行政的運作同等重要。

圖16.1 教育評鑑與效能

資料來源：Blandford (2000), p.146.

教育評鑑也是學校經營不可或缺的要素，它是檢驗學校行政、教師教學、及學生學習的利器，更是確保教學品質的一套機制。行政、教師、與學生三者具有密切的關係。學校行政運作順暢有效，有助於提升教師的專業水準，進而改進教學，提高學生的學習成就。學生學得如何、教師教得如何、與行政運作得如何，三者均必須透過評鑑，始能彰顯其功效，乃是不容置疑的事實。

Hargreaves（2001）認為教學績效可從投入（inputs）與產出（outputs）的數值來衡量。投入係指投入能量的高低，包括人力、物力、及財

力。人力通常以教師的專業能力及水準為指標；物力以教學設備為指標；
財力以學校經費預算之運用為指標。產出則指學校產品的優劣，通常以學
生表現的質與量為指標。如從投入能量的高低及產出品質的優劣及數量的
多寡，教學績效可區分為下列四種類型如圖16.2。第1型顯然「不勞則無
所獲」，教學績效不佳；第2型「勞無所獲」，可能血本無歸；第3型「勞
有所獲」，雖有績效，不合經濟效益；唯有第4型「一分努力、一分收
穫」，既符合經濟效益又符合知識經濟的概念。

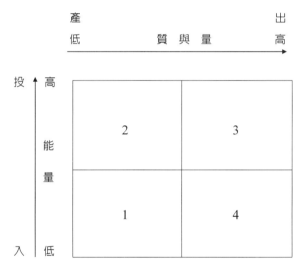

第1型：低能量、低品質、低產量
第2型：高能量、低品質、低產量
第3型：高能量、高品質、高產量
第4型：低能量、高品質、高產量

圖16.2　學校評鑑與校務改進

資料來源：Hargreaves, 2001.

　　近年來，教育部推動許多的教育改革措施，諸如九年一貫課程、小班
教學、十二年國民基本教育、多元評量等莫不設法以改進教學，提升教育
品質為目標。但是，教學是否已經改進，教育品質是否已經提升，則有待
進一步的評估。

　　任何教育改革的措施最後都要落實到每一所學校，每一個班級，顯現

在學生的行為上。從系統分析的觀點，學校教育的品質有賴於行政的領導與支援，教師的熱忱與教學，學生的努力與學習，家長的配和與參與。換言之，學校的行政權、教師的專業權、學生的受教權、與家長的參與權等運作乃是衡量學校教育品質的重要參據（張清濱，2001: 162）。

第二節 教學績效指標

教育指標（educational indicator）乃是針對教育系統的功能運作做一價值判斷所表示的統計數字。績效指標（performance indicator）則用來強調它的評估屬性。教育指標具有下列三項涵義（Scheerens, 1990）：

一、它是一種概念（notion），用來處理教育系統可測量的特性。

二、它是一種熱望（aspiration），用來衡量教育系統的主要部分，能一目瞭然教育的狀況，而非深入地描述現況。

三、它是一種要件（requirement），用來顯示學校教育的品質，以統計數字做為參照的依據。

教育系統很容易用Stufflebeam（2000）的背景—投入—歷程—結果（context-input-process-product）模式來描述。同樣地，教育指標系統也可以用此一模式來描述。學校效能、教師效能、教學效能、課程綱要、與小班教學研究等有關文獻，歸納成若干結論，做為教學績效的指標。今分別敘述如下（張清濱，2001: 178）：

一、背景指標

背景指標包括小班教學理念、課程綱要理念、學校行政領導、與學校組織文化。這些背景因素都會影響教學的成敗。

㈠ 小班教學

教育部推展小班教學政策，採取漸進的措施，逐年降低班級人數。另一方面，發展小班教學的精神，以多元化、個別化、與適性化的教學理念，帶動國民中小學教學的革新。

㈡ 課程理念

　　國民中小學九年一貫課程綱要、高級中學課程綱要、與十二年國民基本教育政策等重要理念必須貫徹並落實在教學實務的層面。徒有課程而無教學，課程是空的；只有教學而無課程，教學是盲的。有些教師沒有正確的課程理念，教學就會偏離軌道。換言之，教師要掌握課程綱要的理念，顯現在教學的活動中。

㈢ 行政領導

　　領導（leadership）係指影響團體成員達成目標的能力。事實上，領導就是一種影響力（influence）。學校行政人員尤其是校長對於當前的教育政策是否支持？能否倡導一些有效措施改進教學？這些因素都會影響教學的績效。因此，堅強的行政領導便成為教學績效的指標。

㈣ 組織文化

　　組織文化乃是組織成員共同抱持的意義體系，使組織有別於其他組織。在一所學校裡，校風就形成學校的組織文化，例如教師的向心力、凝聚力、忠誠度及研究進修、學生的讀書風氣、及學校的溝通型態等。校風之良窳也會影響教學的績效。因此，組織文化成為教學績效的指標。

二、投入指標

　　投入指標係指動用一切資源，包括人力、物力、財力、與組織資源，以學生的學習動機、教師素質、與學校資源的運用為指標。

㈠ 學習動機

　　動機是學習的原動力。學生沒有學習的動機，學習就很難發生。內在動機（intrinsic motivation）又優於外在動機（extrinsic motivation）。因此，學習動機的強弱可做為教學績效的指標。如果教師能引起學生強烈的學習動機，則教學是有效的。

㈡ 教師素質

　　教師素質係指教師的基本素養，包括教師的專業能力、專業精神、與

專業倫理。教師的教學行為、教學風格、教學模式、教學技巧與教學經驗都會影響教學的成效。教師素質的優劣乃是教學績效的重要指標。

㈢ 學校資源

學校資源指學校的教職員工、教學設備、與經費。這些資源是否投入課程與教學？學校組織是否發揮功能？教育部或縣市政府補助學校充實設備，教師與學生是否具有運用的能力？這些都構成投入的重要指標。

三、歷程指標

歷程指標係指教學過程中運作的指標，包括教學互動、媒體運用、上課出席、學生適應、作業習作、與班級經營。

㈠ 教學互動

教學是師生共同的活動。教師與學生、學生與學生、學生與周遭環境（人、時、地、物、事）的互動格外重要。大部分的學習是透過互動而產生的。互動的機會愈多，學習的可能性也愈高。因此，互動頻率的高低可做為教學績效的指標。如果教學能產生良性的互動，則教學是有效的。

㈡ 媒體運用

教學媒體是教學的主要利器。不論視聽媒體、多媒體、或超媒體都能提高教學的效果。尤其在小班教學中，電腦輔助教學更有運用的價值。教學媒體運用頻率的高低可做為教學績效的指標。教師教學時，學生都能善用教學媒體，教學是有效的。

㈢ 上課出席

學生學習勤惰的表現常反映在上課的出席率。經常翹課或輟學的學生必定所學有限，學習效果不彰。因此，學生的上課出席率與輟學率的高低可做為教學績效的指標。教師如能掌握學生的動態，照顧學生的學習與生活，給予適切的輔導與協助，提高出席率，降低輟學率，教學是有效的。

㈣ 學生適應

學生在學校的適應能力一向視為教學的績效之一。在學校適應不良的學生，學業與行為必然面臨許多困擾。小班教學可以增進學生在學校的適應力。適應力的強弱即可做為教學績效的指標。如果學生對於學校、課業、與生活的適應力較強，則教學是有效的。

㈤ 學生習作

學生作業旨在增強學習的效果。教師教完某一個單元，如能給予適當的作業，學生可以溫故知新，加深印象，建構自己的概念。作業可分為指定作業（assignment）與家庭作業（homework）。指定作業宜在課堂進行，做不完時，可帶回家繼續做，成為家庭作業。作業內容的多寡、難易要適當，作業的時間不宜過長，學生作業的妥當性就成為教學績效的指標。

㈥ 班級經營

班級經營是提高學生成就的一項重要因素。班級經營常用來評估教師的教學表現。班級經營包括常規的訂定與執行、學生不良行為的防範與處理、師生關係與班級氣氛的營造等。班級經營成為教學績效的指標。

四、結果指標

結果指標乃是教學績效的具體成果，包括學生學業進步、品格發展、工作滿意、目標達成、與學生成就等。

㈠ 學業進步

判斷教學有無績效最直接的方法就是觀察學生的行為有否產生良好的改變？宋代教育家張載即認為「學以變化氣質」。美國教育家Dewey（1916）主張「教育即生長」、「教育即生長」。Willett（1988）也提出學習即成長與變化的概念。學生變得更有氣質、學業更進步就是教學績效的證據。因此，學業進步的顯著程度可做為教學績效的指標。

㈡ 品格發展

學生的品格發展常用來做為辦學績效的指標。犯罪率的高低可做為教學績效的指標。小班教學降低班級人數，就是要把每一位學生帶上來。如果班級的犯罪率降低，甚至沒有其他不良行為如吸毒、酗酒、飆車等，學生的人格獲得健全的發展，則教學是有效的。

㈢ 工作滿意

工作滿意度一直是辦學績效的指標之一。滿意度影響教學的表現。工作滿意度低乃是士氣低落的象徵。行政人員、教師、與學生對於行政的不滿、學生對於課業與教師的抱怨等都可視為教學的缺失。因此，教學滿意度的高低可做為教學績效的指標。

㈣ 目標達成

教學只是一種手段，目標才是目的。不論九年國民教育目標或十二年國民基本教育目標，課程目標的完成度應視為教育目標的達成。因此，目標的完成度可做為教學績效的指標。

㈤ 學生成就

教學有無績效最重要是要看學生有無成就。近程的成就如品學兼優、比賽優異，遠程的成就如升學率高，甚至畢業後就業率高，在社會上都有很好的評價。因此，學生各類考試的及格率、通過率、升學率、得獎率、及就業率就成為績效的指標。

第三節 教學評鑑

教學績效評估旨在瞭解教師教學的成效，藉以改進教學，提高學習效果。教學評鑑類似教學績效評估，但側重在教學歷程的改進。本節就教學評鑑的目的、指標、與方式敘述如下：

一、教學評鑑的目的

Seyfarth（2008）指出教學評鑑乃基於兩個問題：(一)教師是否具備有效能教師所需的知識技能？(二)教師是否適當地使用知識技能促進學生學習？

如果第一個答案是「沒有」，即表示如果教師不具備有效能教師所需的知識技能，則應提供機會讓教師學會這些知識技能。另一方面，如果教師具備有效能教師所需的知識技能而不會使用或使用不當，評鑑者應該尋求解釋教師何以不能應用這些知識技能。教師可能不善於判斷何時使用這些策略。另一個可能性是工作條件干擾有效的教學措施。這些條件包括大班教學、不當的教材、缺乏學習動機、或師資培育不足。大部分的因素都不是教師所能掌握的，只能透過行政的干預才能導正。

教學評鑑的另一個目的是基於績效責任的觀念（accountability），教師要為教育的成敗負責。此類評鑑的目的與程序不同於教學改進的評鑑。績效責任的評鑑通常由主管行政機關辦理。評鑑的工具是相當標準化的，相同的評鑑工具用於同一層級的所有教師。

績效責任的評鑑涉及法律的及科層的績效責任。法律的績效責任意味著評鑑的程序要配合行政機關的要求，規定評鑑的次數、設定評鑑的指標、指派評鑑的責任。科層的績效責任要教師為視導人員（校長及教育局長）負責，以符合行政機關的決策及程序。

二、教學評鑑標準與指標

許多的教學評鑑標準與指標共同點多於差異點。Nolan與Hoover（2004）從各種不同的標準，歸納成八個標準，包括重要的教學通性及指標，如圖16.3：

1. 教師對於任教的學科具有深入的瞭解。
   A. 瞭解學科探究的主要概念與歷程
   B. 準確地呈現教材內容給學生
   C. 教材內容與學生經驗相聯結
   D. 與學科領域的發展並駕齊驅

2. 教師訂定適合學生並符合課程標準的長期及每日計畫。
   A. 發展明確的、可達成的學習目標
   B. 安排循序漸進的教學計畫
   C. 依據學生先前的知識與技能，做規劃的決定
   D. 安排符合長期、短期目標的教學活動
   E. 尋求各種教學資源包括科技資源，安排教學

3. 教師善用各種教學策略包括有效的發問、引起學生積極學習、並且促進學生深入瞭解內容。
   A. 使用適合學生發展的各種教學策略
   B. 運用深入而非表面層次瞭解的教學活動
   C. 利用各種不同的方式，呈現教材的內容包括範例、類比、演示、動手、動腦的活動
   D. 把握機會充分帶領學生積極學習
   E. 協助學生認清教材的重要性及關聯性
   F. 明確而有效地與學生溝通
   G. 使用有效的發問，促進並評量學生對教材內容的瞭解
   H. 適當地把科技融入教學

4. 教師常常評量學生的學習，提供回饋給學生，並利用評量，安排教學。
   A. 使用正式及非正式評量的技術，包括測驗、小考、專題研究、查核表、操作、逸事紀錄等
   B. 在教學的過程中，持續性評量學生對教材的瞭解
   C. 設計或選用適合課程目標及學生發展的評量工具
   D. 適時提供高品質的回饋給學生
   E. 依據評量的資料，如有需要，重新教學
   F. 維護準確的評量紀錄，並且審慎保管紀錄

5. 教師創造積極的、有助於學生學習的班級氣氛，並且能有效處理學生行為。
   A. 創造班級良好的氣氛
   B. 建立班級常規與程序，以組織教室環境，支援學習活動
   C. 班級經營著重學生積極的學習活動
   D. 使用有效的轉移，充分運用教學時間
   E. 處理不良行為時，著重介入協助學生學習，以控制自己的行為

6. 教師瞭解並能反應學生的多樣性，包括文化的差異及學生的特殊需要。
   A. 因材施教，適應學生的需要與長處
   B. 提供學生多元的觀點，考察社會事象的機會
   C. 與支援人士合作，協助特殊需要的學生
   D. 給予學生高度的期望與人格的尊重

7. 教師與家長及同事在專業方面的互動良好，對學校組織多所貢獻。

A. 使用反省思考，問學生有關教學情形，並予以改進

B. 給予學生同事及他人回饋，以改進教學實務

C. 尋求並利用機會進修，促進專業發展

D. 使用專業組織與期刊做為專業成長與發展的資源

E.合適時，充當同事的人力資源

8. 教師與家長及同事專業互動良好，對學校頗多貢獻。

A. 與同事及家長互動機智、符合倫理

B. 定期與家長溝通有關子女的表現

C. 瞭解並尊重各種家庭信仰、傳統、與價值

D. 有效完成非教學的職責

E. 為學校社群大眾行善

圖16.3　Nolan與Hoover的教學評鑑標準與指標

資料來源：Nolan & Hoover, 2004, pp. 216-217.

三、教學評鑑的方式

在文獻上，教師的教學品質是否由獨立公正的觀察員來評鑑或由學生來評鑑一向是個爭議的話題（Fraser, 1995）。兩者各有優缺點，使用問卷法由學生來評鑑，比直接觀察更可以看出有關學習成效的變因；另一方面，觀察員的判斷更具有信度與效度。因此，教學評鑑應該兩種方式一併使用（Campbell, Kyriakides, Muijs, & Robinson, 2004: 159）。

教學品質的問卷可參考教學評鑑的標準與指標，設計問卷表。它包含三個面向：班級經營、教學品質的類型、與班級氣氛。班級經營再細分為良好的教學準備、班規的訂定與執行、教學的順暢運行、學生得到的幫助。教學品質的類型分為教學技巧、提問、與提供回饋。至於班級氣氛，可問學生有關教室環境是否有助於學生的學習。教學觀察最好有二至三位觀察員，觀察的內容如同問卷的內容。

第四節　實務演練

1. 在教學績效指標中，背景指標、投入指標、歷程指標、與結果指標何者最重要？為什麼？

2. 有些學者認為教育的績效不能立竿見影。你（妳）同意此種說法嗎？為什麼？請舉例說明之。

3. 有些學者認為「徒有課程而無教學，課程是空的；只有教學而無課程，教學是盲的。」你（妳）同意此種說法嗎？為什麼？請舉例說明之。

4. 依據J. Hargreaves（2001）的觀點，教學績效可從投入（inputs）與產出（outputs）的數值來衡量。下列四種類型，何者績效最好？
   A. 低能量、低品質、低產量　B. 高能量、低品質、低產量
   C. 高能量、高品質、高產量　D. 低能量、高品質、高產量

5. 依據S. Blandford（2000）的觀點，學校行政、教師教學、與學生學習的關係如何？
   A. 學生學習最重要　B. 教師教學最重要
   C. 學校行政最重要　D. 三者同等重要

6. 教學績效端視學校的行政權、教師的專業權、學生的受教權、與家長的參與權之運作是否順暢。有些學生經常在外遊蕩，夜宿網咖，顯示哪一方面出了問題？
   A. 學校的行政權　B. 教師的專業權
   C. 學生的受教權　D. 家長的參與權

7. 下列何者符合教師教學績效評估的背景指標？
   A. 王老師注重學生的學習成就
   B. 李老師重視班級經營
   C. 林老師強調學生的出席率
   D. 張老師把握小班教學的理念

8. 下列何者符合教師教學績效評估的投入指標？
   A. 張老師強調課程綱要的理念

B. 李老師注重學生學業的進步

C. 林老師重視學生學習的滿意度

D. 王老師善用學校的教學資源

9. 下列何者符合教師教學績效評估的歷程指標？

A. 王老師強調學生習作

B. 李老師重視教學目標的達成

C. 林老師注重學校的組織文化

D. 李老師注重學習的互動

10. 下列何者符合教師教學績效評估的結果指標？

A. 王老師強調學生的學習動機

B. 李老師重視學校的行政領導

C. 張老師注重學生在校的適應力

D. 林老師重視學生的品格發展

參考文獻

一、中文部分

張清濱（2001）。小班教學績效指標之探討。載於黃德祥主編，**教育改革與教育發展**。臺北：五南。

二、英文部分

Blandford, S. (2000). *Managing professional development in schools.* London: Routledge, 146.

Campbell, J., Kyriakides, L., Muijs, D., & Robinson, W. (2004). *Assessing teacher effectiveness: Developing a differentiated model.* London: Routledge Falmer.

Dewey, J. (1916). *Democracy and education.* N. Y.: The Mcmillan Company.

Fraser, B. J. (1995). Students' perceptions of classrooms. In L. W. Anderson (ed.), *International Encyclopedia of Teaching and Teacher Education.* Oxford: Elsevier.

Hargreaves, J. (2001). *School effectiveness and school improvement.* London: Falmer Press.

Nolan, J., & Hoover, L.(2004). *Teacher supervision and evaluation.* Danvers, MA: John Wiley & Sons.

Scheerens, J. (1990). School effectiveness research and the development of process indicators of school functioning. *School Effectiveness and School Improvement, 1*(1), 61-80.

Seyfarth, J. (2008). *Human resource leadership for effective schools.* Boston: Pearson.

Stufflebeam, D. L. (2000). The CIPP model for evaluation. In D. L. Stufflebeam., G. F. Madaus, & T. Kelleghan (Eds.), *Evaluation models: Viewpoints on educa-*

tional and human services evaluation (2nd ed.). Boston: Kluwer, 274-317.

Willett, J. B. (1988). Questions and answers in the measurement of change. In E. Z. Rothkopf (Ed.). *Review of Research in Education 1088-1989, 15*, 345-422.

第十七章

教師專業發展評鑑

　　教育部（2006）為協助教師專業成長，增進教師專業素養，提升教學品質，以增進學生學習成果，試辦中小學教師的專業發展評鑑。評鑑方式採自願辦理為原則，由學校申請試辦，試辦學校之教師自願參加並接受評鑑。本章就教師專業發展評鑑的涵義、模式、與實施，略加論述，以供學校辦理教師專業發展評鑑之參考。

第一節　教師專業發展的涵義

　　教師應該是專業人員，然而實際上，仍有部分教師不夠專業，未達專業的水準。例如有些代課教師未曾受過專業教育與訓練；也有些教師動輒體罰學生，侵害學生的受教權，不遵守專業的倫理與規範；更有些教師心猿意馬，見異思遷，從不參加在職進修，沒有專業精神，足於顯示教師專業發展的重要性。本節就教師專業發展的涵義，敘述如下：

一、教師的專業發展旨在增進專業知能促進專業成長

　　專業發展（professional development）係指增進教師知識技能、瞭解、態度改變、或專業表現的任何活動或歷程（Seyfarth, 2008: 121）。專業發展隱含專業成長（professional growth）。在教學生涯中，教師要不斷的專業成長，才有健全的專業發展。成長乃發展所必需。專業發展強調教師要有豐富的專業知能；建立在實質的、定義明確的目標基礎上；深思熟慮的結構組織；有效的教育理念；評鑑制度的使用；與有經驗的專業人士的輔導與協助（Zepeda, 2008: 21）。

二、教師的專業發展涉及課程與教學、研究與進修、精神與態度

　　專業發展具有四項功能：帶動課程變革、改進教學措施、促進教師成長、與改變組織氣氛（Seyfarth, 2008: 122）。教師專業發展的內容即包括課程設計與教學、班級經營與輔導、研究發展與進修、敬業精神及態度等（教育部，2006）。教師參與課程的發展可以增進教師的專業能力，促進課程的革新，更能與教師的專業自主權相互結合。

三、教師的專業發展提高學生的學習成就

教師素質、專業發展、與學生成就三者之間相互依存、彼此相關（Darling-Hammond, 2004）。要提升教師的素質，教育當局就要提供教師專業發展的機會，充實教師的專業知能，發揮專業精神，學生才能獲得良好的學習成就（Zepeda, 2008: 17）。

Zepeda（2008: 18）認為教師的專業能力（teacher professionalism）著重教師資格檢定、教育程度、教學專業與其他專業如醫師與律師的比較、教師與社區、家長、與學生之間的關係、與美國全國教師檢定委員會的決策類型。專業人員必須具備專業的知識與能力、社區與同儕尊重與信任的專業自主權、與服務導向而非利益導向的專業倫理與道德、價值觀念。

四、教師的專業發展促進校務的發展

Tobergte與Curtis（2002）指出校務的改進始於發展。學校教師員工與學校文化的發展，使學校有活力去適應新的需求與接受新的挑戰。教師的專業發展成為校務改進的「催化劑」，促進校務的發展。校務的改進，有賴於學校處理變遷與發展的能力。

五、教師的進修是促進專業發展的途徑

研究顯示教師不僅需要任教學科的專門知識，也要教育專業的知識。因此，獲得廣博的知識成為取得教育專業地位的不二法門。科層體制的學校甚少把教師視為有專業知能與訓練有素的專業人員、少有時間舉辦新任教師的導入研習（teacher induction）、在職進修、或同儕視導。教育改革措施連同教師的專業發展，都需要教師去推動與執行（Darling-Hammond, 2004）。

六、教師的專業發展透過評鑑彰顯績效

教師專業發展可經由評鑑的方式顯現績效。評鑑的方式可分為三種：
(一)教師自我評鑑：由受評教師根據學校自行發展之自我評鑑檢核表，填

寫相關資料，逐項檢核，以瞭解自我教學工作表現。(二)校內評鑑（他評）：由評鑑推動小組安排評鑑人員進行定期或不定期評鑑。(三)外部評鑑：必要時，學校可請校外專家、學者、教師組成專案評鑑小組到校評鑑，或與他校互相評鑑。

第二節 教師專業發展評鑑的模式

教師專業發展評鑑應該有短程與長程目標，短程目標通常以教師行為的改變、學校與課程的改變為目標；長程目標則以學生學業或行為的改進為目標。專業發展唯有達成終極目標為學生而改進的教育，才能得到明證（Rutherford, 1989）。

教師專業發展評鑑應該包含形成性與總結性評鑑。形成性評鑑的對象是教師，旨在做適時的修正並改進教學實務的決定；總結性評鑑的對象也是教師，但擴大至決策人員與學生，旨在做專業發展是否永續、修正、或結束活動的決定（Zepeda, 2008: 45）。

Duke與Corno（1981）指出有效的專業發展評鑑有四項要素。第一，評鑑模式必須提供促進專業成長的整體教育環境資訊。第二，評鑑模式也必須提供有關維護學校行政運作程序的妥當性資訊。第三，評鑑模式必須提供有關訓練對教師影響的資料。第四，對於教師與學校正面與負面的影響，都應透過評鑑的過程提出報告。

許多的教師專業發展評鑑採取方案評鑑模式（program evaluation models）。本節舉出Kirpatrick模式、Guskey模式、與Killion模式，分別敘述如後。

一、Kirpatrick模式

Kirpatrick（1994）模式包含四個層次：反應、學習、遷移、與結果如表17.1。

表17.1　Kirpatrick的評鑑模式

層　次	敘　述
第1層次評鑑——反應	測量教師對於研習進修的反應。這是知覺的層次，蒐集有關教師是否喜愛此種研習進修的資料，並判斷教師是否相信此種研習進修與工作職場有關。
第2層次評鑑——學習	設法測量與研習進修有關的學習（層次1）。尋求瞭解教師是否增進知識、技能、與態度的改變。除了知覺的測量外，尚應使用前測（pre-testing）與後測（post-testing）的測量，以資比較。
第3層次評鑑——遷移	尋求測量並判斷教師研習進修所學到的知識技能是否遷移至工作職場。
第4層次評鑑——結果	尋求測量並判斷教師在工作職場改變的教學措施有無結果（譬如學生成績進步、行為問題減少等）

資料來源：Zepeda (2008), p.47.

二、Guskey模式

　　Guskey（2000）的評鑑模式是把Kirpatrick的層次理念運用到評鑑的範疇，並且增列第五個層次：學生的學習成果如表17.2。

表17.2　Guskey的評鑑模式

層　次	敘　述
第1層次評鑑——教師的反應	教師是否覺得學習（研習進修）的經驗很有樂趣並且有用？
第2層次評鑑——教師的學習	教師是否增進知識或技能？
第3層次評鑑——學校組織的支持與變革	隨著個別的學習者轉變至較大的組織問題，為了實施新的學習，教師是否受到支持？
第4層次評鑑——教師使用新的知識與技能	教師使用新的知識與技能嗎？
第5層次評鑑——學生的學習成果	教師的學習（研習進修）對於學生的學習成就產生衝擊或影響嗎？

資料來源：Zepeda (2008), p.47.

三、Killion模式

Killion（2002）的評鑑模式包含八個步驟，如表17.3。他相信規劃與舉辦評鑑都是直線型的工作，每個步驟都是高度相關。每一個步驟是否成功，端視前一步驟是否成功。

表17.3　Killion的評鑑模式

步　驟	敘　述
1. 評估評鑑的屬性	為了判斷方案的明確性、可行性、與價值性，評鑑人員檢視方案的設計——目的與目標等。如果方案有評鑑的價值，移至步驟2。如果方案無評鑑價值可言，評鑑人員提出建議修正方案。
2. 擬定評鑑的議題	著重在發展形成性與總結性評鑑的議題，特別注意短程與長程目標。強調：1.結果，2.衝擊。
3. 建構評鑑的架構	判斷：1.蒐集何種資料／證據，2.向何人蒐集資料／證據，3.蒐集資料／證據的來源與如何分析資料／證據。
4. 蒐集資料	評鑑人員使用步驟3資料蒐集方法，回答評鑑的議題。
5. 組織並分析資料	組織並分析蒐集的資料，以格式展現資料。
6. 解析資料	評鑑人員與受評人員共同會商，解析資料並研擬建議。
7. 評鑑報告	評鑑人員使用多種方式報告，讓不同的對象瞭解評鑑的結果。提出建議以適應現場的需要。
8. 後設評鑑	評鑑人員評估方案評鑑的實施情形，檢討評鑑的歷程與結果。

資料來源：Zepeda (2008), p.49.

上述評鑑模式大同小異，都強調評鑑的層次與步驟，注重評鑑的屬性，重視短程與長程的評鑑目標，兼顧形成性與總結性評鑑，以績效為導向，追蹤評鑑與後設評鑑並行，以強化評鑑應有的功能。

第三節　教師專業發展評鑑的實施

依據前述方案評鑑的模式與教育部發布的中小學校試辦教師專業發展評鑑實施計畫，學校辦理教師專業發發展評鑑可參考下列程序及作法：

一、擬訂周詳的評鑑計畫

　　Coles與Banks（1990）指出擬訂計畫可依六個程序（ADRENAL-IN），包括：1.分析（Analyze）並決定（Decide）與檢討（Review），2.建立所要評鑑的項目（Establish what you are going to do），3.並且注意行動方案（Note your action plan），4.給同仁一些建議（Advise colleagues），並且讓人們知道發生什麼事（Let people know what is happening），5.執行（Implement），6.現在就評鑑（Now evaluate）。這些程序涉及計畫、執行、與考核。分析、決定與檢討就是辨認計畫的性質。建立所要評鑑的項目，就是確定計畫的內容。注意行動方案就是研擬實施的策略、方法。給同仁一些建議並讓人們知道發生什麼事，就是溝通觀念與作法。然後按照計畫執行，執行完畢，辦理後設評鑑與追蹤評鑑。

　　辦理評鑑，事先要有周詳的考慮。通常擬訂計畫要考慮到人、時、地、物、事等屬性，也就是6Ws——何故（Why）？何人（Who）？何事（What）？如何（How）？何時（When）？何處（Where）？以評鑑計畫的術語來說，評鑑計畫至少要包含：計畫緣起、計畫依據、計畫目標、實施對象、評鑑人員、評鑑項目、評鑑規準、評鑑方式、評鑑推動小組的組成比例及產生方式、評鑑時程、評鑑結果之應用及經費需求或評鑑效益等。

　　試辦學校研擬學校教師專業發展評鑑計畫，經校務會議通過後，分別報請教育部或直轄市、縣（市）政府申請試辦。

二、設定評鑑的規準與標準

　　在某一方面，幾乎所有的評鑑都是用來比較的。蒐集得來的資料將依規準或標準對照執行的表現，判斷方案是否成功或失敗。這就是表現指標（performance indicators）的範疇。這些表現指標可以主觀的方式細目化，也可以更客觀的測量具體化。它們可以用來描述某一領域或活動評鑑的指標，譬如學校常以學業進步、學生滿意度、及師生關係做為辦學績效的表現指標（Preedy, M. P., Glatter, R., & Levacic, R., 1997: 52）。

　　如果評鑑是採取總結性的觀點，判斷方案的整體績效，則評鑑人員必須辨認方案成功的因素或規準（criteria），並且根據這些規準，明確細分達成方案的標準（standards）。沒有明確的標準，很難把評鑑所獲得的資訊化為價值的判斷，評鑑方案的優劣。例如：出席勤惰往往是衡量學業成績的規準。標準可用來表示出席的層級，認定成功的水準。又如數學課的出席率是70%，究竟是好？是壞？那要看標準。如果出席的期望值是——90%的標準——則70%的出席率判定為不佳。但若是中途輟學學生的補救教學，出席的期望值可考慮低些——60%的標準——則70%的出席率就很不錯了。

三、蒐集評鑑的資料

㈠ 現有的檔案與紀錄（**Existing Documents and Records**）

　　評鑑者蒐集評鑑資料的第一個考量應該是現有的資訊、或檔案、及紀錄。考慮現有的資訊係基於三項理由：1.使用現有的資訊比原始資料更符合成本效益；2.現有的資訊不因蒐集資料或分析資料而改變，其他蒐集資料的方法通常會影響受評者而產生偏差；3.資料蒐集太多而無法充分使用（Fitzpatrick, et al., 2004: 336）。

　　檔案係指非針對評鑑目的而撰寫的個人或機構的紀錄。相對的，紀錄則是為他人使用而撰寫的官方檔案或統計。紀錄通常都極為慎重處理，而文件因非正式，更能突顯個人或團體的不同看法。會議紀錄、教案、親師之間的對話都可看出蛛絲馬跡。

　　教師檔案（teacher portfolios）是教師教學的實錄，可做為評鑑的資料。通常教師檔案包括教師履歷、教學理念、專業活動、教案設計、命題試卷、講義、教學錄影、殊榮獎勵、網站研發、課程計畫、研究著作等。從這些資料可以瞭解教師投入教學的心力與成效（Seyfarth, 2008: 149）。

㈡ 觀察（**Observations**）

　　幾乎所有的評鑑都需要觀察。現場觀察可看出方案的執行情形與結果。觀察法用於蒐集評鑑資料可以量化或質化，也可以結構式或非結構

式，端視其需要爲定。非結構式觀察在評鑑初期特別有用。評鑑者應該充分運用觀察的技巧，注意方案的重要特色、受評者關切的問題與需求。當評鑑者想要觀察特定行爲或特性時，結構式與量化的觀察法特別有用。譬如班級規模、座位安排、圖書設備等物質層面與師生互動、教師與行政人員的互動等心理層面都可以結構式或量化的觀察呈現出來。質的觀察不太依賴評鑑的工具，主要靠評鑑者或觀察者。評鑑者可能使用查核表，但通常是少有結構性的。如果學校採取內部評鑑（internal evaluation），同科或同年級的資深教師可擔任評鑑者或觀察者。

㈢ 現場訪視（Site Visits）

現場訪視是應用專家評鑑途徑的一個特殊的例子。正規的機構像認可機構常常使用現場訪視做爲評鑑的方法。雖然總結性評鑑最常使用此法，現場訪視也可用於形成性評鑑。縱然現場訪視常遭受批評，由於觀察者常常只看到最好的一面，此法仍是最好的評鑑方法，蓋因他們善用最敏感的評鑑工具。

㈣ 調查（Surveys）

調查法有時稱爲問卷調查法，常用於評鑑，測量態度、意見、行爲、生活狀態、或別的問題。調查法可以面對面透過口頭發問、電話、或透過郵件、親自紙筆作答。大部分的調查法引出頗富結構性的回應，並以統計法分析。調查項目的類型包括開放式題型、簡答式開放題型、多重選擇、Likert的五點量表等。

㈤ 電話訪談（Telephone Interviews）

電話訪談是蒐集資訊常用的方法。電話訪談得來的資訊可以是質化的並且用此種方式分析。實際上，電話訪談通常更類似於口頭問卷。像調查法一樣，電話訪談必須簡短，問題很少需要花長時間回應。不像私人訪談，電話訪談者由於欠缺面對面溝通，在建立和諧關係上有其困難。電話訪談的問題很類似問卷表的問題。但開放式項目在電話訪談中可能比郵寄問卷更尋常，因受訪者比受試者更願意說出他的看法。電話訪談比問卷更

容易、更快獲得資訊。

㈥ 電子調查與訪談（Electronic Surveys and Interviews）

愈來愈多的人每天離不開電子郵件與網際網路，線上調查與訪談也就愈來愈普遍。以往的紙上調查現在可以透過電子郵件與網站實施。但是，線上調查有其風險，尤其如果調查人口裡的重要團體不足代表意見時。線上調查的回應率類似於郵寄的調查，但較能提供好的資料。

電子訪談是質化資料蒐集的趨勢之一。大部分現行的電子訪談是結構式、量化測量。當作為質化調查時，就會呈現出弊端。由於缺乏面對面溝通及匿名訪談，難以建立和諧的關係，而且會增加虛偽回應的可能性。然而，電子訪談所花的經費便宜、而且快速，並讓訪談者有更多的時間去思考後續的問題。

㈦ 面對面調查（Face-to-Face Surveys）

基於某些理由，有些調查是由訪談者實施。譬如受訪者的文字表達有問題或對於發問的問題不瞭解，須由訪談者親自引導或說明以提升調查的品質。面對面的調查比自辦或電話調查的成本都高。但這種方法在某些情況仍有其必要。

在面對面的調查中，訪談者最好能與受訪者建立和諧的氣氛。訪談者應先介紹自己並說明訪談的目的。通常訪談者很快就能鎖定問題的回應，因為問題是很有建構性的。但如果事先知道回應是屬於開放性的，可考慮全程錄音。

如果訪談由許多人實施，應考慮給予訓練。因為面對面的調查通常是量的分析，其假設是實施的工具是標準化的，訪談者少有個人的影響以避免偏見的發生。因此，訪談者事先需要給予標準化方法的訓練，諸如詢問的方式、錄音的方法、建立及保持和諧的氣氛等。

㈧ 質性訪談（Qualitative Interviews）

訪談往往是質性資料蒐集的關鍵。觀察通常是質性評鑑的的重要元素。但評鑑者泰半無法觀察，即使觀察，評鑑者的看法也是見仁見智。因

此，質性訪談用來探悉他人的看法、態度、行為、及經驗。調查與個人訪談的資料蒐集最大差異在於訪談允許澄清與探索，並允許探究與發現。個人的訪談比調查需要更多的時間，因此訪談者若多，費用也較多。

　　質性訪談是一種技巧。訪談者要鼓勵受訪者說出他們的心聲。但是訪談者最常犯的錯誤是說話太多。訪談者在建立和諧關係後，首要工作是耐心傾聽並鼓勵受試者回應。受訪者常常斷斷續續說出他們的看法。訪談者就不宜插嘴，以免喪失寶貴資料。下列是一些質性訪談的祕訣（Fitzpatrick, et al., 2004: 349）：

　　1. 先由簡單的或閒聊的話題開始，以建立和諧的氣氛並探悉受訪者的型態。

　　2. 調整說話的音調以符合受訪者的層次。向專家提問的問題可能有賴於熟悉的術語並顯示訪談者的專門知識，但向一般大眾提問的問題可能要用更通俗易懂的語言。

　　3. 避免冗長的問題。它們往往含糊不清。

　　4. 考慮你要尋求每一問題的事實、意見，或廣泛的角度，而適時使用提示以獲得所要的資訊。

　　5. 別以為受訪者擁有第一手的資訊。家長可能報告他們的孩子讀什麼書，但只有孩子能正確告訴你，他們喜愛讀書的程度。

　　6. 考慮受訪者的評論是否暗示某種趨向或角度，並且決定是否探尋這些問題。

　　7. 考慮你是否需要直接發問，或間接發問，或兩者兼而有之。

　　8. 建構發問的題目，盡可能溝通你所想要知道的。

　　9. 保護受訪者的自尊。

　　10. 如果你想要獲得一些消極性對或批判性的資料，可先給予受訪者機會表達正面的感情。譬如先問：「你對X喜歡什麼？」，再問「你對X不喜歡什麼？」

㈨ 焦點團體（Focus Groups）

　　焦點團體很像一種訪談，在訪談中他們面對面互動，但他們建立在團

體互動的歷程。懂得引導的訪談者善用受訪者提出的意見或問題來取得對別人的反應。焦點團體的討論並不是訪談者對受訪者，而是焦點團體成員之間的對話。因此，焦點團體的訪談，十足是一種團體的歷程。

　　焦點團體的技術來自行銷的技術，以衡量消費者對產品的反應並探悉消費者的需求。焦點團體法已經使用於各種場合。除了對話題的反應外，焦點團體的成員可以建議新的方法或描述布題的情境。此法在需求評估（needs assessments）、監控研究、及形成性評鑑時特別有用。

　　焦點團體通常由8-12人組成，頗具同質性，但互不認識。有些專家建議更小的團體，由5-7人組成即可。同質性有助於團體的互動。如果團體成員的教育背景、社會經濟地位懸殊，對於下層階級可能會造成敵意或退縮。

㈩ 測驗（Tests）

　　測驗是蒐集教育評鑑資訊常用的方法。知識的獲得是教育方案的主要目標，而知識的獲得通常是以測驗來衡量的。評鑑者需要某種知識的測驗做為蒐集資料的工具。成就測驗的途徑有四種：常模參照測驗（norm-referenced testing, NRT）、標準參照測驗（criterion-referenced testing, CRT）、目標參照測驗（objectives-referenced testing, ORT）、及領域參照測驗（domain-referenced testing, DRT）。這四種策略有些共同的特點。但是策略不同，測驗的編製與解析也就不同（Fitzpatrick, et al., 2004: 353）。常模參照測驗主要是以常模比較參加相同測驗學生的表現，如加州成就測驗（the California Achievement Test）就是一個例子。這種測驗的優點是他們可與建立的常模比較。其缺點是測驗的內容可能沒有效度。因此測驗項目的內容與所要獲得的知識技能必須與所要評鑑方案的目標並行不悖。

　　標準參照測驗是以絕對的標準來衡量學生的表現。最普遍的例子是美國的表現測量與標準為本的教育（Performance Measurement and Standards-Based Education）。這種測驗的項目通常用來評量已設定的標準，以判斷學校的績效。傳統的標準參照測驗是針對特殊的方案或課程而設計的，可用來判斷學生進步的情形。

　　目標參照測驗及領域參照測驗並不提供判斷表現的常模或標準，但它能提供有關學生表現的敘述性資料。目標參照測驗充分使用特定教學目標的項目。這一類測驗在形成性評鑑的回饋時最有用，可協助教師檢驗目標是否達成及哪些領域尚待改進。

　　領域參照測驗是用來評估學生特定領域的知識。測驗項目不與課程聯結而與所要測量的領域相互聯結。它們可用來回答此類問題如：「畢業生知道X有多少？」其標準可能反映出學校或組織的期望，有關畢業生或學生學完某一課程所要獲得的知識總額。

(十一) 變通的評估法（Alternative Assessment Methods）

　　在學校，標準化成就測驗與標準本位的測驗通常用來測量學習。但近年來有一種擺脫僅用標準化測驗的趨勢。許多家長、教師、及行政人員質疑此種標準化測驗能否準確並廣泛測量學生的能力。一些變通的評估法改變了多重選擇測驗的內容，例如美國教育進步評量（the National Assessment of Educational Progress）可以測量高層次的科學思考。標準本位的測驗已經超越多重選擇項目而需要書面的反應以評量思考的歷程與寫作的能力表現。

　　許多變通性的評量如雨後春筍相繼出現，如直接評量（direct assessment）、真實評量（authentic assessment）、表現評量（performance assessment）、學習檔案評量（portfolio assessment）及變通性評量（alternative assessment）等。這些評量方式稍有不同，但都反應出兩個共同的特性。第一，它們都視為變通的評量方式，異於傳統的多重選擇、選擇式的成就測驗。第二，它們都指直接測驗學生的表現。

四、設定評鑑的程式

　　最常用來設定程式的技術是計畫評核術（program evaluation and review technique, PERT）及甘特圖（Gantt charts）。

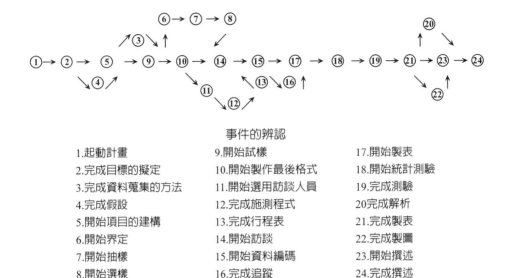

事件的辨認

1.起動計畫	9.開始試樣	17.開始製表
2.完成目標的擬定	10.開始製作最後格式	18.開始統計測驗
3.完成資料蒐集的方法	11.開始選用訪談人員	19.完成測驗
4.完成假設	12.完成施測程式	20.完成解析
5.開始項目的建構	13.完成行程表	21.完成製表
6.開始界定	14.開始訪談	22.完成製圖
7.開始抽樣	15.開始資料編碼	23.開始撰述
8.開始選樣	16.完成追蹤	24.完成撰述

圖17.1　簡化的計畫評核術網狀圖

資料來源：Fitzpatrick, Sanders & Worthen 2004, p.280.

　　計畫評核術是美國國防部研發出來做為管理軍事計畫的工具（Cook, 1966）。它的用途很廣，可用於檢驗任務與時間之間的相互關係。尤其大型而複雜的研究更為有用。然而對於許多的評鑑而言，計畫評核術可能成為累贅而且浪費時間。在評鑑的時候，如果有一份簡要的計畫評核術流程圖，估計每一任務所需時間，並且把這個任務與另一個任務聯結起來，頗有助益。簡化的計畫評核術網狀圖如圖17.1。

　　甘特圖是一種簡單的陳列，包括比例、所需時間。在縱軸列出任務，在橫軸列出時間長度，以顯示此一任務所需的時間。評鑑人員看看甘特圖，就很容易一眼看出活動何時開始，需要多少時間。甘特圖易於製作，也很容易溝通評鑑計畫。今列示如圖17.2：

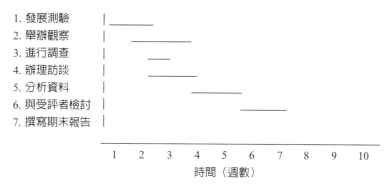

圖17.2　甘特圖

資料來源：Fitzpatrick, Sanders, & Worthen, 2004, p.280.

五、提出評鑑報告

　　評鑑報告的目的與評鑑的用途直接有其關聯。如果評鑑是形成性的，它的最目的是改進方案，評鑑報告應該早點告知方案有關人員評鑑的結果及應行改進之處。如果評鑑是總結性的，則評鑑報告應該提供訊息與判斷給這些人士：1.想要採納的人，2.想要決定資源分配的人，3.基於某種原因，有權知道有關方案的人。

　　書面報告是評鑑報告常用的格式之一。書面的評鑑報告通常包括下列內容：

㈠ 執行摘要（**Executive Summary or Abstract**）

　　大部分評鑑的當事人沒有時間去閱讀長篇大論的報告。如能提供簡要的評鑑報告，當更為理想。評鑑報告內附上執行摘要，讓人打開報告就能瞭解評鑑的概況。執行摘要最好用不同的顏色的紙張印出，以吸引目光。執行摘要大約2-6頁，視評鑑範圍及複雜性為定。摘要應包含最重要的發現、判斷、與建議。必要時，評鑑報告摘要可縮至1-2頁，只包含主要發現及建議，毋須佐證資料。

㈡ 報告簡介（**Introduction to the Report**）

　　執行摘要只是一篇簡短的摘要，不是簡介。評鑑報告簡介要詳述評

鑑的基本原理，例如：「為何要舉辦評鑑？」、「評鑑的目的何在？」、
「評鑑要解答哪些問題？」等。簡介也是引起讀者注意到評鑑會影響到資
料蒐集、分析、或資訊解析的一些限制。

㈢ 評鑑計畫簡述（Brief Overview of the Evaluation Plan）

一份完整的評鑑報告必須包括詳盡的評鑑計畫、評鑑工具、方法與技
術。

㈣ 評鑑結果的呈現（Presentation of Evaluation Results）

評鑑結果的呈現最好使用圖表或展示。雖然有些當事人被太多的統計
資料弄得昏頭轉向，許多決策者、經理、及其他主管還是喜歡以圖表直接
呈現資料，因為他們能夠以多數人能瞭解的方式歸納資料。

數字通常無法描述方案，而對別人的影響是深遠的。從訪談中引述受
訪者的話、方案活動照片、迷你型個案研究、及個別學生的故事，都是很
有效的呈現方式。

評鑑結果的解析如同呈現一樣重要。評鑑畢竟有賴於評鑑者覺察與
解析的能力。解析資料不應該是一種非正式或偶發的活動，而是審慎的過
程。

評鑑報告最大的瑕疵是缺乏組織，無法讓讀者把評鑑的發現與主要的
評鑑問題連結在一起。沒有組織與分類，評鑑的發現也就往往含混不清，
不易瞭解。

㈤ 結論與建議（Conclusions and Recommendations）

評鑑人員依據所使用的標準與規準，做出最好的品質判斷，並且從這
些判斷，提供應行改進的建議。

標準與規準應明確地列出。資料不會為自己說話。懂得資料的評鑑人
員才能把標準應用於資料上，判斷評鑑方案的主體是否有效。判斷是評鑑
人員的重要職責。沒有明確規準的評鑑，猶如不根據資料的判斷。

評鑑結論要能明顯看出方案評鑑的優劣，兼顧正面與負面的判斷。
受評者也才知道應行改進之處。評鑑報告可以用來擬定策略性規劃（stra-

tegic planning），正符合SWOT——優勢（Strengths）、劣勢（Weakness-es）、機會（Opportunities）、威脅（Threats）等經營策略。

㈥ 附錄（**Appendices**）

附錄詳細描述有關評鑑方法及技術層面的資訊包括圖表、統計表、觀察日誌、完整的訪談紀錄、資料蒐集的工具、問卷調查取樣、及其他無法在評鑑報告呈現的資料。適當的使用附錄可使評鑑報告增加可讀性。

六、召開評鑑檢討會

評鑑完畢，主辦單位應該召開評鑑檢討會，以檢討評鑑的發現與報告，並且審查評鑑的過程與結論。許多評鑑專家建議使用內部與外部檢討以引導檢討會（Fitzpatrick, et al., 2004: 451）。後設評鑑（meta-evaluation）可請原來的評鑑人員繼續擔任評鑑，也可請原受評者擔任評鑑，或請有能力的評鑑人員擔任評鑑。

內部檢討可由一個評鑑委員會或指導小組辦理。如果評鑑正在進行中，評鑑人員可請一些當事人提出他們對評鑑計畫、執行、流程、及費用的反應。

外部檢討最好由外部有經驗的評鑑團體辦理。外部評鑑人員可檢討評鑑的設計、提供改進的建議，也可給予技術上的協助。方案評鑑結束，可檢討評鑑的流程、發現、與報告。外部檢討可能需要安排實地訪視以得到完整的評鑑檔案、工具、資料、報告。

七、辦理追蹤評鑑

教師專業發展評鑑的主要目的是要改進教學，提高學生的學習成就。評鑑報告的提出，不是評鑑的結束，而是另一階段的開始。評鑑委員提出許多的改進意見，受評者經過檢討後，應針對評鑑的缺失，提出策略性計畫，予以改進。學校行政主管及教學視導人員應追蹤輔導，查驗缺失是否改善。

第四節 實務演練

1. 學校為何要舉辦教師專業發展評鑑？原因何在？請說明之。
2. 教育部擬修訂教師法，明文規定教師應接受教師評鑑，你（妳）贊成此種作法嗎？原因何在？
3. 尚德國民中學舉辦教師專業發展評鑑，主辦單位要先擬定學校教師專業發展評鑑實施計畫。你（妳）是承辦人員，請列舉實施計畫的格式內容。
4. 教師專業發展評鑑有哪些模式？請列舉說明之。
5. 追蹤評鑑（follow-up evaluation）與後設評鑑（meta-evaluation）有何區別？請說明之。
6. 內部評鑑（internal evaluation）與外部評鑑（external evaluation）有何區別？請說明之。
7. 形成性評鑑（formative evaluation）與總結性評鑑（summative evaluation）有何區別？請說明之。
8. 依據「教育部補助試辦教師專業發展評鑑實施計畫」，下列有關陳述，何者是不正確的？
   A. 專業發展評鑑採自願參加方式辦理
   B. 專業發展評鑑分為自我評鑑與校內評鑑（他評）兩種方式
   C. 專業發展評鑑實施計畫需提經校務會議通過
   D. 專業發展評鑑與教師考核互相結合
9. 教師專業發展評鑑完畢，主辦單位召開評鑑檢討會以檢討評鑑的得失。這是屬於何種評鑑類型？
   A. 形成性評鑑　B. 總結性評鑑　C. 追蹤評鑑　　D. 後設評鑑
10. 立志國民中學舉辦教師專業發展評鑑。學校要求教師到課堂觀察教學，相互評鑑。這是屬於何種評鑑類型？
    A. 外部評鑑　B. 專家評鑑　C. 後設評鑑　D. 內部評鑑

參考文獻

一、中文部分

教育部（2006.4.3）。教育部補助試辦教師專業發展評鑑實施計畫。臺北：
　　教育部。

二、英文部分

Coles, M., & Banks, H. (1990). *School INSET: English*. Leamington Spa: Scholastic.

Cook, D. L. (1966). *Program evaluation and review technique: Applications in education.* Washington, DC: U. S. Office of Education cooperative Research.

Darling-Hammond, L. (2004). Standards, accountability and school reform. *Teachers College Record, 106*(6), 1047-1088.

Duke, D., & Corno, L. (1981). Evaluating staff development. In B. Dillion-Peterson (Ed.) *Staff development/organization development* (pp.93-112). Alexandria, VA: Association for Supervision and Curriculum Development.

Fitzpatrick, J. L., Sanders, J. R., & Worthen, B. R. (2004). *Program evaluation: Alternative approaches and practical guidelines.* Boston: Pearson Education, Inc. 5.

Guskey, T. R. (2000). *Evaluating professional development.* Thousand Oaks, CA: Corwin Press.

Killion, J. (2002). *Assessing impact: Evaluating staff development*. Oxford, OH: National Staff Development Council.

Kirpatrick, D. L., & Kirpatrick, J. D. (1994). *Evaluating training programs: The four levels* (3rd ed.)*.* San Francisco: Berrett-Koehler.

Preedy, M., Glatter, R., & Levacic, R. (1997). *Educational management: Strategy, quality and resources.* Buckingham, Philadelphia: Open University Press.

Rutherford, W. (1989). *NASSP TIPS for principals*. Reston, VA: National Association of Secondary Principals.

Seyfarth, J. (2008). *Human resource leadership for effective schools.* Boston: Pearson.

Tobergte, D. R., & Curtis, S. (2002). There is a crisis! And failure is not an option. *Education, 122*(4), 770-776.

Zepeda, S. J. (2008). *Professional development: What works.* New York: Eye on Education.

您好：

我們的粉絲專頁終於成立囉！

2015年5月，我們新成立了【五南圖書 教育／傳播網】粉絲專頁，期待您按讚加入，成為我們的一分子。

在粉絲專頁這裡，我們提供新書出書資訊，以及出版消息。您可閱讀、可訂購、可留言。有什麼意見，均可留言讓我們知道。提升效率、提升服務，與讀者多些互動，相信是我們出版業努力的方向。

期待更好，有您的加入，我們會更加努力。

五南圖書出版股份有限公司
WU-NAN BOOK COMPANY LTD.

【五南圖書 教育／傳播網】臉書粉絲專頁

五南文化事業機構其他相關粉絲專頁，依您所需要的需求也可以加入呦！

五南圖書 法律／政治／公共行政

五南財經異想世界

五南圖書中等教育處編輯室

五南圖書 史哲／藝術／社會類

台灣書房

富野由悠季《影像的原則》台灣版 10月上市！！

魔法青春旅程－4到9年級學生性教育的第一本書

五南文化廣場

横跨各領域的專業性、學術性書籍
在這裡必能滿足您的絕佳選擇!

國家圖書館出版品預行編目資料

教師心理學／張清濱. — 初版. — 臺北
市：五南，2015.08
　　　面；　公分.
ISBN 978-957-11-8198-1（平裝）

1.教師心理　2.教師行為

522.014　　　　　　　104012061

1IYW

教師心理學

作　　者 ― 張清濱（211.2）

發 行 人 ― 楊榮川

總 編 輯 ― 王翠華

主　　編 ― 陳念祖

責任編輯 ― 李敏華

封面設計 ― 童安安

出 版 者 ― 五南圖書出版股份有限公司

地　　址：106台北市大安區和平東路二段339號4樓

電　　話：(02)2705-5066　　傳　　真：(02)2706-6100

網　　址：http://www.wunan.com.tw

電子郵件：wunan@wunan.com.tw

劃撥帳號：01068953

戶　　名：五南圖書出版股份有限公司

法律顧問　林勝安律師事務所　林勝安律師

出版日期　2015年8月初版一刷

定　　價　新臺幣500元